Alexander Moscho / Ansgar Richter (Hrsg.)

Inhouse-Consulting in Deutschland

Alexander Moscho
Ansgar Richter (Hrsg.)

Inhouse-Consulting in Deutschland

Markt, Strukturen, Strategien

GABLER

Bibliografische Information der Deutschen Nationalbibliothek
Die Deutsche Nationalbibliothek verzeichnet diese Publikation in der
Deutschen Nationalbibliografie; detaillierte bibliografische Daten sind im Internet über
<http://dnb.d-nb.de> abrufbar.

Dr. Alexander Moscho ist Leiter der Inhouse-Beratung der Bayer AG mit Büros in Leverkusen, New Jersey, Pittsburgh und Shanghai. Er verfügt über mehrjährige Erfahrung als internationaler Berater in der Pharma-, Biotech- und Chemieindustrie sowie im Gesundheitswesen bei McKinsey & Company, München.

Professor Ansgar Richter, PhD ist Leiter des Lehrstuhls für Strategie und Organisation sowie des Instituts für Industrielles Dienstleistungsmanagement an der European Business School (EBS). Im Rahmen seiner wissenschaftlichen Tätigkeit setzt er sich vor allem mit der Strategie und Organisation von Beratungsunternehmen auseinander.

1. Auflage 2010

Alle Rechte vorbehalten
© Gabler | GWV Fachverlage GmbH, Wiesbaden 2010

Lektorat: Ulrike Lörcher | Katharina Harsdorf

Gabler ist Teil der Fachverlagsgruppe Springer Science+Business Media.
www.gabler.de

Umschlaggestaltung: KünkelLopka Medienentwicklung, Heidelberg
Druck und buchbinderische Verarbeitung: MercedesDruck, Berlin
Gedruckt auf säurefreiem und chlorfrei gebleichtem Papier
Printed in Germany

ISBN 978-3-8349-1674-7

Geleitwort

Innovative Unternehmen wollen durch Spitzenleistungen Erfolge erzielen. Dafür ist es notwendig, dass sie sich selbst immer wieder aufs Neue hinterfragen und wettbewerbsfähige Strategien entwickeln. Diese Management-Herausforderung gewinnt in wirtschaftlich schwierigen Zeiten weiter an Bedeutung. Sie wurde in der Vergangenheit vorwiegend mit der Unterstützung externer Beratungspartner gemeistert. Doch der Trend geht in eine andere Richtung: Mehr als zwei Drittel der DAX 30-Unternehmen verfügen bereits über ein eigenes Inhouse Consulting. Und das nicht ohne Grund, denn die Vorteile eines zielgerichteten Inhouse Consulting liegen auf der Hand: Die internen Berater zeichnen sich durch die fundierte Kenntnis der komplexen Struktur ihres Konzerns aus. Sie erhalten gegenüber externen Beratern meist tiefere Einblicke in die einzelnen Abläufe. So ermöglichen sie eine enge und vertrauensvolle Zusammenarbeit mit den jeweiligen Geschäftsbereichen, um Verbesserungspotenzial auszuschöpfen. Und: Sie erbringen ihre Leistung schnell und kosteneffizient.

Dennoch stößt Inhouse-Beratung noch auf Vorurteile: Fehlende Objektivität, "Betriebsblindheit" oder mangelndes Know-how lauten die häufigsten Einwände. Interne Beratung wird daher vielfach als allenfalls „zweitbeste" Lösung gesehen. Die Gründe dafür sind Unkenntnis und die bislang vernachlässigte wissenschaftliche Auseinandersetzung mit diesem Themenbereich.

Vor diesem Hintergrund freuen wir uns, dass mit dem vorliegenden Sammelband dem Leser erstmals eine theoretisch fundierte, umfassende Darstellung des deutschen Inhouse-Beratungsmarktes und seiner vielfältigen Themen- und Aufgabenstellungen zugänglich wird.

Konzerne mit globaler Präsenz und komplexem Produktportfolio benötigen Partner, die sie objektiv beraten – also unbefangen und ohne „Scheuklappen". Sie sollen durch ihre Kompetenz zur kontinuierlichen Verbesserung der Unternehmensstrukturen und -prozesse beitragen. Tatsächlich schien dies in der Vergangenheit vielfach nur mit externen Beratungspartnern erreichbar zu sein.

Aus der jüngsten Erfahrung mit Inhouse-Beratungen lässt sich jedoch erkennen, dass viele der vormals extern angebotenen Leistungen sehr wohl auch von eigenen Mitarbeitern erbracht werden können. Mehr noch: Eine professionelle interne Beratungseinheit zu etablieren, bietet spezifische Vorteile. Eigene Berater sind nicht nur wesentlich kostengünstiger, sondern machen das Unternehmen auch unabhängiger von externen Dienstleistern – ein Vorteil, speziell bei wiederkehrenden Problemstellungen. Weitere positive Aspekte sind der unternehmensweite Austausch von Wissen und Best-Practices sowie die zielgerichtete Aus- und Fortbildung des Management-Nachwuchses. Als interne Berater können sich künftige Führungskräfte neues Industrie- und Wettbewerbs-Knowhow aneignen und zudem lernen, es erfolgreich weiterzuvermitteln.

Welche Perspektiven sich hier eröffnen, verdeutlicht dieses Buch: Es macht die "Welt der Inhouse-Beratung" in ihrer ganzen Vielfalt anschaulich – von Wertesystemen, Zielsetzungen und Organisationsprinzipien über konkrete Wertbeiträge für die Unternehmen bis hin zu Beispielprojekten. Sowohl aus wissenschaftlicher als auch aus unternehmerischer Sicht werden Möglichkeiten und Grenzen des Inhouse Consulting aufgezeigt. Den beiden Herausgebern ist es gelungen, mit spannenden Beiträgen von zahlreichen sachkundigen Autoren das Thema Inhouse-Beratung umfassend zu beleuchten.

Wir wünschen dem Buch viele interessierte Leser. Vielleicht wird der eine oder andere durch die Lektüre dazu ermutigt, der Inhouse-Beratung neue Themen- und Anwendungsfelder zu erschließen. Denn nach unserer Einschätzung ist das „Zeitalter der Inhouse-Beratung" gerade erst angebrochen.

Dr. Josef Ackermann
Vorsitzender des Vorstands und
des Group Executive Committee
Deutsche Bank AG

Werner Wenning
Vorsitzender des Vorstands
Bayer AG

Vorwort der Herausgeber

Inhouse-Beratung ist kein neues Phänomen. Schon in den fünfziger und sechziger Jahren des 20. Jahrhunderts begannen Unternehmen, Organisations- und Unternehmensentwicklungsabteilungen einzurichten, die häufig beratungsähnliche Aufgaben übernahmen. Aus einigen dieser Abteilungen entwickelten sich im Laufe der Zeit zunehmend selbständig agierende Beratungseinheiten. Mittlerweile sind Inhouse-Beratungen bei vielen Großunternehmen, aber auch bei manchen Unternehmen mittlerer Größe an der Tagesordnung.

Angesichts der Bedeutung der Inhouse-Beratung ist verwunderlich, wie wenig fundierte Literatur – ob wissenschaftlicher oder praxisnaher Herkunft – zu diesem Thema bislang existiert. Dabei ist das Phänomen der Inhouse-Beratung aus mehreren Gründen für verschiedenste Adressatengruppen – von akademischen Forschungsgruppen über karriereorientierte High-Potentials bis zu Unternehmensvertretern auf der Suche nach Lösungsansätzen für ihre betriebswirtschaftlichen Herausforderungen – außerordentlich spannend, von denen wir nur die beiden folgenden exemplarisch hervorheben.

Zum einen stellt die Inhouse-Beratung eine Alternative zur Erbringung von Beratungsleistungen durch externe Berater dar. Dabei teilt sie viele der Stärken der externen Beratung, verbunden mit der für Beratung einzigartigen, für Inhouse-Beratung jedoch charakteristischen Bereitschaft oder Fähigkeit, langfristige Verantwortung für die Umsetzung der im Beratungsprozess entwickelten Lösungen zu übernehmen. Inhouse-Berater entwickeln praxistaugliche Konzepte und leisten einen maßgeblichen Beitrag dazu, dass wertvolles Management-Wissen auch nach Abschluss eines Projektes im Unternehmen verbleibt. Zusätzlich bietet die Inhouse-Beratung in der Regel Kostenvorteile gegenüber der externen Beratung, sodass gewichtige Effizienzargumente für diese Erbringungsform von Beratungsleistungen sprechen.

Zum zweiten stellen Inhouse-Beratungen außerordentlich interessante Organisationseinheiten dar: Sie verfolgen zukunftsweisende Strategien, sind häufig international aufgestellt und bieten anspruchsvolle Arbeitsplätze für hoch qualifizierte Mitarbeiter an. Gerade in der wirtschaftlichen Krise, in der einige externe Beratungsunternehmen Arbeitsplätze abbauen mussten, haben Inhouse-Beratungen ihre Stärken ausspielen und neue Arbeitsangebote schaffen können.

Ziel des vorliegenden Buches ist, einen Überblick über die Inhouse-Beratung in führenden Unternehmen in Deutschland zu geben, der die gesamte Vielfalt des Themas verdeutlicht. Die von Wissenschaftlern und Praktikern verfassten Beiträge bilden eine Standortbestimmung für die Inhouse-Beratung. Das Buch beginnt mit einer Marktstudie zu diesem Thema, die auf einer im Jahr 2008 an der European Business School durchgeführten empirischen Erhebung basiert. Das zweite Kapitel thematisiert den Aufbau von Inhouse-Beratungseinheiten, diskutiert am Beispiel von Bayer Business Services. Die darauf folgenden Beiträge vertiefen zentrale Fragen, die sich bei der

Entwicklung von Inhouse-Beratungseinheiten stellen:

Was erwartet der Kunde? Andreas Herbst und Ralf Klinge skizzieren die Interaktion mit dem Kunden am Beispiel der Commerz Business Consulting, der Inhouse-Beratungseinheit der Commerzbank.

Wie können Inhouse-Consulting Einheiten Personal aufbauen und entwickeln? Martin Max, Dirk-Christian Haas und Jan Rodig zeigen dies am Beispiel der Inhouse-Beratung der Deutschen Bank auf.

Welche Bedeutung hat die eigene Marke für die Inhouse-Beratung? Matthias Kämper und Verena Vogel von Bayer Business Consulting verdeutlichen, dass das Inhouse-Consulting ein markenintensives Geschäft ist.

Welche Wettbewerbsvorteile ergeben sich, wenn Inhouse-Consulting über die zuvor angesprochenen Ressourcen verfügt und gut aufgestellt ist? Der Beitrag von Klaus Grellmann, Gerrit Heil und Pierre Samaties von RWE Consulting gibt Antworten auf diese Frage.

Die beiden folgenden Kapitel zeigen unterschiedliche Positionierungsoptionen für Inhouse-Consulting Einheiten auf. Robert Dörzbach und Dagmar Woyde-Köhler beschreiben die Rolle des Geschäftsbereiches Beratung im Rahmen der EnBW Akademie. Nikolai Iliev, Olaf Salm und Daniel Teckentrup skizzieren den Ansatz des „Transformation Consulting" im Center for Strategic Projects der Telekom. Abschließend stellen Thomas Gaitzsch und Volkhard Ziegler exemplarisch ein erfolgreiches Inhouse-Beratungsprojekt im Rahmen eines kontinuierlichen Verbesserungsprozesses bei Evonik vor.

Wir danken allen Autoren für ihre Beiträge, Herrn Kai Steinbock für die Übernahme der Schriftleitung, und dem Gabler Verlag für seine Unterstützung bei der Vorbereitung und der Drucklegung des Manuskripts. Unser ganz besonderer Dank gilt den Vorsitzenden der Konzernvorstände der Deutschen Bank AG und der Bayer AG, Herrn Dr. Josef Ackermann und Herrn Werner Wenning, für ihr inspirierendes Geleitwort. Den Lesern dieses Buches wünschen wir viele neue und interessante Erkenntnisse über die Struktur, die Herausforderungen und die Chancen der Inhouse-Beratung.

Dr. Alexander Moscho
Leiter Geschäftsfeld Business Consulting
Bayer Business Services GmbH

Prof. Ansgar Richter
Lehrstuhl für Strategie und Organisation
European Business School

Inhaltsverzeichnis

1

Inhouse-Beratung in Deutschland: Ergebnisse einer empirischen Studie

Kerim Galal, Ansgar Richter, Kai Steinbock

1   Einleitung

1.1   Das Phänomen Inhouse-Beratung

Das Auftreten neuer Anbieter ist in der Beratungsbranche keine Seltenheit. Vielmehr ist dieser Markt seit seinem Entstehen in den zwanziger Jahren des vergangenen Jahrhunderts (Kipping, 2002) immer wieder durch neue Entwicklungen in der Wirtschaft, vor allem aber auch durch neue Dienstleister bereichert worden. Neben die existierenden Beratungsfirmen wie etwa Arthur D. Little, Booz Allen Hamilton und McKinsey traten seit den 50er Jahren auch Unternehmen anderer Branchen, z.B. Wirtschaftsprüfungsgesellschaften wie Arthur Andersen, mit ihren neuen, vielfach IT-orientierten Beratungsleistungen. Weiterhin existieren heute auch viele lokal agierende mittlere und kleine Beratungsfirmen neben den großen global agierenden Beratungsfirmen, meist Spezialisten auf einem bestimmten Gebiet (Schmidt et al., 2005). Diese zunehmende Ausdifferenzierung verschiedener Beratungsangebote und –formen ist ein wesentlicher Aspekt der jüngeren Entwicklung (Richter, 2004), ebenso wie die rasante Entwicklung von internen Beratungseinheiten, also Beratungsorganisationen, die im jeweiligen beratenen Konzern selber angesiedelt sind.

Solche Einheiten können temporärer oder permanenter Natur sein. Im letzteren Fall werden sie von den Konzernen in der Regel als Inhouse-Beratung oder Inhouse Consulting (IHC) bezeichnet. Das IHC-Phänomen ist an sich keine Entwicklung der jüngsten Zeit, denn schon in den siebziger Jahren behandeln verschiedene Autoren das Thema (z.B. Gale, 1970, Heigl, 1970, Tatt, 1970, Hoernke, 1971). Es hat langsam, aber stetig an Bedeutung gewonnen, so dass sich auch in der jüngeren Vergangenheit verschiedenste Autoren mit diesem Thema befasst haben (in Niedereichholz, 2000). Umso erstaunlicher ist es, dass bislang relativ wenig empirische Evidenz zu diesem Thema verfügbar ist. Um diesen Mangel zu beseitigen und mit Hilfe empirischer Daten die jüngste Entwicklung des Phänomens Inhouse-Beratung zu beleuchten, führte die European Business School (EBS) im Auftrag von Bayer Business Consulting (BBC) die im Folgenden detailliert beschriebene Studie durch.

1.2   Die empirische Basis der Studie

Die in den nächsten Abschnitten präsentierten Erkenntnisse beruhen im wesentlichen auf einer im Jahr 2008 vom Lehrstuhl für Strategie & Organisation der European Business School durchgeführten Umfrage unter Inhouse-Beratungen in Deutschland, sowie validierenden Interviews mit ausgewählten Klienten von Inhouse-Beratern. Wir führten insgesamt 20 persönliche Interviews von jeweils 30-45 minütiger Dauer mit Inhouse-Beratungen unterschiedlicher Größe durch. Die Zahl der Interviews mit den Auftraggebern von Inhouse-Beratungen beläuft sich auf sieben. Darüber hinaus verwendeten wir öffentlich zugängliche Informationen – etwa von Internetseiten oder aus Firmen-Broschüren – sowie Ergebnisse einer früheren Studie (Richter & Harste, 2007) um unsere Informationsbasis zu verbreitern. Die befragten Inhouse-Beratungen gehörten dabei mehrheitlich zu Großkonzernen (50 Prozent der Mutterkonzerne mit jährlichem Umsatz über 15 Mrd. Euro) und lassen sich nach ihrer Grösse in drei Klassen einteilen:

■ Kleine Inhouse-Beratungen mit unter 15 Mitarbeitern (9 Befragungen)

■ Mittlere Inhouse-Beratungen mit 15-75 Mitarbeitern (6 Befragungen)

■ Große Inhouse-Beratungen mit über 75 Mitarbeitern (5 Befragungen)

In einigen Unternehmen ist die Positionsbezeichnung „Consultant" auch für Mitarbeiter üblich, die in funktionale Bereiche integriert sind, oder für Mitarbeiter die nur temporär auf bestimmten Projekten arbeiten. Allerdings verwenden wir im Rahmen unserer Studie einen enger gefassten Begriff des Inhouse-Beraters. Wir definierten die von uns als Inhouse-Beratung bezeichneten Einheiten an Hand von drei Kriterien: (1) Organisatorische Eigenständigkeit (inklusive eigener Governance-Struktur, i.d.R. in Form einer Geschäftsführung) innerhalb der Konzernstruktur; (2) zeitlich unbegrenzte Beschäftigung der Berater in dieser Einheit (im Gegensatz zum einmaligen Einsatz von Mitarbeitern in beraterischer Funktion auf einzelnen Projekten); (3) Erbringung von projekt-basierten Beratungsleistungen durch Teams, anstelle der Verrichtung kontinuierlicher Aufgaben durch einzelne Personen.

Die befragten Mitglieder dieser Organisationen zählten mehrheitlich (85 Prozent) zur Führungsebene der Beratungen, ihre Positionsbezeichnungen lauten zumeist Partner, Principal, oder Geschäftsführer. Bei den befragten Klienten handelte es sich um Manager, die in der Vergangenheit selber Aufträge an interne Beratungen vergeben haben. Teilweise war auch Erfahrung in der Arbeit mit externen Unternehmensberatungen vorhanden.

2 Ergebnisse der Studie

2.1 Entwicklung und Struktur von Inhouse-Beratungen

2.1.1 Gründe für das Entstehen von Inhouse-Beratungen in Deutschland

Die Motive für die Gründung von Inhouse-Beratungen in Deutschland sind vielschichtig. Das oftmals zitierte Kostenargument bildet dabei nur einen Teil der Erwägungen. Neben der Kostenersparnis gegenüber dem Einsatz von externen Beratungen bieten die Inhouse-Beratungen ihren Consultants die Möglichkeit, in relativ kurzer Zeit große Teile eines Konzerns kennenzulernen. Daher dienen gerade bei den größeren Unternehmen diese internen Beratungseinheiten sowohl als Plattform für den Aufbau von internem Management-Nachwuchs, als auch zur schnellen Integration von „experienced hires", also Führungskräften mit mehrjähriger Berufserfahrung. Ebenfalls als Grund genannt wurden die Bildung einer schnell verfügbaren „Eingreiftruppe" mit hoher Akzeptanz und Durchsetzungskraft im Unternehmen. Schließlich führten auch Bedenken wegen eines potenziellen Wissensabflusses beim Einsatz externer Berater auf kritischen Projekten zu verstärkten Überlegungen, ob sich in solchen Fällen nicht der Aufbau einer internen Beratereinheit lohne.

Grundsätzlich sind zwei Formen der Gründung einer Inhouse-Beratung vorstellbar: Die explizite Neugründung durch die Geschäftsführung oder den Vorstand ist ebenso möglich wie die Transformation einer bestehenden Einheit zur Inhouse-Beratung, etwa aus einer ehemaligen Stabsabteilung im Bereich Strategie oder Unternehmensentwicklung. Beide Möglichkeiten waren in unserer Stichprobe mit jeweils 50 Prozent vertreten, allerdings konnten wir beobachten, dass die kleineren Inhouse-Beratungen zumeist neu gegründet wurden (85 Prozent Neugründung). Bei den mittleren und großen Einheiten war es zu 80 Prozent die Transformation von bestehenden Einheiten, die zur Gründung der Inhouse-Beratung führte. Die großen Einheiten bestehen im Durchschnitt auch schon länger, nämlich seit über 11 Jahren, während ein Großteil der kleinen und mittleren Inhouse-Beratungen als selbstständige Einheiten erst nach 2001 gegründet wurden.

2.1.2 Organisatorische Verankerung der Inhouse-Beratungen in den Konzernstrukturen

Die Mehrheit der Inhouse-Beratungen besteht entweder als GmbH oder selbständige Stabsstelle, die in den allermeisten Fällen direkt beim Vorstand bzw. der Geschäftsführung angegliedert sind. In unserer Stichprobe war dies für 85 Prozent der Inhouse-Beratungen der Fall. Diese Anbindung bietet einige Vorteile. So kann sie den Beratungen Durchsetzungsstärke und gleichzeitig Unabhängigkeit im Konzern verschaffen. Allerdings besteht gleichzeitig die Gefahr geringerer Mitarbeiter-Akzeptanz, wenn Inhouse-Beratungen als „verlängerter Arm des Vorstands" wahrgenommen werden. Inhouse-Beratungen sollten daher hoch angesiedelt sein, und sich dennoch eine gewisse Unabhängigkeit gegenüber dem Vorstand des jeweiligen Unternehmens bewahren. Die kleinen und mittleren Beratungen unserer Stichprobe sind zu drei Vierteln reine Cost Center und fakturieren nicht intern, während die großen Beratungseinheiten in der Regel interne Beratertagessätze von etwa 1.000 bis 1.500 Euro verrechnen.

2.1.3   Struktur der Belegschaft von Inhouse-Beratungen

Rund 90 Prozent der Berater aller Inhouse-Beratungen verfügen über ein abgeschlossenes Hochschulstudium, rund 15 Prozent haben zudem einen zweiten Hochschulabschluss (Promotion, MBA) erworben. Der berufliche Hintergrund unterscheidet sich je nach Größenklasse: Während in den kleinen Beratungen gut 60 Prozent der Berater Erfahrungen im eigenen Konzern gesammelt haben, sind dies bei den mittleren und großen Einheiten nur zwischen 10 und 20 Prozent. Dafür ist der Anteil der Berater mit Erfahrungen aus externer Beratungstätigkeit deutlich höher: Gegenüber den etwa 20 Prozent in kleinen Inhouse-Beratungen lag dieser Anteil bei den mittleren und großen Beratungen im Schnitt bei etwa 40 Prozent. Der Frauenanteil liegt durch alle Grössenklassen bei etwa 30 Prozent, was einer deutlichen Erhöhung seit einer Studie aus dem Jahr 2004 gleichkommt (Schäfer, 2004): Hier wurde noch ein Frauenanteil von nur gut 21 Prozent ermittelt. An diesen Unterschieden lassen sich die unterschiedliche Schwerpunktsetzungen der Inhouse-Beratungen festmachen. Während große und mittlere Beratungen den Fokus auf eine Einbindung von externem Managementnachwuchs legen, ziehen kleinere Beratungen Experten aus dem eigenen Unternehmen zu einer Task Force zusammen.

Die Altersstruktur ist über alle Größenklassen hinweg ähnlich. Gut die Hälfte der Berater sind mit unter 35 Jahren noch recht jung. Ein weiteres Drittel fällt in die Altersklasse 36-45 Jahre. Nur wenige Berater sind älter als 46, wobei der Anteil hier bei den kleinen Einheiten mit 10% noch etwas höher ist als bei den mittleren und großen Inhouse-Beratungen. Diese Beobachtung passt zu der durchschnittlichen Verweildauer der Berater in den Inhouse-Beratungen, die mit 3-4 Jahren nicht unähnlich zu der von externen Beratungen ist. Danach wechseln etwa zwei Drittel der ehemaligen Berater in Managementpositionen des Mutterkonzerns. Bei den großen Inhouse-Beratungen liegt dieser Anteil mit 78 Prozent sogar noch etwas höher.

In den kleinen Inhouse-Beratungen mit bis zu 15 Mitarbeitern arbeitet zumeist neben den Beratern nur ein einzelner Mitarbeiter im sog. Support Staff. Bei einer durchschnittlichen Grösse von 10 Mitarbeitern ergibt sich damit in dieser Kategorie ein Verhältnis von Beratern zu Support Staff von etwa 9:1. Im Gegensatz dazu scheinen sowohl bei den mittleren als auch bei den großen Beratungen Verhältniszahlen von 4:1 üblich zu sein. Die durchschnittliche Anzahl an Mitarbeitern beträgt hier 50 (mittlere Einheiten) bzw. 140

Mitarbeiter (große Einheiten). Etwa ein Drittel der Inhouse-Beratungen verfügen über eine eigene Research-Abteilung. Insgesamt 60 Prozent kaufen Forschungsleistungen (z.B. Marktforschungsstudien) zudem extern ein.

2.2   Art der erbrachten Beratungsleistungen

2.2.1   Thematische Schwerpunkte

Bei den erbrachten Beratungsleistungen ergibt sich ein nach Größenklassen differenziertes Bild zwischen den befragten Inhouse-Beratungen (siehe Abbildung 2.1). Während die kleinen Beratungen einen deutlichen Fokus auf Operations- und Prozessthemen legen (fast 60 Prozent der Projekte in diesem Bereich) und als zweites Standbein Strategie- und Organisationsthemen bearbeiten (knapp 30 Prozent), verhält es sich bei den mittleren und großen Inhouse-Beratungen nahezu umgekehrt. Hier werden in rund der Hälfte aller Projekte Strategiethemen bearbeitet, die Operations- und Prozessthemen schlagen nur mit etwas über 30 Prozent zu Buche. Quer durch alle Größenklassen stehen Finance-, Marketing- oder andere funktionsbezogene Themen eher im Hintergrund.

Abbildung 2.1   Erbrachte Beratungsleistungen (in Prozent)

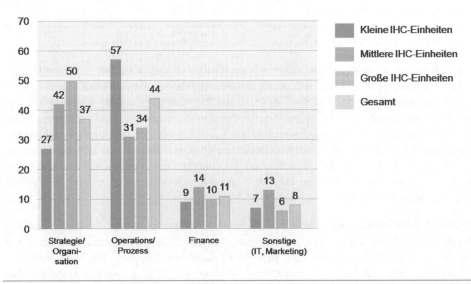

Konsistent dazu stellt sich auch die Lage beim Verhältnis von Implementierungs-gegenüber konzeptionellen Projekten dar: Kleine Inhouse-Beratungen geben ein ausgewogenes Verhältnis zwischen Konzeption und Implementierung im Rahmen der Projekttätigkeit an (53 Prozent Konzeption, 47 Prozent Implementierung). Hingegen erbringen große Inhouse-Beratungen verstärkt Strategieberatung mit eher konzeptionellem Fokus (63 Prozent Konzeption, 37 Prozent Implementierung). Mittlere Inhouse-Beratungen scheinen in ihrer Leistungserbringung generell etwas breiter aufgestellt und haben dabei Schwerpunkte auf der konzeptionellen Entwicklungsseite ähnlich den großen Beratungen. Von allen befragten Beratungen sind etwa ein Viertel als reine Strategie-Beratungen anzusehen.

2.2.2 Anzahl und Dauer der Projekte; internationale Projekte

Die Zahl der durchgeführten Projekte variiert von durchschnittlich über 120 Projekten pro Jahr bei den großen Inhouse-Beratungen, über 46 bei den mittleren bis zu rund 14 Projekten bei den kleinen Beratungen. Bezieht man die Größe der Einheiten mit ein, betrachtet also die durchschnittliche Anzahl Projekte pro Berater, ergibt sich ein recht ausgewogenes Bild von etwa 1,1 bis 1,5 Projekten pro Jahr und Berater. Bei der durchschnittlichen Projektdauer sieht man deutlich die größere Verbreitung von Implementierungsprojekten bei kleineren Beratungen, die meist länger dauern als eher konzeptionell getriebene Strategieprojekte: So ergibt sich eine durchschnittliche Projektdauer von fast 7 Monaten für die kleinen Inhouse-Beratungen und von nur knapp 4 Monaten für die mittleren und großen Einheiten. Die Anzahl der Berater auf einem Projekt liegt im Schnitt bei etwa 3, was wiederum vergleichbar mit der Vorgehensweise externer Beratungsfirmen ist.

Kleine und mittlere Inhouse Consulting Units arbeiten nur in rund jedem fünften Projekt in einem internationalen Bezug, große Inhouse-Beratungen hingegen arbeiten mehrheitlich (zu 62 Prozent) an Themen mit internationalem Bezug. Auftraggeber sind bei der Vergabe von internationalen Projekten geteilter Meinung: Es gibt sowohl Klienten die für internationale Projekte eher externe Berater verpflichten, die in den betreffenden Regionen schon vor Ort sind, als auch die Sichtweise, dass die interne Beratung eine "kleine, weltweit agierende Elite-Einheit" sein sollte. Manche großen Einheiten sind auch international schon sehr gut aufgestellt. So hörten wir von einem Auftraggeber, dass „unsere Inhouse-Beratung in allen wesentlichen Ländern bereits eine Dependance hat."

2.2.3 Projektanbahnung und Projektleitung

Die Akquise von Projekten erfolgt auf unterschiedlichen Wegen. So wurden als mögliche Startpunkte von Projekten etwa folgende genannt:

- ■ Geschäftsführung oder Vorstand entsenden Inhouse-Berater in unterschiedliche Geschäftsbereiche

- Interne Netzwerke und permanenter Austausch mit den Entscheidungsträgern fördern die Klientenakquise

- Inhouse-Beratungen identifizieren aktuelle Themen, die intern „verkauft" werden sollen

- Folgeaufträge im Anschluss an erfolgreiche Projekte

Bei zentral angesiedelten Inhouse-Beratungen fungiert somit auch häufig der Vorstand bzw. die Geschäftsführung als direkter Auftraggeber, je weniger zentral die Aufhängung der Inhouse-Beratung, desto vielfältiger sind die Auftraggeber.

Wie beschrieben sind die meisten Inhouse-Beratungen direkt unterhalb des Vorstandes in der Organisation angeordnet. Sie berichten direkt an diesen und verfügen damit über eine hohe Durchsetzungskraft innerhalb des Unternehmens. Allerdings sagten einige unserer Interviewpartner, dass ihre Firmen von dieser direkten Anbindung der Inhouse-Beratungen beim Vorstand abgerückt sind. Die Gründe hierfür liegen vor allem in der Wahrnehmung der Inhouse-Beratungen als „verlängerter Arm des Vorstandes". Dies war nicht förderlich für die Akzeptanz bei von Projekten betroffenen Mitarbeitern und potenziellen internen Auftraggebern. Um diesem Effekt entgegen zu wirken, hat man sich folglich für eine „etwas tiefere" Angliederung innerhalb der Organisationsstruktur entschieden.

Bei der Frage der Projektleitung ergab sich kein einheitliches Bild. In allen Größenklassen scheint es je nach Konzern unterschiedliche Meinungen zu geben, bei wem die Leitung eines internen Beratungsprojektes liegen sollte. So gaben 41 Prozent der Befragten an, dass die Projektleitung stets bei den Inhouse-Consultants liege. In 35 Prozent der Fälle liegt die Projektleitung auf Seiten der Klienten, mit häufiger Co-Projektleitung durch die Inhouse-Beratungen. In 23 Prozent der Fälle fungiert eine gleichberechtigte Doppel-Projektleitung aus Klient und Berater oder ein paritätisch besetztes Steering Committee.

2.2.4   Kundenstruktur, externe Projekte

Interne Beratungsprojekte werden vornehmlich in den Business Units (Geschäftsbereichen) erbracht, etwa 75 Prozent aller Projekte sind laut unserer Befragung dort angesiedelt. Projekte im Corporate Center schlagen mit rund 20 Prozent zu Buche. Die verbleibenden rund 5 Prozent sind Shared Services betreffende Projekte. Dabei waren überraschenderweise keine großen Unterschiede bezogen auf die Größe der Inhouse-Beratung feststellbar, obwohl man für die großen Einheiten mehr (Strategie-)Projekte im Corporate Center hätte erwarten können. Einzelne Einheiten erbringen allerdings bis zu 90 Prozent ihrer Beratungsleistung im Corporate Center; dies sind etwa die oben genannten reinen Strategieberatungen.

Ein Viertel aller befragten Inhouse-Beratungen bedienen auch externe Klienten, auch wenn diese Aufträge nur einen relativ geringen Anteil der Anzahl der Gesamtprojekte ausmachen (etwa 10-15 Prozent). Der Anteil der extern arbeitenden Inhouse Berater hält sich über die Zeit relativ konstant, so gaben in 2004 (Schäfer, 2004) ebenfalls 17 Prozent der Befragten eine externe Tätigkeit an. Das prominenteste Beispiel ist hier sicherlich die Porsche Consulting GmbH, die allerdings nicht in unserer Stichprobe enthalten war. Die auch extern arbeitenden Inhouse-Beratungen sind zu 75 Prozent große Inhouse-Beratungen, die als Profit Center aufgestellt sind. Ihrer Erfahrung nach kann eine solche Erbringung externer Leistungen auch die interne Glaubwürdigkeit von Inhouse-Beratungen erhöhen.

2.3 Verhältnis zu externen Beratungen

2.3.1 Zusammenarbeit mit externen Beratern

Wie in Abbildung 2.2 ersichtlich, arbeitet rund ein Drittel der Inhouse-Beratungen häufig mit externen Beratern zusammen – Grund genug, auf diesen Aspekt näher einzugehen. Wenn eine Zusammenarbeit mit externen Beratern stattfindet, dann meistens bereits in der Konzeptionsphase. Es kommt bei kleinen wie großen Beratungen sehr selten zu einer reinen Implementierungs-Unterstützung der externen Berater durch Inhouse-Beratungen.

Abbildung 2.2   Zusammenarbeit mit externen Beratern (in Prozent der Projekte)

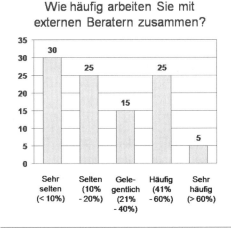

Nach Aussagen unserer Interviewpartner werden die Inhouse-Beratungen mittlerweile als gleichwertige Partner von externen Beratungen anerkannt. Die erfolgreiche Etablierung innerhalb der Organisationen, insbesondere die häufig direkte Angliederung beim Vorstand (s.o.) haben dazu beigetragen, dass externe Berater sowie interne Auftraggeber die Rolle der internen Berater nachhaltig akzeptieren. Gleichzeitig verweisen viele unserer Interviewpartner auf die Notwendigkeit zur Festlegung einer klaren Rollenverteilung innerhalb der Projektstruktur. Eine klare Verteilung der Aufgaben sowie die Festlegung der Verantwortlichkeiten innerhalb der Projektstruktur haben sich in der Vergangenheit als förderlich für erfolgreiche Kooperationen mit externen Beratern erwiesen. Konsequenterweise sollte dabei die Rollenverteilung durch den Projektauftraggeber festgesetzt werden.

Kleine Inhouse-Beratungen arbeiten überdurchschnittlich häufig mit externen Beratern im Rahmen bestimmter Projekte zusammen. Bei den mittleren und großen Inhouse-Beratungen ist dies seltener der Fall. Dies begründen unsere Gesprächspartner aus kleineren Inhouse-Beratungen mit deren geringen Berater-Kapazitäten und der damit verbundenen Notwendigkeit, zusätzliche Kapazitäten punktuell aufzubauen.

2.3.2   Positionierung gegenüber externen Beratern

Bei der Frage nach dem Verhältnis zu externen Beratern wird oft vermutet, dass es sich um ein klares Konkurrenzverhältnis handelt. Tatsächlich zeigte sich in unserer Umfrage ein längst nicht so eindeutiges Bild: So positionieren sich lediglich 20 Prozent der befragten Inhouse-Berater als Konkurrenten zu den externen Beratungen. Dagegen sehen sich ganze 60 Prozent eher als „Co-Worker" bzw. „Partner". Dennoch gibt es Inhouse-Berater, die sich bewusst als Konkurrenten zu externen Beratern aufstellen und nicht mit Externen kooperieren.

Generell scheint es, dass nach anfänglichen Berührungsängsten eine fruchtbare Zusammenarbeit, wenn vielleicht auch nicht überall, so doch in der Mehrzahl der Konzerne an der Tagesordnung ist. Nach Aussagen unserer Gesprächspartner haben die externen Berater anfängliche Vorurteile gegenüber den internen abgebaut und akzeptieren diese nun auch eher als Partner denn als Konkurrenten. Passend dazu ein Zitat, dass eine Zusammenarbeit „auf Augenhöhe" inzwischen funktioniert: Wie bereits erwähnt, sind die Inhouse-Berater mehr als nur „Abarbeiter" der von Externen entworfenen Konzepte. Ein Interviewteilnehmer wertete die Zusammenarbeit mit den Externen sogar als „absolute Ergänzung, denn Externe bringen Erfahrung und neue Ideen".

Den wesentlichen Vorteil gegenüber Externen sehen interne Berater in ihrer höheren Akzeptanz und Durchsetzungsfähigkeit im Unternehmen, was vor allem bei der Implementierung von Vorteil ist. Eine Reihe von Gründen wird für diese höhere Durchsetzungsfähigkeit angegeben:

- Die Konzernzugehörigkeit der internen Berater trägt generell zu einer höheren Akzeptanz im Vergleich mit externen Beratern bei. Interne Berater werden weniger als eine „Bedrohung von außen" und eher als eine Hilfestellung der Konzernführung für potenzielle Verbesserungen angesehen.

- Interne Netzwerke und persönliche Kontakte in das Unternehmen hinein erleichtern internen Beratern den Projekteinstieg und den Zugang zu den durch ein Projekt betroffenen Mitarbeitern.

■ Eine dauerhafte Präsenz im Konzern auch über die Projektdauer hinaus fördert ebenfalls die Akzeptanz bei den Mitarbeitern. Interne Berater werden als sorgfältiger in der Auswahl von Maßnahmen betrachtet, da sie auch die Konsequenzen ihrer Empfehlungen im Konzern „erleben".

■ Weiterhin fördert das wahrgenommene Verfolgen ähnlicher Interessen für das gemeinsame Wohl des Konzerns die Akzeptanz im Unternehmen und verringert somit das Misstrauen der Konzernmitarbeiter gegenüber Beratern. Während Externe häufig auf Nachfolgeprojekte schielen, spielt für interne Berater die Nachhaltigkeit der erreichten Projektergebnisse eine vorrangige Rolle im Rahmen der Akzeptanzbildung im Konzern.

In Zahlen ausgedrückt glauben 95 Prozent der Inhouse-Berater in unserer Befragung, dass die Konzernmitarbeiter der Einbindung von internen Beratern „recht aufgeschlossen" oder „sehr aufgeschlossen" gegenüberstehen. Bei der Einbindung von externen Beratern sehen die Inhouse-Einheiten diesen Prozentsatz nur bei rund 25 Prozent. Die übrigen 75 Prozent verteilen sich nach Sicht der internen Berater gleichmäßig auf die Kategorien „mit gemischten Gefühlen" bzw. „deutlich zurückhaltend". In die Kategorie „ablehnend" ordnete allerdings keiner der Inhouse-Berater die Mitarbeiter des eigenen Unternehmens ein, weder gegenüber internen noch externen Beratern. Nichtsdestotrotz gilt es an dieser Stelle zu unterscheiden zwischen der Akzeptanz bei den von einem Beratungsprojekt betroffenen Mitarbeitern und den Auftraggebern eines Beratungsprojekts. Die betroffenen Mitarbeiter bringen Inhouse-Beratern als „Konzerninsidern" tendenziell mehr Vertrauen entgegen als externen Beratern. Dagegen ist der Unterschied in der Akzeptanz von internen zu externen Beratern bei den Auftraggebern (1. oder 2. Managementebene) deutlich ausgeglichener verteilt.

Als ihre größten Nachteile gegenüber externen Beratern werten die Inhouse-Berater selbst vor allem ihre begrenzten Kapazitäten sowie die geringere Attraktivität für potenzielle Bewerber. Eine Übersicht über die Eigenbewertung der Inhouse-Berater im Vergleich zu bereits im Konzern verpflichteten, externen Beratern findet sich in Abbildung 2.3. Was die Karrieremöglichkeiten im Konzern angeht, bewerten kleine Inhouse-Beratungen diese kritischer als mittlere und große Inhouse-Beratungen. Auftraggeber sehen Inhouse-Beratungen bei falscher Aufstellung sogar als mögliche „Sackgasse". Unsere Ergebnisse sind hier wiederum mit der Studie von Schäfer (2004) kongruent, wo als große Stärken ebenfalls die Implementierungsorientierung und Kundenzufriedenheit genannt werden, ebenso wie die verfügbaren Kapazitäten als Schwäche genannt werden.

Abbildung 2.3   Vergleich Inhouse-Consulting mit Externen Beratern (Skala 1-5)

Bitte vergleichen Sie Ihr Inhouse-Consulting mit bereits im Konzern verpflichteten, externen Beratern

Implementierungsorientierung	3,9
Kundenzufriedenheit	3,7
Akzeptanz innerhalb des Konzerns	3,5
Durchsetzungsfähigkeit innerhalb des Konzerns	3,5
Karrieremöglichkeiten im Konzern	3,5
Qualität der erbrachten Leistungen	3,1
Erfahrung der Berater	2,9
Projektmanagement-Skills	2,7
Attraktivität gegenüber Bewerbern	2,2
Kosten	1,8
Verfügbare Kapazitäten	1,6

1= viel geringer
2= geringer
3= gleich
4= höher
5= viel höher

2.3.3   Verhältnis von internen und externen Beratern aus Sicht der Auftraggeber

Die Selbsteinschätzung der Inhouse-Beratungen deckt sich im Wesentlichen mit der Sicht ihrer Auftraggeber. Dies mag auch daran liegen, dass eine gewisse Durchlässigkeit zwischen den beiden Gruppen besteht. Viele Inhouse-Berater wechseln schließlich nach ihrer Beratungstätigkeit in Führungspositionen des Unternehmens und werden damit zu potenziellen Auftraggebern. So sehen auch die Auftraggeber größtenteils die Qualität der erbrachten Beratungsleistungen von internen Beratern als gleichwertig zu denen externer Berater. Allerdings bemerkte zumindest ein interviewter Auftraggeber auch, dass „externe Berater eher auch mal unter den Rock schauen".

Was die höhere Akzeptanz im Konzern angeht, hoben unsere Gesprächspartner auf Seite der Auftraggeber häufig die tiefe Branchenkenntnis der internen Berater hervor. Dieser Aspekt trägt sichtlich zur Akzeptanz der betreffenden Inhouse-Einheiten bei. Andererseits kann diese erhöhte Akzeptanz von Inhouse-Consultants im jeweiligen Unternehmen paradoxerweise auch einen Grund dafür darstellen, für „brisante" Themen – etwa für

Restrukturierungsprojekte – bewusst auf den Einsatz von Inhouse-Beratern zu verzichten. Die Konzernzugehörigkeit interner Berater kann in diesen Fällen dazu führen, dass ihr Rat vom Top-Management als nicht völlig unabhängig wahrgenommen werden mag. IHC-Einheiten, die im Zuständigkeitsbereich eines bestimmten Vorstands angesiedelt sind, werden von anderen Vorstandsmitgliedern z.T. – je nach Vorstandskultur – kritisch betrachtet. Darüber hinaus mag eine Rolle spielen, dass externe Berater besser dazu geeignet scheinen, als Verantwortliche für radikale Veränderungsprozesse zitiert zu werden; ein Argument, dass allerdings von unseren Gesprächspartnern auf Klientenseite nicht explizit genannt wurde.

Als gelegentliches Problem der internen Berater wird eine mögliche „Betriebsblindheit" genannt, ein Umstand, für den einige Auftraggeber als mögliche Lösungen etwa das Anwerben von senioren Beratern mit Industrieerfahrung sehen, oder ein externes Anbieten der Beratungsdienstleistung, um so industriebezogenes Know-how einzuholen. Dieses Problem ist den Inhouse Berater laut der Studie von Schäfer (2004) auch bewusst: Hier antworteten 61 Prozent der befragten auf die Frage ob ein solches Risiko besteht mit ja, als Gegenmaßnahmen wurden vor allem der Einsatz von Beratern in verschiedenen Bereichen und unterschiedliche Projektteams genannt. Generell wünschen sich die Auftraggeber ein offenes Herangehen an Probleme, was sicherlich gleichermaßen von internen wie externen Beratern erwartet wird.

2.3.4 Wahrnehmung in der Öffentlichkeit

Wir befragten die Inhouse-Beratungen ebenfalls zu ihrer Einschätzung der öffentlichen Wahrnehmung hinsichtlich des Vergleichs von interner und externer Beratung. Externe Berater werden in der Öffentlichkeit (aus Sicht der Inhouse-Beratungen) als unabhängiger und höher reputiert gesehen. Sicherlich macht sich hier auch die längere Tradition der großen externen Beratungsfirmen bemerkbar.

Außerdem gelten Externe als besser bezahlt sowie als weniger implementierungsorientiert; hier passen also Selbsteinschätzung und öffentliche Wahrnehmung zusammen. Auch werden sie teilweise als qualitativ hochwertiger und attraktiver für potenzielle Bewerber gesehen. Zumindest den ersten Punkt könnte man heutzutage nach unseren Interviews mit den Auftraggebern entkräften. Jedoch passen sich Meinungen in der Öffentlichkeit natürlich nur langsam an. Bis auf wenige Ausnahmen stimmen die jeweiligen Bewertungen der kleinen, mittleren und großen Inhouse-Beratungen bei dieser Fragestellung übrigens überein: Lediglich die großen Inhouse-Beratungen bewerten die öffentliche Wahrnehmung hinsichtlich der Implementierungsorientierung als signifikant stärker, die mittleren Inhouse-Beratungen bewerten die öffentliche Wahrnehmung hinsichtlich der Attraktivität gegenüber Bewerbern als stärker.

2.4   Einkauf von Beratungsleistungen

2.4.1   Einkaufsprozess

Wichtig für die internen Berater kann der im Konzern etablierte Einkaufsprozess von Beratungsleistungen sein. Je nach Organisation und Vorgehen kenn er signifikanten Einfluss auf die Konkurrenzsituation zwischen internen und externen Anbietern haben. In Konzernen mit großen Inhouse-Beratungen ist der Einkauf von Beratungsleistungen einheitlicher organisiert. Dort ist in der Regel eine zentrale Einkaufsabteilung in den Einkaufsprozess mit eingebunden. Angebote von externen Wettbewerbern werden dort häufig eingeholt, so dass die großen Inhouse-Beratungen klar im Wettbewerb mit externen Anbietern stehen. Bei den Mutterkonzernen von mittleren und kleinen Inhouse-Einheiten ist dies scheinbar nicht immer der Fall, vor allem bei den kleineren Inhouse-Einheiten scheint der Prozess zuweilen recht unbürokratisch abzulaufen.

Allerdings bemerkten einige Interviewpartner, dass etwaig vordefinierte Einkaufsprozesse in Abhängigkeit von den Auftraggebern nicht zwingend eingehalten werden. Unterschiedliche Vorstandsmitglieder haben unterschiedliche „Vorlieben" hinsichtlich des Einsatzes externer bzw. interner Berater. So kommt es häufig vor, dass potenzielle Auftraggeber bewusst das Gespräch mit den internen Beratern suchen und dann gemeinsam entscheiden, wer in das Projekt involviert werden soll. Gerade in Fällen, in denen der Klient eine Zusammenarbeit (bspw. Know-how-Zukauf) mit externen Beratern wünscht, tritt dieses Vorgehen auf.

2.4.2   Gründe für den Einsatz interner bzw. externer Berater

Teilweise überraschend sind die Ergebnisse unserer Frage, welches die Gründe, die zum Einsatz externer bzw. interner Berater führen, sein könnten. Befragt wurden hierbei wiederum die internen Berater (vgl. **Abbildung 2.4** und **Abbildung 2.5**). Demnach sind die Hauptgründe dafür, externe Berater zu verpflichten, insbesondere die „sensiblen Spezialthemen", die als in politischer Hinsicht besonders schwierig eingeschätzt werden. Als Beispiele wurden Kostensenkungs- und Restrukturierungsprojekte genannt. Die Begründung hierfür mag zum einen in der möglichen Rolle von externen Beratern als „Sündenböcke" liegen, oder aber in der wahrgenommenen größeren Unabhängigkeit oder Neutralität, die in solchen Projekten besonders geboten sein mag. Außerdem wurde Benchmarking vermehrt genannt, eine Tätigkeit, die von internen Beratern wegen ihrer klaren Zugehörigkeit zu einem Konzern nur schwer wahrgenommen werden kann. Auf dem dritten Rang finden sich marktbezogene Themen (etwa die Erschließung neuer Märkte), bei denen Konzerne auf die Erfahrungen und Kontakte der externen Berater zurückgreifen wollen. Alle übrigen Themen – insgesamt wurden 48 mögliche Situationen für den bevorzugten Einsatz Externer genannt – haben demnach weniger als 10 Prozent der Nennungen bekommen und scheinen daher eine eher untergeordnete Rolle zu spielen.

Diese Beurteilung wurde so ebenfalls von den Auftraggebern in unseren Interviews bestätigt. Letztendlich können immer auch persönliche (positive wie negative) Erfahrungen der Auftraggeber mit internen oder externen Beratern eine Rolle bei der Vergabe von Projekten spielen.

Abbildung 2.4   Gründe/Situationen für den Einsatz externer Berater

---

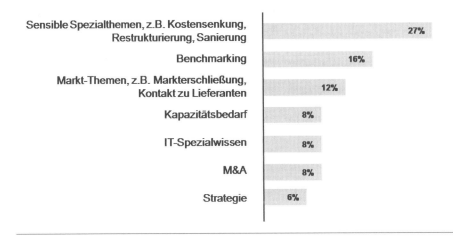

Bitte nennen Sie spontan 3 Gründe/Situationen in denen Ihr Konzern intuitiv eher mit _externen_ Beratern zusammenarbeiten würde?

Sensible Spezialthemen, z.B. Kostensenkung, Restrukturierung, Sanierung	27%
Benchmarking	16%
Markt-Themen, z.B. Markterschließung, Kontakt zu Lieferanten	12%
Kapazitätsbedarf	8%
IT-Spezialwissen	8%
M&A	8%
Strategie	6%

Bei den Situationen für den Einsatz interner Berater waren die Antworten weniger gestreut. So wurden insgesamt nur 25 Gründe bzw. Situationen genannt, von denen 5 Themen jeweils mindestens 12 Prozent der Nennungen bekamen, und damit von den befragten Inhouse-Beratern als besonders relevant für die Entscheidung zur Verpflichtung interner Berater angegeben wurden.

Intern vergeben werden vor allem Themen, die spezielle Unternehmenskenntnisse und/oder kurzfristigen Beratungsbedarf erfordern. Hier sind interne Berater mit kürzeren Vor- bzw. Anlaufzeiten bzw. dem schon vorhandenen Wissen über das eigene Unternehmen gegenüber Externen im Vorteil. Genannt wurden außerdem Strategiethemen, bei denen die Branchenkenntnisse der Inhouse-Berater von Vorteil sein können. Die tendenziell grössere Umsetzungsorientierung findet sich auch hier wiederum unter den wichtigsten Gründen, ein Projekt an interne Berater zu vergeben. Ein von den Inhouse-Beratern selten genannter Grund, der aber von den Auftraggebern betont wurde, besteht in Themen, bei denen Know-how intern aufgebaut werden soll. Schließlich vergibt ein Teil der Konzerne die Projekte generell bevorzugt intern, soweit diese Möglichkeit besteht.

Abbildung 2.5   Gründe/Situationen für den Einsatz interner Berater

Bitte nennen Sie spontan 3 Gründe/Situationen in denen Ihr Konzern
intuitiv eher mit <u>internen</u> Beratern zusammenarbeiten würde?

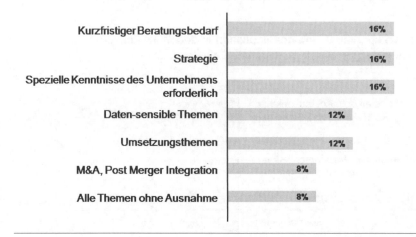

2.4.3   Volumina der erbrachten Beratungsleistungen

Bei den befragten Konzernen mit vorhandener Inhouse-Beratung werden inzwischen im
Schnitt etwa 40 Prozent der Beratungsprojekte intern erbracht. Dass der Kostenanteil
dieser Projekte mit 30 Prozent des gesamten für Beratungsleistungen ausgegebenen
Budgets etwas kleiner ausfällt, liegt an den niedrigeren Kosten der internen Berater. Damit
ergibt sich ein rechnerischer Unterschied von im Schnitt unter 30 Prozent zu den
Projektkosten externer Berater, was bei ähnlicher Qualität der Leistung ein gewichtiger
Grund für die Verpflichtung der internen Berater sein kann. Interne Beratungen führen
Projekte durch, deren durchschnittliches Projekt-Volumen bei kleinen Inhouse-Beratungen
etwa 160.000 Euro, bei mittleren Inhouse-Beratungen etwa 195.000 Euro und bei den
großen Inhouse-Beratungen bei etwa 260.000 Euro beträgt.

Abbildung 2.6   Anteil der intern/extern erbrachten Beratungsleistung

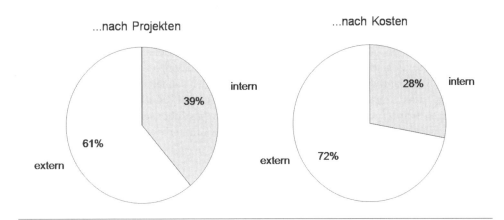

3   Zukunftsaussichten und Herausforderungen

Insgesamt zeigen die Ergebnisse unserer Studie, dass sich die Inhouse-Beratung in großen und z.T. auch in mittleren Unternehmen in Deutschland als festes Phänomen etabliert hat. Zwar verfügen nicht alle Unternehmen über eine Inhouse-Beratungseinheit. Unseren Ergebnissen zufolge haben jedoch ca. 70 Prozent der DAX30-Firmen eine solche interne Beratungseinheit. Über alle Größenklassen hinweg betrachtet, konnten über 40 interne Beratungseinheiten namentlich identifiziert werden. Auf Basis unserer Analyse lässt sich die Gesamtzahl aller internen Beratungseinheiten in Deutschland auf etwa 100-150 schätzen. Das Volumen der von diesen Einheiten erbrachten Beratungsleistungen lässt sich mit etwa 450-650 Millionen Euro pro Jahr beziffern, setzt man die durchschnittlichen intern verrechneten Kosten als Grundlage an. Allerdings ist gerade die letztgenannte Schätzung mit großer Vorsicht zu betrachten, da eine Reihe von Inhouse-Beratungseinheiten keine internen Kosten verrechnen (s.o.).

Zudem ist die genannte Zahl der internen Beratungseinheiten aus mehreren Gründen äußerst unscharf. Zum einen ist der Status interner Beratungseinheiten gerade bei kleineren Unternehmen häufig flexibel; temporäre Projektorganisationen können sich relativ kurzfristig zu permanenten Inhouse-Beratungen im Sinne unserer Definition weiterentwickeln, ohne dass dies in der Öffentlichkeit bekannt wird. Andererseits können gerade interne Beratungseinheiten, die einen eigenständigen Charakter, aber keine rechtliche Eigenständigkeit haben, relativ „geräuschlos" wieder aufgelöst oder in andere Konzernbereiche integriert werden. Zum zweiten hängt die Zählung von Inhouse-Beratungen etwa von der Frage ab, welchen Anteil ihrer Tätigkeit eine Beratungsorganisation, die sich im Eigentum eines nicht primär beratungsorientierten Unternehmens befindet, konzernintern erbringen muss bzw. darf, um als Inhouse-Beratungseinheit zu gelten. So erbringt etwa die DEKRA Consulting GmbH, eine auf Transport und Logistik spezialisierte Beratungsorganisation, den bei weitem größten Anteil ihrer Beratungsleistungen für externe Kunden, einen geringen Anteil ihrer Leistungen aber auch für Klienten innerhalb des DEKRA-Konzerns. In unseren Schätzungen wurden Organisationen wie diese nicht als Inhouse-Beratungen betrachtet; dennoch wird an diesem Beispiel deutlich, dass die entsprechende Grenzziehung notwendigerweise unscharf bleibt.

Trotz dieser Vorbehalte wird aus unserer Marktanalyse deutlich, dass Inhouse-Beratungen kein zeitlich begrenztes Phänomen sind, sondern vielmehr eine fest etablierte Gattung von Beratungsdienstleistern. Diese ist neben den großen Strategieberatungen, den IT-Beratungen und den mittleren sowie kleinen Spezialberatungen als weiterer Beratungsanbieter zu werten.

In der weiteren Entwicklung der Inhouse-Beratung bieten sich durchaus gute Chancen, etwa im Zuge des erhöhten Kostenbewußtseins der Konzerne in der globalen Finanzkrise. Einige unserer Interviewpartner rechneten sich hier gute Wachstumsmöglichkeiten aus (siehe Abbildung 3.1). Gerade in der Krise können Inhouse-Beratungen ihre Wettbewerbsposition im Vergleich zu externen Beratungen deutlich ausbauen. Allerdings gab es während unserer Interviews mit den Auftraggebern der IHCs auch Stimmen, die zukünftig eher eine noch weitere Steigerung der Qualität als den Kapazitätsausbau in ihren internen Beratungseinheiten sehen; schließlich sei die Beratung „kein Kerngeschäft", in dem der Wettbewerb gegen Externe gesucht werde.

Abbildung 3.1   Geschätzte Entwicklung der internen Beratungsleistungen

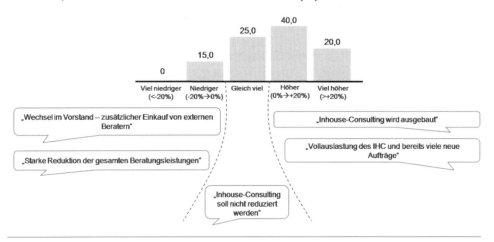

"Wie wird sich das Volumen an Beratungsleistungen, die <u>intern</u> vergeben werden, in den nächsten 3 Jahren entwickeln?" (%)

Natürlich steht die Inhouse-Beratung auch vor Herausforderungen. Dazu zählt zum Beispiel ihre zumindest in der Vergangenheit weniger prominente Positionierung im Recruiting-Markt im Vergleich mit den großen externen Beratungsfirmen. Wie eine von EBS-Studenten im Jahr 2008 durchgeführte Umfrage zeigt, kann die Inhouse-Beratung jedoch durchaus für potenzielle Bewerber interessante Vorteile gegenüber externen Beratungen vorweisen. So findet die Möglichkeit, nach einigen Jahren unkompliziert von der Inhouse-Beratung in eine Management-Position im Konzern zu wechseln, großen Anklang, ebenso die hohe Akzeptanz und Zufriedenheit bei Kunden und nicht zuletzt die bessere Work-Life Balance. Hier ist offensichtlich eine klare Kommunikation gefordert, die auf diese Vorteile eingeht. In der aktuellen wirtschaftlichen Situation können Inhouse-Beratungen als Arbeitgeber deutlich an Profil gewinnen.

Darüber hinaus sollten Inhouse-Beratungen verstärkt in Weiterbildung und Wissensmanagement investieren. Zum Teil ist dies eine Herausforderung, die jedes einzelne Unternehmen für sich bewältigen muss. Andererseits gibt es auch eine Vielzahl an Möglichkeiten, wie Inhouse-Beratungen sich gegenseitig unterstützen können. Gemeinsam durchgeführte Fortbildungsprogramme, Wissenstransfer, Öffentlichkeitsarbeit und Berater-Austausch sind einige der Initiativen, von denen Inhouse-Beratungen insgesamt profitieren könnten, bzw. im Rahmen von Organisationen wie dem IHC-Round Table oder der Initiative „dichter dran" bereits profitieren (vgl. auch Teil 5 in diesem Sammelband).

Literatur

Gale, J.R. (1970): Internal Management Consulting in Modern Business. In: Financial Executive, March 1970, S. 16-19.

Heigl, A. (1971): Zum Entscheidungsproblem: Fremde oder eigene Unternehmensberatung. In: Interne Revision, Jg. 6, 1971, Nr. 1, S. 1-13.

Hoernke, H. (1970): Interne Unternehmensberatung, Industrielle Organisation. In: io-Management Zeitschrift, Jg. 39, 1970, S. 167-171.

Kipping, M. (2002): Jenseits von Krise und Wachstum - Der Wandel im Markt für Unternehmensberatung. In: zfo, 71. Jg., 2002, Heft 5, S. 269-276.

McKenna, C.D. (2006): The World's Newest Profession. Management Consulting in the Twentieth Century. Cambridge et al.: Cambridge University Press 2006.

Niedereichholz, C. (Hrsg.) (2000): Internes Consulting. Grundlagen – Praxisbeispiele – Spezialthemen. München, Wien: R. Oldenbourg 2000.

Richter, A. / Harste, R. (2007): Cooperation Between Managers and External Consultants in Strategy Projects. Survey Report, European Business School, Wiesbaden, 2007.

Richter, A. / Niewiem, S. (2004): The Changing Balance of Power in the Consulting Market. In: Business Strategy Review, Jg. 15, 2004, Nr. 1, S. 8-13.

Schäfer, M. (2004): Inhouse Consulting - kompetenter Beratungspartner und Arbeitgeber, Diplomarbeit FH Bonn-Rhein-Sieg, 2004, unveröffentlicht.

Schmidt, S.L. / Vogt, P. / Richter, A. (2005): Good News and Bad News. The Strategy Consulting Value Chain Is Breaking Up. In: Consulting to Management, Jg. 16, 2005, Nr. 1, S. 39-44.

Tait, R.(1970): Why Firms Prefer Inside Experts. In: International Management, Jg. 25, 1970, Nr. 11, S. 24-26.

2

Aufbau und Etablierung eines professionellen Inhouse Consulting in einem globalen Konzern

Alexander Moscho, Lydia Bals, Stefan Neuwirth, Isabel Tobies

1   Einführung

1.1   Entstehen interner Beratungen

In den letzten Jahren konnte in Deutschland die zunehmende Gründung und Professionalisierung von internen Beratungen festgestellt werden (Maaßen, 2005). So verfügten im Jahre 2008 21 der 30 DAX Unternehmen über interne Beratungen (Bayer Business Services & European Business School, 2009). Demnach entschließen sich Unternehmen mehr und mehr ein vormals rein extern ausgerichtetes Dienstleistungsportfolio einschlägiger Unternehmensberatungen zunehmend zu internalisieren (siehe auch Teil 1 im vorliegenden Sammelband). Der Entstehungsprozess interner Beratungsorganisationen kann besonders für andere Unternehmen interessant sein, um die Vorteile eines solchen Aufbaus sowie deren dedizierten Wert für das eigene Unternehmen zu evaluieren und dabei gegebenenfalls Erfahrungen anderer zu nutzen. Daher möchte der vorliegende Beitrag einen Einblick in den Aufbau und die Entwicklung der internen Beratungseinheit der Bayer AG, Bayer Business Consulting, geben.

Der Beitrag gliedert sich in fünf Abschnitte: Nach der Einführung charakterisiert der zweite Abschnitt kurz den Kontext sowie den „Markt" von Bayer Business Consulting, d.h. die Branchen, in denen Bayer tätig ist, sowie den Konzern selbst als Kunden von Beratungsleistungen. Der dritte Abschnitt befasst sich mit den Anfängen der Beratungsfunktion und zeigt, welche Voraussetzungen geschaffen werden müssen, damit sich eine interne Beratung – wie Business Consulting – erfolgreich im Konzern etablieren kann. Anschließend fokussiert der vierte Abschnitt auf die heute bestehende Organisation sowie deren Entwicklung und weitere Professionalisierung in den letzten Jahren, hin zu einer immer internationaler werdenden internen Beratungseinheit mit breiter thematischer Abdeckung. Abschließend umfasst der fünfte Abschnitt eine Zusammenfassung und gibt einen Ausblick.

1.2   Branche und Markt

Zunehmende Globalisierung hat den Wettbewerb über die gesamte Industrie hinweg intensiviert (Czinkota and Ronkainen, 2005). Produktlebenszyklen haben sich dramatisch verkürzt (Fenwick, 1999). Da das Geschäft pharmazeutischer Unternehmen schon lange bevor Erträge zu erwarten sind im besonderen Maß durch hohe Forschungs- und Entwicklungs-Vorlaufkosten gekennzeichnet ist (DiMasi, Hansen and Grabowski, 2003; Moscho, 2000), sind hier die Konsequenzen einer kürzeren gewinnbringenden Periode besonders hoch.

Bayer ist ein innovatives Unternehmen, das in seinen Märkten eine führende Position behauptet und nachhaltig ausbauen möchte. Als ein Unternehmen, das sich mit jährlichen

F&E-Ausgaben von etwa € 2,65 Mrd. im Jahr 2008 der Innovation verschrieben hat, muss sich Bayer stets der Herausforderung stellen, seine Innovationsstärke und seinen Erfolg aufrecht zu erhalten.

Gegründet im Jahr 1863, kann Bayer auf eine lange Unternehmensgeschichte als Innovator in der chemischen und pharmazeutischen Industrie zurückblicken (siehe Abbildung 1.1). Heute ist Bayer in die drei operativen Geschäftsbereiche Bayer MaterialScience, Bayer HealthCare und Bayer CropScience gegliedert, die einer strategischen Holding unterstehen. Im Jahr 2008 konnten ein Nettoumsatz von über € 32,9 Mrd. erzielt und Investitionsausgaben von etwa € 1.98 Mrd. getätigt werden.

Abbildung 1.1   Bayer Firmenhistorie

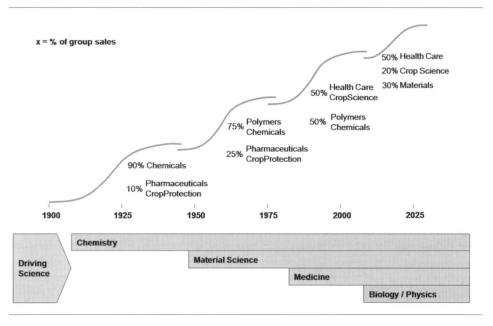

Bei der Festlegung der in drei Divisionen gegliederten Unternehmensstruktur bestand das Hauptziel darin, die vorhandenen Ressourcen auf die Geschäftsfelder zu konzentrieren, in denen Bayer seine Kernkompetenzen und Stärken besaß und gleichzeitig die höchsten Wachstumsmöglichkeiten sah (Focus, 2008). Diese weit reichende Transformation wurde von einem umfangreichen Change Management begleitet (Moscho et al., 2009). Die grundsätzliche Reorganisation befähigte die operativ tätigen Teilkonzerne näher an ihrem jeweiligen Markt zu agieren und sich besser nach den kritischen Erfolgsfaktoren der jeweiligen Branche auszurichten (Focus, 2008). Heute macht Bayer HealthCare ca. 50 Prozent des Unternehmens aus, Bayer MaterialScience etwa 30 Prozent und Bayer CropScience etwa 20 Prozent.

In diesem dargestellten Kontext agiert die interne Beratung von Bayer heute. Wie die vorangestellten Ausführungen zeigen, ergibt sich bereits durch die Struktur der drei Teilkonzerne ein relativ diversifiziertes Betätigungsfeld über unterschiedliche Industrien hinweg, sowie mit verschiedenen Kunden- und Anspruchsgruppen.

Nichtsdestotrotz bietet die gemeinsame Identität des Unternehmens Bayer die Grundlage dafür, gezielt Wissenstransfers und Benchmarking-Möglichkeiten nutzbar zu machen. Bayer Business Consulting hat sich in diesem Umfeld als ein interner Berater, Wissenspool und als Talentschmiede für den Konzern etabliert.

2   Eine Unternehmensfunktion im Wandel

Bevor das Betätigungsfeld und die Grundzüge der heutigen Bereichsstrategie näher thematisiert werden, stellt sich die Frage nach den Wurzeln der Organisation. Nicht immer war die interne Beratung Teil einer unabhängigen Servicegesellschaft, wie es heute als Teil der Bayer Business Services realisiert ist. Vielmehr durchlief die Funktion unterschiedliche Stadien, bevor deren natürlich gewachsene Strukturen 2006 durch einen klaren Schnitt in die heutige Struktur überführt wurden. Die ursprünglichen Wurzeln lassen sich bis in die 50er Jahre zurückverfolgen, als die Revisions- und Organisationsabteilung bereits ähnliche Aufgabenprofile zeigte.

Der vorliegende Beitrag konzentriert sich jedoch auf die neuere Historie, die im Hinblick auf die Ausgestaltung der Unternehmensberatung grob in drei Phasen untergliedert werden kann: Kombinierte Beratungs-Governance-Funktion, Übergangsphase, reine Beratungsfunktion.

2.1   Kombinierte Beratungs-Governance-Funktion

Die erste Organisationseinheit mit einem klaren „Beratungsmandat" innerhalb des Konzerns und damit sozusagen „Keimzelle" der heutigen internen Unternehmensberatung war die Abteilung „Unternehmensorganisation" (UO). Bis 2002 bündelte dieser zentral angesiedelte Bereich große Teile der Organisationsressourcen des Konzerns und stellte sie bereichsübergreifend für alle Unternehmenseinheiten zur Verfügung. Hierzu war sie als Teil des Konzernbereichs Konzernplanung und Controlling aufgestellt, der direkt an den Vorstand berichtete.

Als „Vorläufer" zeigte die UO bereits früh verschiedene, wichtige Merkmale einer internen Unternehmensberatung: Insbesondere im Bereich der Organisation wurde Beratungsunterstützung bei Ausrichtung, Gestaltung und Umsetzung konzernweit angeboten. Während der Fokus eingangs sehr stark auf Aufbauorganisationsthemen lag, nahm im Zeitverlauf die Bedeutung von Ablauforganisation sowie von IT-Themen zu. Die UO-Ressourcen wurden primär dort im Konzern eingesetzt, wo bedeutsame (organisatorische) Veränderungsprozesse stattfanden. Es erfolgte eine aufwandsabhängige Leistungsverrechnung (Serviceprinzip), auch wenn diese als Kostenallokation direkt über die Kunden-Kostenstellen abgewickelt wurde. Schließlich wurde die UO auch während dieser Phase bereits als Entwicklungsplattform für den Führungskräftenachwuchs von Bayer genutzt (mit dem heutigen Holdingvorstandsmitglied für Strategie und Personal, Dr. Richard Pott, als prominentestem Beispiel).

Gleichzeitig übernahm die UO im Konzern eine Governancefunktion, indem sie Unterstützung für die Organisationsarbeit des Vorstandes leistete, insbesondere der Wahrung der organisatorischen Interessen der Gesamtunternehmung (Münch und Neuwirth, 2000).

Ihre „Blütezeit" hatte die UO während der konzernweiten Durchführung der Business Process Reengineering(BPR)/SAP-Projekte; ein Prozess, der federführend mit zeitweise bis zu über 100 Mitarbeitern unterstützt wurde. Diese Phase endete mit der Transformation des Bayer-Konzerns in die heutige Holding-Struktur im Jahre 2002, der durch die UO maßgeblich vorangetrieben wurde.

2.2   Übergangsphase

Wie beschrieben, befand sich die UO auf Grund ihrer Aufstellung stets in einem Spannungsfeld zwischen dem Hoheitsgedanken des Konzerns („Governance") und dem Servicegedanken („Serviceprinzip"), der zunehmend hinter ihren Aktivitäten stehen sollte.

Mit der Neuausrichtung des Konzerns begann daher 2002 die Teilung des Bereiches in drei Felder: Der primär und übergreifend organisationsfokussierte Teil wurde als hoheitliche Aufgabe an die Holding angegliedert („Corporate Organization"). Mit dem Ziel, die Prozesssicht und strategische IT-Ausrichtung näher am Business auszurichten, eine Übersetzerfunktion besser zu erfüllen sowie sich teilkonzernspezifisch ausrichten zu können, wurden die IT-bezogeneren UO-Abteilungen in die Teilkonzerne verlagert und die Abteilungen „Organisation & Information" (O&I) gegründet. Der dritte Teil schließlich, die eigentliche Wurzel der heutigen internen Beratung, stellt die Überführung der verbliebenen Teile der UO sowie anderer projektnaher Funktionen des Konzerns in eine neue Organisationseinheit „Management Consulting" von Bayer Business Services dar. Lediglich als Abteilung mit mehr oder weniger präzisem „Projektmanagement-Auftrag" im Konzern aufgestellt und mit limitierten Ressourcen ausgestattet, fiel es „Management Consulting" schwer, sich als anerkannte interne Unternehmensberatung des Konzerns zu positionieren. Dies hatte zur Folge, dass die Einheit bis zum Ende des Jahres

2004 signifikant Mitarbeiter verlor (zeitweise umfasste die Abteilung nur noch circa 20 Mitarbeiter) und ihrem ursprünglichen Gründungsgedanken immer schwerer gerecht werden konnte. Die Abteilungsleitung erkannte diese Entwicklung und forcierte eine Grundsatzdiskussion über Sinn und Zweck einer internen Unternehmensberatung bei Bayer. Im Rahmen dieses Diskussionsprozesses entschied sich der Holdingvorstand von Bayer – überzeugt vom Mehrwert einer solchen Einheit für den Konzern – Ende 2004 für die Fortführung des Gedankens und initiierte den professionellen Wiederaufbau: die Geburtsstunde von „Bayer Business Consulting" in seiner heutigen Form.

2.3   Reine Beratungsfunktion

Zahlreiche Faktoren waren essenziell für die Vorbereitung sowie den eigentlichen „Neustart" der internen Unternehmensberatung von Bayer ab 2005/2006: Zuerst wurde im Jahre 2005 mit der Gründung eines dedizierten Geschäftsfeldes „Business Consulting" mit direkter Aufhängung bei der Geschäftsführung von Bayer Business Services die für interne Beratungsfunktionen notwendige „Konzern-Visibilität" geschaffen. Eher ein Bayer-Spezifikum war die durch diesen Schritt erreichte klare Herauslösung aus der Konzern-IT, die damit verbundene Verbesserung des Managementzugangs sowie die zunehmende Autarkie des Bereiches.

Mit der gezielten Neubesetzung der Leitung des neuen Geschäftsfeldes aus einem führenden externen Beratungsunternehmen wurde 2006 die Zielsetzung der angestoßenen Entwicklung zu einer professionellen Einheit nach innen und außen unterstrichen.

Gleichzeitig wurden das Aktivitätenspektrum sowie die kritische Masse durch Fusion mit einer weiteren, auf Beratungsleistungen im Supply Chain Management spezialisierten Abteilung von Bayer Business Services gestärkt. Eine mittelbare Konsequenz aus dieser Zusammenführung war, dass mögliche interne Konkurrenz vermieden und der Auftritt in Richtung Konzern konsistenter gestaltet werden konnte. Daneben bildete die Fusion die Plattform für eine umfassende Reorganisation und Neupositionierung der internen Beratung.

Für beides wurden von Anfang an der enge Kontakt sowie die partnerschaftliche Abstimmung mit den Bedürfnissen der potenziellen Konzernkunden gesucht. Auf diesem Wege konnte sichergestellt werden, dass die zukünftige Unternehmensberatung früh kundengerechte Strukturen und Lösungsansätze anbot und damit schnell überzeugen konnte. Letzteres – in Kombination mit dem fortwährend gepflegten, engen Kundenkontakt – gewährleistete eine hohe Akzeptanz und Unterstützung (sowohl für die langwierige Transformation der Beratungsfunktion als auch – fast noch wichtiger – durch die Möglichkeit, die „neuen" Fähigkeiten kontinuierlich im Projektgeschäft unter Beweis zu stellen).

Die Ergebnisse des intensiven Gedankenaustauschs mit dem Top-Management von Konzern, Teilkonzernen und Servicegesellschaften sind ebenfalls an prominenter Stelle in die Entwicklung einer Strategie und Vision von Bayer Business Consulting eingeflossen (siehe unten) und haben dem zielgerichteten Organisationsumbau sowie dem systematischen Auf- und Ausbau von Know-how und Fähigkeiten geholfen. Dabei stand zu jedem Zeitpunkt im Vordergrund, die „neue" Inhouse Beratung – im Spannungsfeld zwischen „Berater" und „Kollegen" – als „Trusted Advisor" im Konzern zu etablieren (Maister, Green & Galford, 2001).

Die Neuausrichtung von Bayer Business Consulting erforderte neben den strategischen und organisatorischen auch signifikante kulturelle Veränderungen. Früh wurde vom Management angestrebt, eine leistungsorientierte Kultur zu etablieren, die auf die Bedürfnisse der Kunden bzw. des Konzerns orientiert ist, gleichzeitig auf gegenseitige Unterstützung setzt sowie hoch motivierend wirkt und Spaß an der Arbeit (sowie der „Extra Meile") gewährleistet. Dies erschien insbesondere wichtig, da eine hochqualitative Beratungsfunktion darauf angewiesen ist, nachhaltig die besten Mitarbeiter anzuziehen, die ein Konzern gewinnen kann. Parallel zu einer Fusion von zuvor teilweise im Wettbewerb stehenden Abteilungen sowie einer umfassenden Neuorganisation diese Kulturveränderung zu fördern, war eine Herausforderung, die nur auf Grund des großen Engagements des kompletten Management-Teams und dem enthusiastischen Einsatz eines Kerns von Mitarbeitern gelang. Unterstützt wurde sie durch den schnellen, aber sehr sorgfältigen Ausbau der Mitarbeitergruppe (zu Beginn überwiegend von extern).

Entscheidende Voraussetzung und Grundlage für diese weit reichenden Veränderungsprozesse und Neuaufstellung der internen Unternehmensberatung insgesamt war und ist das durchgängige „Commitment" und Vertrauen des Top-Managements von Bayer, namentlich der Geschäftsführung von Bayer Business Services als „hostender" Konzerngesellschaft, der Vorstände der Teilkonzerne als wichtigsten Kunden sowie des Holdingvorstandes als Katalysator und Mentor. Insbesondere die Unterstützung durch den Vorstand erscheint elementar, um die Gründung und Etablierung einer Beratungsfunktion im Konzerninteresse, manches Mal auch gegen Partikularinteressen, zu begleiten. Nur mit der Unterstützung des Holdingvorstandes konnte es gelingen, drei konzeptionelle Prinzipien umzusetzen, die uns als wichtige Erfolgsfaktoren jeder (internen aber auch externen) Beratungstätigkeit erscheinen: Die Gewährleistung von Vertraulichkeit den Projektkunden gegenüber, das Durchsetzen einer Kostenstruktur „Fee for Service" und die Freiwilligkeit der Zusammenarbeit mit dem internen Dienstleister.

Das Thema „Vertraulichkeit", auf den ersten Blick eine Selbstverständlichkeit professioneller Beratung, ist innerhalb einer Konzernstruktur, die inhaltliche Berichtspflichten fordert, eine Herausforderung. Letzten Endes ist Vertraulichkeit nur dann zu realisieren, wenn sie bis in die höchsten Konzernebenen akzeptiert, in ihrer Bedeutung verstanden und unterstützt wird. Die Erfahrung zeigt gleichzeitig, dass eine interne Unternehmensberatung erst dann zur ernstzunehmenden Alternative zu externen Anbietern heranwachsen kann, wenn sie neben einem hohen Professionalitätsstandard auch vertraulichen Gedankenaustausch bieten kann.

Die Bereiche, die das Leistungsangebot von Bayer Business Consulting nutzen, werden explizit als (interne) Kunden gesehen und die Leistung wird intern – auf Basis der geleisteten Beratertage – verrechnet. Auf Kundenseite schafft dies einerseits ein Bewusstsein für die Kosten und damit den „Wert" der Beratungsleistungen. Innerhalb der Beratungseinheit spornt die professionelle Preisgestaltung für Beratungsleistungen andererseits zu adäquater Leistung sowie zum kontinuierlichen Ausbau der eigenen Wettbewerbsfähigkeit an.

Beides, kundenseitiges „Wertbewusstsein" und interner Leistungsanreiz, können natürlich nur funktionieren, wenn den Beratung suchenden Konzerneinheiten die Wahl ihres Projektpartners überlassen bleibt, sie also keinen unternehmensweiten Vorgaben zur Zusammenarbeit mit internen Beratungsressourcen unterliegen. Auch wenn diese Prämisse gerade in Zeiten hohen Kostenbewusstseins diskutabel erscheint, so lässt sich nachhaltige Akzeptanz interner Serviceangebote bei Wahlfreiheit (und somit einem offenen „Wettbewerb") deutlich besser erreichen (vgl. Werner, 2000; Baur, 2000). Erst wenn sich Kunden auf Grund der Überzeugung durch das angebotene Leistungsspektrum für eine Zusammenarbeit entscheiden, werden sie auch langfristig den Mehrwert dieser sehen. Selbstverständlich bedeutet dies auch für eine interne Beratung, sich kontinuierlich weiterzuentwickeln und zu professionalisieren. Für Bayer Business Consulting fängt dies mit dem Auftritt gegenüber Kunden und Bewerbern an (Stichworte hier sind die Professionalisierung von „Proposals", Verträgen und des Außenauftritts). Strukturen werden optimiert, um proaktiv Kundenbedürfnisse zu erkennen und frühzeitig bedienen zu können (bspw. durch die „Practice"-Arbeit oder „Account"-Teamarbeit, die im kommenden Abschnitt ausführlicher beschrieben wird). Fokus auf für den Konzern besonders (und nachhaltige) relevante Beratungsthemen helfen beim Schaffen einer kritischen Masse sowie der effizienten Nutzung limitierter Personalressourcen.

Zusammenfassend gesagt, wurde mit der Etablierung von Bayer Business Consulting eine Beratung nach externem Grundmodell geschaffen; wohingegen die früheren Modelle keine klaren internen Beratungen darstellten. Bayer Business Consulting verfolgt konsequent die Mission, den Konzern global und über alle Teilkonzerne hinweg zu Strategie-, Organisations- und Performance Improvement-Themen entlang der Wertschöpfungskette zu beraten sowie Führungsnachwuchs für den Konzern zu entwickeln.

Die Vision, sich als primärer Ansprechpartner des Konzerns für Managementberatung zu etablieren, ruht dementsprechend auf den drei Säulen „Clients", „People" and „Content", die im folgenden Kapitel näher ausgeführt werden.

3 Bayer Business Consulting heute

3.1 Wachstum und Internationalisierung

Seit der beschriebenen Etablierung von Bayer Business Consulting als interner Beratungseinheit der Bayer AG – eingegliedert in die Servicegesellschaft Bayer Business Services – konnte sich diese kontinuierlich weiterentwickeln. Dies gilt einerseits im Hinblick auf das Mitarbeiterwachstum, das sich im Vergleich zu den in Deutschland führenden externen Beratungen McKinsey und The Boston Consulting Group (BCG)[1] über den relevanten Betrachtungszeitraum seit 2006 durchweg überdurchschnittlich darstellt (vgl. Abbildung 3.1).

Abbildung 3.1   Veränderung der Gesamtmitarbeiterzahl nach der strategischen Neuausrichtung von BC, Quellen: Lündendonk®-Liste 2009, Lündendonk® Studie 2008, Lünendonk®-Studie 2007, Lünendonk®-Studie 2005

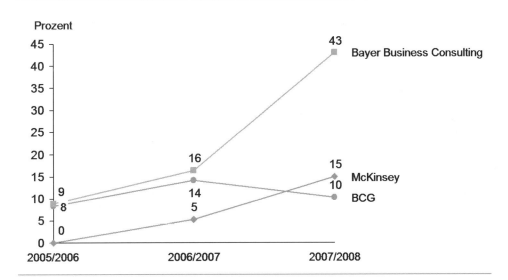

---

[1] McKinsey und The Boston Consulting Group (BCG) gehören mit 3,8% bzw. 2,2% Marktanteil zu den größten Managementberatungs-Gesellschaften in Deutschland im Jahr 2007 (Quelle: Lünendonk®-Studie (2008)).

Andererseits wurde begleitend zum internationalen Wachstum des Konzerns auch der geographische Fokus der Projekte kontinuierlich ausgeweitet, so dass die mittlerweile mehr als 80 Berater von weltweit drei Standorten: Shanghai, Pittsburgh und Leverkusen aus agieren. Mit mehr als 70 Beratern liegt der geographische Schwerpunkt jedoch auch heute am Sitz des Bayer-Konzerns in Leverkusen. Von dort aus betreut Bayer Business Consulting seine Kunden in Deutschland, in den größeren EU-Ländern sowie den osteuropäischen Wachstumsmärkten.

3.2   Bayer Business Consulting Profil

Viele interne Unternehmensberatungen – wie auch die Beratungseinheit Bayer Business Consulting – stehen im ständigen Wettbewerb zu externen Unternehmensberatungen. Während sich interne Beratungen vor allem durch tiefere Einblicke in die Struktur ihres Konzerns auszeichnen, beanspruchen externe Unternehmensberatungen für sich hauptsächlich die Vorteile der Neutralität und des Angebots einer industrie- bzw. unternehmensübergreifenden Wissensbasis (vgl. Klanke (2008)). Vor diesem Hintergrund bestimmt sich der Erfolg einer internen Unternehmensberatung nicht zuletzt daraus, inwieweit es gelingt, neben einer wettbewerbsfähigen Objektivität und Knowledge-Sammlung auch das Eigene, Spezifische zu erhalten und weiterzuentwickeln. Die gesteigerte Notwendigkeit, besonderes Augenmerk auf die Schaffung und Erhaltung einer einheitlichen Unternehmenskultur zu legen, besteht angesichts des geschilderten Mitarbeiterwachstums und der voranschreitenden Internationalisierung der Beratungseinheit Bayer Business Consulting umso mehr.

Bayer Business Consulting hat zu diesem Zweck ein Profil entwickelt und geschärft, das den Kunden, der Öffentlichkeit sowie vor allem den Mitarbeitern einen konsistenten Rahmen für eigenes Denken und Agieren bietet (vgl. **Abbildung 3.2**).

Trotz eines hohen Anspruchs an seine Kontinuität unterliegt das Bayer Business Consulting Profil einem ständigen Wandlungsprozess, in dem es daraufhin überprüft wird, inwieweit es historisch gewachsene Strukturen mit der Optimierung des Kundennutzens sowie dem Ausbau des eigenen Leistungsangebots verbindet.

Abbildung 3.2   Bayer Business Consulting Profil

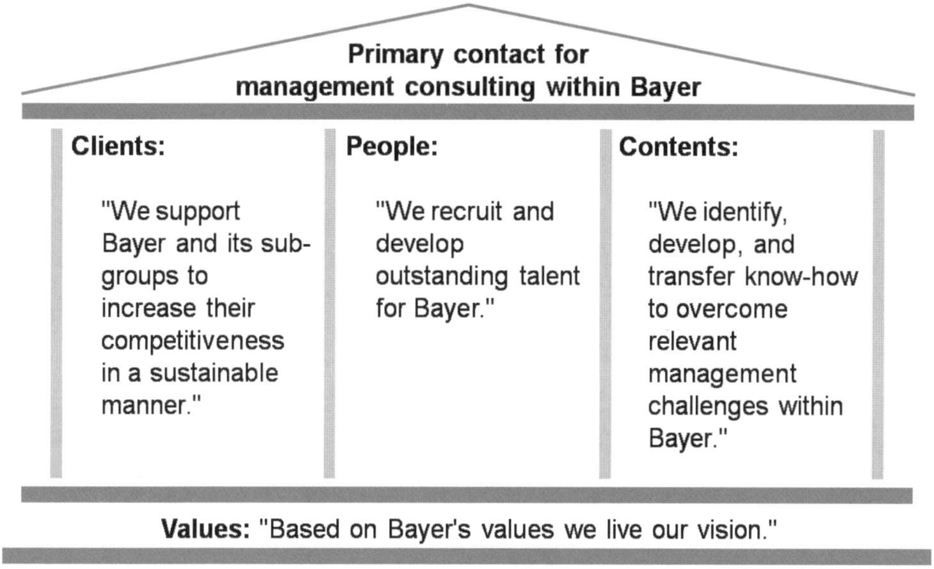

3.2.1   Values

Wie im vorangegangenen Kapitel bereits dargelegt, fußt das Selbstverständnis der Einheit Business Consulting auf den Werten des Bayer-Konzerns (vgl. Bayer AG (2004)):

- Wille zum Erfolg,

- Engagierter Einsatz für unsere Aktionäre, Geschäftspartner, Mitarbeiter und die Gesellschaft,

- Integrität, Offenheit und Ehrlichkeit,

- Respekt gegenüber Mensch und Natur und

- Nachhaltigkeit unseres Handelns.

Auf Grundlage dieser Werte lebt Bayer Business Consulting seine Vision, primärer Ansprechpartner innerhalb des Bayer-Konzerns im Themenfeld Management Consulting zu sein und ist überzeugt, auf diese Weise signifikanten Mehrwert im Konzern zu schaffen. Diese Vision wird „getragen" von drei zentralen Säulen: Clients (Kunden), People (Mitarbeiter) und nicht zuletzt Content (Inhalte).

3.2.2   Clients

Die Vision, innerhalb des Bayer-Konzerns der „Partner of choice" für Unternehmensberatung zu sein, spiegelt sich direkt in der heutigen Kundenstrukur von Bayer Business Consulting wieder. Wie Abbildung 3.3 veranschaulicht, konnte Bayer Business Consulting den Bayer-Konzern mitsamt den Teilkonzernen Bayer HealthCare, Bayer CropScience und Bayer MaterialScience sowie der Servicefunktion Bayer Business Services im Jahr 2008 dabei unterstützen, seine Wettbewerbsfähigkeit zu behaupten und nachhaltig auszubauen.

Abbildung 3.3   Projektüberblick: Business Consulting 2008

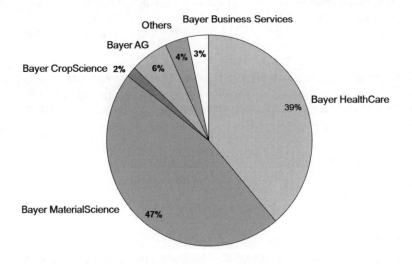

Angesichts der bereits diskutierten Wahlfreiheit und des offenen Wettbewerbs, dem Bayer Business Consulting unterliegt, kann die Vielfalt der heutigen Kundenstruktur als Indiz dafür interpretiert werden, dass es Bayer Business Consulting als interne Beratungseinheit gelungen ist, Akzeptanz, Vertrauen und Anerkennung für die erbrachte Beratungsleistung im Bayer-Konzern zu erzielen. Eine zentrale Voraussetzung für die im Konzern geschaffene Überzeugung vom Mehrwert, den Bayer Business Consulting liefert, besteht darin, nicht nur ein hohes Maß an Professionalität aufzuweisen, sondern sich als interne Beratungseinheit auch kontinuierlich weiterzuentwickeln. Dazu gehört bspw. die Fähigkeit, Marktentwicklungen aus einer übergeordneten, unabhängigen Perspektive heraus zu beobachten, zu evaluieren und den Beratungsfokus auch regional auszubauen. Vor diesem Hintergrund hat Bayer Business Consulting etwa Asien frühzeitig als bedeutenden Wachstumsmarkt des Konzerns identifiziert und bereits im Jahr 2006 in

China ein eigenes „Office" aufgebaut. 2008 folgte dann die eigene „Office"-Gründung in den USA. Beide Schritte, zusammen mit der Internationalisierung der Beratungsmannschaft haben Bayer Business Consulting zu einer Management-Beratung geformt, die zugleich regional diversifiziert ist und vielfältiges Know-how „unter einem Dach" bündelt. In einer derartigen Konzeption ist es BC möglich, Projekte global im Konzerninteresse strategisch zu begleiten und zugleich nationale Besonderheiten und lokale Ansprüche zu berücksichtigen. Mittlerweile sind Berater mit mehr als 10 unterschiedlichen Nationalitäten für Bayer Business Consulting weltweit tätig, womit die Beratungseinheit Bayer Business Consulting eine Vorreiterrolle im Bayer-Konzern einnimmt.

Als zentraler, international agierender Wissenspool im Bayer-Konzern, in dem Know-how über den Aufbau des Konzerns, „Best Practices" im Konzern, Absatzmärkte, Produkte oder Wettbewerber gesammelt werden, kann Bayer Business Consulting seine Auftraggeber nicht nur durch die aktuelle Projektarbeit unterstützen, sondern fungiert auch als Wissens-Katalysator über die Teilkonzerne hinweg, fördert gezielt ihre Vernetzung und ihren Wissensaustausch.

3.2.3   People

Als interner Dienstleister stellt das Humankapital auch für Bayer Business Consulting eine wichtige – wenn nicht sogar die wichtigste – Erfolgsgröße dar (vgl. Wegmann/Winklbauer (2006), S. 196). Bayer Business Consulting ist – wie bereits geschildert – in den vergangenen Jahren stark gewachsen und wächst weiterhin, um den Bayer-Konzern bei zukünftigen Herausforderungen durch ein umfassendes Beratungsangebot bestmöglich unterstützten zu können. Um High-Potentials anzuziehen und weiter zu fördern, sind dabei ein systematisches Recruiting und eine professionelle Personalentwicklung notwendig.

Bei der Rekrutierung zukünftiger Mitarbeiter legt Bayer Business Consulting besonderes Augenmerk darauf, die Profile der einzelnen Mitarbeiter ebenso diversifiziert zu kombinieren, wie es die tägliche Projektarbeit erfordert. Daher achtet Bayer Business Consulting im Rahmen der Personalauswahl darauf, Mitarbeiter zu gewinnen, die unterschiedliche berufliche Ausbildungshintergründe bzw. berufliche Erfahrungen im Bereich Wirtschafts-, Ingenieur- oder Naturwissenschaften aufweisen. Eine ausgewogene Balance wird jedoch nicht nur im Hinblick auf unterschiedliche fachliche Denkrichtungen der Mitarbeiter, sondern auch durch die Zusammenführung von Mitarbeitern mit unterschiedlich langer bzw. unterschiedlich gestalteter Berufserfahrung verfolgt.

Um als interne Beratungseinheit sowohl nahe an der wissenschaftlichen Entwicklung in den relevanten Fachbereichen hinsichtlich aktueller Methoden und Tools zu sein als auch ein tiefes Verständnis für die Strukturen innerhalb des Bayer-Konzerns aufweisen zu können, wird innerhalb der Mitarbeiterrekrutierung zudem auf ein ausgewogenes Verhältnis zwischen Mitarbeitern, die bereits zuvor im Bayer-Konzern tätig waren und externen Bewerbern geachtet.

Mit dem Ziel, geeignete zukünftige Mitarbeiter über die Herausforderungen und Arbeitsweise von Bayer Business Consulting zu informieren und dafür begeistern zu können, hat Bayer Business Consulting sich – neben vielfältigen weiteren Aktivitäten, wie bspw. der Schaffung einer eigenen Facebook-Seite – mit Inhouse Consulting-Abteilungen führender deutscher Unternehmen im Inhouse Consulting Roundtable zusammengefunden. In diesem Rahmen findet ein kontinuierlicher Erfahrungsaustausch zu Themen wie Methodik oder Qualitätsstandards statt. Innerhalb des Roundtables hat sich zudem die Initiative „dichter dran" zur Aufgabe gesetzt, der Öffentlichkeit und potenziellen Bewerbern einen Einblick in die Arbeit im Inhouse Consulting zu ermöglichen.

Im Anschluss an die Bewerbung werden die Kandidaten durch einen umfassenden und professionalisierten Auswahlprozess geleitet. Dabei werden die Bewerber mit unterschiedlichen Fallstudien konfrontiert, um einerseits ihr Problemlösungsverhalten abschätzen zu können, andererseits jedoch ebenfalls zu illustrieren, wie Bayer Business Consulting bei täglichen Herausforderungen vorgeht und welche Ansätze Bayer Business Consulting in der Management-Beratung verfolgt.

Nach Eintritt in das Unternehmen wird die fachliche und persönliche Weiterentwicklung der Mitarbeiter von Bayer Business Consulting durch ein strukturiertes Programm gefördert. Dazu gehört ein professionelles „Onboarding" für einen zügigen Start, ein individuelles Trainingsprogramm im Job und systematisches Feedback für eine zielgerichtete Weiterentwicklung. Im Rahmen des „Onboarding"-Programms erhalten neue Mitarbeiter bei Bayer Business Consulting wesentliche Informationen zu ihrer Tätigkeit und lernen möglichst viele ihrer Kollegen kennen, um ein erstes Netzwerk bilden zu können. Während der ersten Monate ihrer Tätigkeit bei Bayer Business Consulting können sich Neueinsteiger auch außerhalb der offiziellen Hierarchie an einen persönlichen Ansprechpartner (den so genannten „Buddy") wenden. Trainingsprogramme bei Bayer Business Consulting werden individuell auf den Ausbildungshintergrund und die Erfahrung des jeweiligen Mitarbeiters abgestimmt und bestehen aus einem umfassenden Paket verschiedener Fach-Seminare und Seminare zur Weiterentwicklung der „Soft Skills". Je nach Erfahrungsstand werden neue Mitarbeiter im Rahmen der Fach-Programme an ca. 10-15 Trainingstagen pro Jahr weitergebildet. Darüber hinaus werden in internen Schulungen beratungsspezifisches Know-how und wertvolle Tools vermittelt. Während der Projektarbeit werden Berater, die als Consultant oder Senior Consultant bei Bayer Business Consulting einsteigen, durch einen erfahrenen Berater als Projektmanager unterstützt. Neben den geschilderten individuellen Coaching- und Trainingsprogrammen wird durch ein regelmäßiges, standardisiertes Feedback sowohl im Hinblick auf die Projektarbeit als auch im Hinblick auf die persönliche und fachliche Zielerreichung die individuelle Weiterentwicklung gefördert. Die Einführung und Etablierung eines strukturierten und konstruktiven Feedbackprozesses erscheint gerade im Consulting von zentraler Bedeutung, um den Mitarbeitern Sicherheit zu geben, indem man ihnen zeigt, wie ihre Leistung beurteilt wird, individuelles Entwicklungspotenzial aufzuzeigen und Weiterentwicklungsbedarf identifizieren zu können (vgl. Wegmann/Winklbauer (2006), S. 196f.).

Bedingt durch die unterschiedlichen wissenschaftlichen Hintergründe und die permanente Qualifizierung bilden die Berater bei Bayer Business Consulting ein leistungsorientiertes und leistungsfähiges System, das Sozial-, Fach- und Methodenkompetenz verbindet und somit als Talentschmiede innerhalb des Bayer-Konzerns gilt. So ist – wie auch in den meisten externen Beratungen – eine Tätigkeit bei Bayer Business Consulting zumeist keine Lebensaufgabe (die durchschnittliche Verweildauer der Berater bei Business Consulting liegt bei 3-5 Jahren). Als eine der fünf größten Inhouse Management Beratungen in Deutschland bietet Bayer Business Consulting die besten Voraussetzungen für einen erfolgreichen Aufstieg in Linienfunktionen des Bayer-Konzerns.

3.2.4   Content

Bayer Business Consulting agiert als interner Dienstleister des Bayer-Konzerns und Wissenspool mit Kompetenzen, die für den gesamten Konzern von Bedeutung sind. Bayer Business Consulting bietet dem Bayer-Konzern Kompetenz entlang der gesamten Wertschöpfungskette in den Feldern Research & Development, Technical Operations, Supply Chain Management, Marketing & Sales sowie Shared Services. Damit unterstützt die Einheit alle Bereiche des Bayer-Konzerns in der Entwicklung und Umsetzung unternehmerischer Projekte in den Bereichen Strategie, Organisation und Performance Optimization. Gleichzeitig bilden die genannten Felder die Grundlage für die Unterteilung in einzelne Kompetenzcluster, die formal als „Practices" organisiert sind. Ergänzt wird das „Practice"-Spektrum dabei gezielt durch Themen wie z.B. Post-Merger Integration, die innerhalb des Bayer-Konzerns von zentralem Interesse und aktueller wirtschaftlicher Bedeutung sind (vgl. Abbildung 3.4; vgl. Courth et al. (2008) sowie Tuschke et al. (2009)). Im Bereich Post-Merger Integration konnte Bayer Business Consulting den Bayer-Konzern etwa bei der „Asset Deal"-Integration der Firma Sagmel für Bayer Consumer Care in Basel mit dem Schwerpunkt Osteuropa unterstützten, war für die Erstellung eines Integrationskonzepts des OTC-Geschäfts der Topsun-Group für Bayer HealthCare in China verantwortlich, entwickelte ein Change Management Konzept für die Integration der Direvo Biotech AG und hat nicht zuletzt den Integrationsprozess der Schering AG in den Bayer-Konzern in der Set-up-Phase, der Planungsphase und der Phase der Detailplanung und Implementierung begleitet.

Abbildung 3.4   Organisation Business Consulting

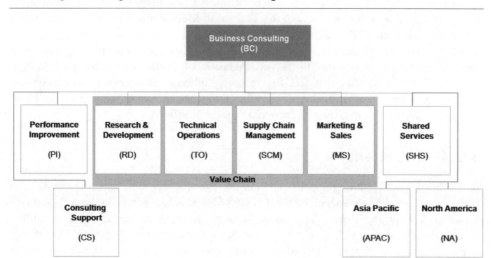

Im Unterschied zu externen Top-Management-Beratungen ist das Beratungskonzept von Bayer Business Consulting nicht nur durch die kurzfristige Perspektive einer schnellen Zielerreichung gekennzeichnet. Als ein Teil des Bayer-Konzerns zeigt sich Bayer Business Consulting darüber hinaus für eine nachhaltige und erfolgreiche Implementierung der generierten Ergebnisse verantwortlich und begleitet erfolgreich durchgeführte Strategieprojekte, in denen Empfehlungen und Lösungsmöglichkeiten erarbeitet wurden, nicht selten anschließend – auf Wunsch des Kunden – bei der operativen Umsetzung.

Als erster Ansprechpartner für Management-Beratung innerhalb des Bayer-Konzerns steht Bayer Business Consulting stets in engem Kontakt mit dem Top-Management des jeweiligen Auftraggebers. Diese intensive Zusammenarbeit auf höchster Ebene stellt einen wichtigen Faktor für den Erfolg der durchgeführten Projekte dar und bedingt, dass der Großteil dieser Projekte international ausgelegt ist, wobei der Schwerpunkt mit 39% den Bereich „Europe, Middle East und Africa" (EMEA) betrifft (vgl. **Abbildung 3.5**).

Abbildung 3.5   Projekte Business Consulting

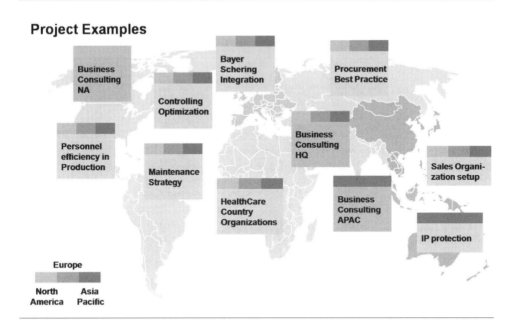

Die geschilderten Aspekte führen zusammengenommen dazu, dass Bayer Business Consulting den Bayer-Konzern in den letzten Jahren bei zahlreichen bedeutsamen strategischen, organisatorischen und prozessoralen Fragestellungen unterstützten konnte.

4   Zusammenfassung und Ausblick

Rückblickend kann Bayer Business Consulting, in seiner heutigen Form, auf eine lange und abwechslungsreiche Historie zurückblicken, die über mehrere Stationen zur heutigen Organisation führte.

Wesentliche Pfeiler der Professionalisierung und Ausrichtung stellten dabei die Schaffung gemeinsamer Werte („Values"), die Fokussierung von Kundenbedürfnissen („Clients"), die Nutzung und Förderung der Mitarbeiterkompetenz („People") sowie die Betonung von Inhalten und Verankerung von Wissensmanagement („Content") im heutigen Management des Bereiches dar.

Der Wachstumsspielraum ist immens, denn der Anteil der internen Beratung an den Gesamtberatungsausgaben des Konzerns machte 2008 nur etwa 20 % aus. Dabei zeigt sich die interne Beratung durch ihr von Optimierungsansätzen bis zu strategischen Projekten reichendes Angebotsspektrum relativ konjunkturunabhängig. Die Hauptlimitation besteht nicht in den Wachstumsmöglichkeiten, sondern ist intrinsisch durch den gleichzeitigen Auftrag gegeben, „Top Talents" für den Konzern zu entwickeln. Dadurch ergibt sich eine natürliche Größenbeschränkung, um entsprechend sinnvolle Weiterentwicklung in den Konzern zu betreiben.

Mit Blick auf den Inhouse Consulting-Gesamtmarkt ist zu sagen, dass die vollen Möglichkeiten noch nicht ausgeschöpft sind. Der Austausch über die Unternehmensgrenzen hinweg, ermöglicht Erfahrungsaustausch und Benchmarking, bspw. im Rahmen des „Inhouse Consulting Roundtable" (IHC). Es ist zu erwarten, dass die internen Beratungen weiterhin Marktanteile der externen Unternehmensberatungen übernehmen werden und sich derzeit auf einer steilen Entwicklungskurve befinden.

Ausgerichtet auf die Bedürfnisse der Kunden Bayer AG, Teilkonzerne und Servicegesellschaften sieht sich Bayer Business Consulting in diesem Kontext auch für die Zukunft aufgestellt, seine Rolle als „Trusted Advisor" seiner Projektpartner wahrzunehmen und weiter zu entwickeln.

Die entwickelten Erkenntnisse lassen sich wie folgt stichwortartig zusammenfassen:

- Interne Beratungen etablieren sich als ernstzunehmende Alternative zu externen Häusern.

- Sie können sich dann erfolgreich behaupten, wenn sie es schaffen, sich evolutionär den im Unternehmen anzupassen.

- Neben einer eindeutigen Kundenorientierung sind Professionalität, Expertise, Freiwilligkeit der Zusammenarbeit und Leistungsbereitschaft Voraussetzungen für eine hohe Akzeptanz im Unternehmen.

- Nachhaltigkeit der eigenen internen Beratung können Konzerne nur durch ein klares Commitment des Top-Managements zu dieser erreichen.

- Ausgerichtet an einer überzeugenden Vision mit klarem Realisierungspfad können interne Beratungen zu wertvollen Partnern ihrer Unternehmen für bereichsübergreifende Projektarbeit, Talent/Führungskräfte-Entwicklung sowie Know-how-Verbreitung werden.

- Gelingt es sowohl Portfolio-Struktur wie auch Internationalität ihres Konzerns zu reflektieren, können interne Beratungen zu unverzichtbaren Elementen einer nachhaltigen Unternehmensentwicklung werden.

Literatur

Baur, A. (2000): Organisations- und Implementierungsformen professioneller interner Beratung, in: Niedereichholz (Hrsg.): Internes Consulting – Grundlagen, Praxisbeispiele, Spezialthemen, Oldenbourg Verlag, S. 167-181.

Bayer AG (2004), Konzernkommunikation, Leverkusen 2004.

Bayer Business Services & European Business School (2009): Der Inhouse Consulting Markt in Deutschland, Bayer Business Services, Leverkusen, 2009.

Courth, L., Marschmann, B., Kämper, M., & Moscho, A. (2008): Spannungsfeld zwischen Geschwindigkeit und Best-in-Class-Ansätzen – PMI am Beispiel der Bayer-Schering-Übernahme, M&A Mergers and Aquisitions Review, 1/2008, S. 8-14.

Czinkota, M.R., & Ronkainen, I.A. (2005): A forecast of globalization. International business and trade: Report from a Delphi study, in: Journal of World Business, Volume 40, Number 2, 2005, S. 111-123.

DiMasi, J.A., Hansen, R.W., & Grabowski, H.G. (2003): The price of innovation: New estimates of drug development costs, in: Journal of Health Economics, Volume 22, Number 2, S. 151-185.

Fenwick, S. (1999): Will the mirror crack? In: Drug Discovery Today, Volume 4, Number 1, 1 January 1999, S. 3.

Focus (2008): Interview with Werner Wenning, Focus, 02/2008; S. 5-15.

Klanke, B. (1992): Interne Beratung. In: Wagner, H./Reinecke, R.-D. (Hrsg.): Beratung von Organisationen: Philosophien – Konzepte – Entwicklungen, Wiesbaden 1992, S. 101-129.

Lündendonk®-Liste 2009, Lünendonk GmbH, Kaufbeuren 2009.

Lünendonk®-Studie 2008: Führende Managementberatungs-Unternehmen in Deutschland, Lünendonk GmbH, Kaufbeuren 2008.

Lünendonk®-Studie 2007: Führende Managementberatungs-Unternehmen in Deutschland, Lünendonk GmbH, Bad Wörishofen 2007.

Lünendonk®-Studie 2005: Führende Managementberatungs-Unternehmen in Deutschland, Lünendonk GmbH, Bad Wörishofen 2005.

Maister, D.H., Green, C.H., & R.M. Galford (2001): The Trusted Advisor, Simon & Schuster 2001.

Maaßen, H. (2005): Interne Managementberatungen zwischen Baum und Borke? In

Seidl/Kirsch/Linder (Hrsg.): Grenzen der Strategieberatung. Haupt Verlag 2005, S. 151-166.

Moscho, A., Bals, L., Kämper, M., & Neuwirth, S. (2009): Implementing Change Management Successfully – Reinventing an Innovation Company: The Bayer Case, in: A. Gerybadze, U. Hommel, H.W. Reiners, D. Thomaschewski (Hrsg.): Innovation and Corporate Growth – Strategy, Processes and Performance, Springer, im Erscheinen.

Moscho, A., Hodits, R., Friedemann, J., & Leiter J. (2000): Deals that make sense. Nature Biotechnology, Volume 18, S. 719-722.

Münch, E., & Neuwirth, S. (2000): Organisationsmanagement bei Bayer: Organisation als bereichsübergreifende Servicefunktion. In Frese (Hrsg.): Organisationsmanagement – Neuorientierung der Organisationsarbeit, Schäffer-Poeschel Verlag 2000, S. 157-170.

Tuschke, A., Müller, S., Kämper, M., Marschmann, B., & Moscho, A. (2009): Bayer and Schering – The Integration of Two Global Players in the Pharmaceutical Market, Case Study, Institut für Strategische Unternehmensführung, Universität München.

Wegmann, C. & Winklbauer, H. (2006): Projektmanagement für Unternehmensberatungen, Wiesbaden 2006.

3

Anforderungen an Aufgaben und Funktionen einer Inhouse Consulting Einheit aus der Kundenperspektive am Beispiel der Commerzbank AG

Andreas Herbst, Ralf Klinge

1   Einleitung

Die erfolgreichen Entwicklungen und der Aufbau von weiteren Inhouse Consulting Einheiten belegen die immer wichtiger werdende Rolle von internen Beratungen in der betrieblichen Praxis. Begünstigt durch einen steigenden Kostendruck in Unternehmen infolge der aktuellen Wirtschafts- und Finanzkrise sowie der weiteren Professionalisierung von Inhouse Consulting, sind interne Beratungen mehr denn je gefragt.[2]

Der vorliegende Beitrag der Commerz Business Consulting GmbH (CBC) diskutiert die kontinuierliche Professionalisierung und Schärfung des Aufgabenprofils als wesentliche Faktoren der rasant fortschreitenden und erfolgreichen Entwicklung interner Beratungen. Während in den vergangenen Jahrzehnten oftmals kein klares Rollenverständnis und keine klare Abgrenzung zwischen interner Beratung, Stabsabteilung sowie externer Beratung getroffen werden konnte, zeigt eine klare Positionierung als professionelle Management-Beratung nunmehr den Mehrwert von Inhouse Consulting in Unternehmen auf.

In einer Befragung von Führungskräften werden Anforderungen an interne Beratungen aus der Kundenperspektive erhoben, mit dem Ziel Aufgaben und Funktionen zu identifizieren, die aus Sicht von Inhouse Consulting leistbar sowie wünschenswert sind.

Mit der steigenden Akzeptanz interner Beratungen gewinnt Inhouse Consulting und die Frage nach den Erfolgsfaktoren auch zunehmend an Bedeutung für die Wissenschaft. Welche Aufgaben und Funktionen eine Inhouse Consulting Einheit wahrnehmen soll, wird in der Literatur mindestens so unterschiedlich diskutiert, wie die Geschäftsmodelle institutionalisierter Inhouse Consulting Einheiten aufgestellt sind.

Die CBC als Inhouse Consulting des Commerzbank-Konzerns stellt sich dieser Diskussion, indem das Geschäftsmodell unter Einbezug von Entwicklungen auf dem Inhouse Consulting Markt, wissenschaftlicher Erkenntnisse und der Kundensicht kontinuierlich weiterentwickelt wird. Mit dem Anspruch die wirksamste Managementberatung für den Commerzbank-Konzern zu sein, stellen wir eine permanente Weiterentwicklungsbereitschaft und Kundenorientierung unter Beweis, indem wir fortlaufend unser Leistungsspektrum mit den Zukunftsthemen der Commerzbank abgleichen.

Der folgende Beitrag beschäftigt sich daher nicht nur mit der Definition von Inhouse Consulting am Beispiel der CBC in der Commerzbank, sondern diskutiert auch gezielt Aufgaben und Funktionen einer internen Beratung aus der Kundenperspektive.

---

[2] Financial Times Deutschland vom 12.04.2009, WirtschaftsWoche vom 31.01.2009.

In einer konzernweiten Befragung von rund 260 Führungskräften in der Commerzbank wurden im Juni 2009 Kundenanforderungen an ein professionelles Inhouse Consulting in der Commerzbank erfasst und Handlungsempfehlungen für die Weiterentwicklung der CBC abgeleitet.

In einem abschließenden Ausblick auf die Weiterentwicklungsmöglichkeiten von Aufgaben und Funktionen des Inhouse Consultings werden grundsätzliche Optionen aber auch inhaltliche Abgrenzungen in dem Leistungsverhältnis zum Kunden abgeleitet.

2 Unser Verständnis von Inhouse Consulting

Aus dem spezifischen Entstehungsprozess interner Beratungen, ihrer eigenen thematischen Schwerpunktsetzung und Rolle, dem Profil und den Aufgaben im Mutterkonzern ergeben sich vielfältige Erscheinungsformen bestehender Inhouse Consulting Einheiten. In Literatur und Praxis werden daher unterschiedliche Formen und organisatorische Konzepte von Inhouse Consulting thematisiert (Mohe, 2002, S. 337-340). Als CBC haben wir ein Verständnis von Inhouse Consulting, das sich auch in unserem Geschäftsmodell wiederfindet.

Unser Verständnis von Inhouse Consulting ist das Ergebnis eines kontinuierlichen Weiterentwicklungsprozesses der vergangenen Jahre hin zu einem klaren Leistungsprofil der CBC als Inhouse Consulting in der Commerzbank.

Die folgende Definition von Inhouse Consulting entlang möglicher Differenzierungsmerkmalen wie Kunden, Aufgaben und Funktionen stellt keinen Anspruch auf Allgemeingültigkeit für die Inhouse Consulting-Branche dar. Jedoch wollen wir aus unserer Sicht primäre Kriterien hervorheben, die für die Definition von Inhouse Consulting im engeren Sinne entscheidend und damit auch auf andere Inhouse Consulting Einheiten übertragbar sind.

> Inhouse Consulting als lösungsorientierte Dienstleistung ist die Initiierung und professionelle Begleitung projekthafter Aufgaben durch eine institutionalisierte interne Beratungseinheit.

Organisatorisch sind interne Beratungen direkt als Abteilung in der Konzernmutter eingegliedert oder als eigenständige Tochtergesellschaft aufgestellt. Damit ist ein charakteristisches Merkmal interner Beratungen, dass Berater sowie Klienten der gleichen Organisation angehören (Knüp, 2007, S. 111f.). Als fester Bestandteil des Klientensystems werden interne Berater in der Projektarbeit ganz bewusst als Kollegen wahrgenommen.

Durch eine besonders vertrauensvolle und partnerschaftliche Arbeitsatmosphäre können vertrauliche Informationen ausgetauscht und die jeweils beste Lösung für den Konzern erarbeitet werden.

Der langfristigen Konzernzugehörigkeit kann als Motivator für interne Beratungen gleich in mehrfacher Hinsicht eine entscheidende Rolle beigemessen werden. Durch die Einbindung in den Konzern verfolgen interne Beratungen gleichgerichtete Ziele zum Konzernmanagement und sind bestrebt, einen langfristigen sowie nachhaltigen Erfolgsbeitrag zum Unternehmen zu leisten (Blunck, 1993, S. 54 f.; Crispino, 2007, S. 206 f.). Dies drückt sich durch das besondere Commitment der Berater aus, die Projekte im eigenen Konzern zum Erfolg zu führen. Damit einher geht auch eine hohe Vertraulichkeit interner Beratungen, da Erkenntnisse nicht zum Nachteil des Konzerns in externen Beratungsprojekten weitergegeben werden.

Trotz der engen organisatorischen Einbindung im Mutterkonzern und strategischen Vorgaben müssen interne Beratungen in der Projektarbeit und dem operativen Geschäft jedoch eigenständig sowie unabhängig agieren und professionell entscheiden dürfen. Dies setzt voraus, dass interne Beratungen - anders als Stabsstellen – in einem eigenen Geschäftsbereich als organisatorisch abgegrenzte Einheit aufgestellt sein sollten.

Kunden

Die Kunden und damit der Markt für Inhouse-Beratungsdienstleistungen sind der jeweilige Mutterkonzern sowie alle Konzerntöchter (Crispino, 2007, S. 213 ff.). Die Beauftragung erfolgt durch das Top-Management (erste und zweite Führungsebene) und Genehmigung durch den Vorstand. Markenzeichen der Inhouse Consulting Branche ist somit die Spezialisierung auf die internen Geschäftsbereiche des Konzerns.

Gleichwohl sehen wir in einer partiellen Öffnung für Kunden außerhalb des Mutterkonzerns ein weiteres Feld zur fortschreitenden Professionalisierung interner Beratungen. Dabei kann durchaus eine „Win-Win-Situation" entstehen, wenn eine interne Beratung Expertise extern einsetzt und im Gegenzug Erkenntnisse in einem neuen Unternehmensumfeld sammeln kann. Die neuen Erfahrungen können wiederum gewinnbringend im Mutterkonzern weitergegeben werden. Aus unserer Sicht und der Definition des „Inhouse Consulting Round Table", als Zusammenschluss führender europäischer Inhouse Beratungen, sollten interne Beratungen jedoch nicht mehr als 20% der Aufträge außerhalb des Konzerns annehmen und sich in der eigenen Branche bzw. innerhalb der eigenen Wertschöpfungskette des Konzerns bewegen.

Aufgaben und Abgrenzung von Inhouse Consulting

Die Aufgaben einer internen Beratung orientieren sich an den Anforderungen und der Erwartungshaltung der jeweiligen Kunden an ein professionelles Inhouse Consulting. Unsere Kunden nennen uns beispielsweise Vertraulichkeit, Expertise, Fachwissen, Methodenkompetenz und Antrittsschnelligkeit bei Projektbeginn als wesentliche Anforderung an eine interne Beratung.

Unserer Einschätzung zufolge kommt bei der Bearbeitung von Aufgaben und damit der Abgrenzung gegenüber Stabsstellen und externen Beratungen, der klaren Definition des Aufgabenprofils eine entscheidende Rolle zu. Einerseits können somit Erwartungen der Kunden mit dem individuellen Leistungsspektrum, den Kompetenzen und Beraterkapazitäten interner Beratungen harmonisiert werden. Andererseits kann durch eine klare Leistungsdefinition der jeweils höchste Mehrwert für den Konzern und die Kunden generiert werden.

Typische Aufgaben für Inhouse Consulting lassen sich daher nicht nur aus oben genannten Anforderungen an Inhouse Consulting ableiten. Viel mehr kann der Einsatz von Inhouse Beratungen durch im Unternehmen einzigartig aufgebaute Kernkompetenz hergeleitet werden.

Kritisch zu hinterfragen sind Aufgaben, die in keinem Zusammenhang mit einem definierten Anspruch an Aufgaben und Funktionen einer internen Beratung stehen. Aus Sicht der CBC sind dies vor allem Projekte die ausschließlich aufgrund von Kapazitätsengpässen übertragen werden und nur ausführenden Charakter aus der unmittelbaren Direktive des Kunden haben. Interne Beratungen im engeren Sinne sollten darüber hinaus nicht mit einer Kontrollfunktion beauftragt werden, da sich dies bei weiteren Projekten nachteilig auf den Informationsfluss zwischen Kunde und Berater auswirken könnte. Weniger wünschenswert sind auch Projekte, die von Kontrollinstanzen eines Unternehmens beauftragt werden und eine Berichtsfunktion beinhalten.

Unabhängig vom Auftraggeber und von der Art der Beauftragung ist die vertrauliche Behandlung von Projekterkenntnissen gegenüber internen Abteilungen eine tragende Säule im Dienstleistungsverhältnis zwischen Kunde und internem Berater. Ausgeschlossen werden sollte damit jegliche interne Weitergabe von Informationen an vorgesetzte Führungsebenen oder andere Konzerneinheiten ohne vorherige Absprache mit dem Auftraggeber.

Schließlich kann auch eine weitere klare Abgrenzung zwischen der Beratung einer Stabsstelle und Inhouse Consulting getroffen werden. Während Stabsstellen im Rahmen ihrer Linientätigkeit eine Fachberatung für eine bestimmte Instanz durchführen, berät eine interne Beratung als innerbetriebliches Differenzierungsmerkmal sämtliche Führungsebenen aus verschiedenen Geschäftsbereichen (Mohe, 2002, S. 329 ff., Knüp, 2007, S. 121 ff.).

Mehrwert von Inhouse Consulting

Für interne Klienten ergibt sich der Nutzen von Inhouse Consulting primär aus der Begleitung von Projekten durch interne Berater und den daraus resultierenden Vorteilen gegenüber Fachabteilungen oder externen Beratungen. Neben den unternehmensspezifischen Kenntnissen und der Beratungsexpertise zählt auch, dass im Projekt aufgebautes Know how sowie die internen Tagessätze im Konzern verbleiben.

Die CBC bietet durch langjährige Projekterfahrung in der Commerzbank ein tiefes Verständnis für das Geschäftsmodell, die Produkte und die innerbetriebliche Organisation der Commerzbank. Verbunden mit einem ausgeprägten Netzwerk der Berater zu Mitarbeitern und Führungskräften in der Commerzbank, die sich immer häufiger aus ehemaligen CBClern rekrutieren (CBC-Alumni), können innerhalb kürzester Zeit passgenaue Lösungen erarbeitet werden. Vor allem bei bereichsübergreifenden Projekten fungieren die internen Berater als neutrale Schnittstelle zwischen Geschäftsfeldern. Bereichsegoismen können damit ebenso verhindert werden wie das „Silodenken" ganzer Abteilungen, indem die bereichsübergreifende Kommunikation gefördert und aktiv gestaltet wird. Sowohl vor der Auftragsannahme als auch während des Projekts werden nicht nur die Interessen der Auftraggeber vertreten, sondern stets steht auch der Mehrwert für den Konzern im Blick. Zudem werden alle Erkenntnisse auch über das Projektende hinaus vertraulich behandelt und der Verbleib von Wissen im Konzern garantiert.

Durch umfangreiche Unternehmenskenntnisse können Projekte realitätsnah geplant und umgesetzt werden. Die Nachhaltigkeit der Lösungen, die Expertise aus Projekten, vor allem aus der erfolgreichen Umsetzung, in den verschiedenen Unternehmensbereichen sowie spezifisches Fachwissen über die Produkte und interne Prozesse des Unternehmens sind die wichtigsten Merkmale einer Inhouse Beratung (Vgl. Niedereichholz, 2000, S. 16 f.).

Ein weiterer Vorteil interner Beratungen ist ein systematischer Mehrwert für den gesamten Konzern, der durch die Ausübung der primären Beratungsaufgaben in Form von betrieblichen Funktionen entsteht. Durch die langfristige Zugehörigkeit zum Konzern und die Projektarbeit in vielen Geschäftsbereichen eines Unternehmens erfüllen interne Beratungen z.B. eine Personalentwicklungsfunktion (Talentpool) oder Kapazitätsausgleichsfunktion (Blunck, 1993, S. 64 ff.).

3   Geschäftsmodell und Struktur der CBC

Die vorangegangene allgemeine Definition von Inhouse Consulting spiegelt sich auch im Geschäftsmodell der Commerz Business Consulting GmbH wider. Die spezifischen Vorteile von Inhouse Consulting sowie die Anforderungen der Kunden kommen dabei ebenso zum Tragen wie die Kompetenzen der Berater.

Um die Kunden aus verschiedenen Geschäftsbereichen gezielt beraten zu können, sind die CBC-Berater den vier Kompetenzcentern „Private Kunden", „Mittelstandsbank", „Corporates & Markets und Central & Eastern Europe" sowie „Group Services" zugeordnet. Hier wird das notwendige fach- und segmentspezifische Wissen bedarfsgerecht entwickelt und vorgehalten. Die Einteilung orientiert sich an den Markt- und Geschäftsbereichen der Commerzbank und ermöglicht es, spezialisierte Beratungsdienstleistungen entlang der Wertschöpfungskette der Commerzbank im In- und Ausland anzubieten. Auch wenn die Berater in Kompetenzcenter aufgrund bereichsspezifischer Projekterfahrung eingeteilt sind, wird stets ein übergreifendes Staffing in gemischten Projektteams gefördert. Damit wird Projekterfahrung und fachliches Know-How der Berater aus verschiedenen Geschäftsbereichen zusammengeführt. Den Vorteil für die Kunden, als auch für die Berater selbst, wird im Austausch von Wissen und Expertise über die Geschäftsbereiche hinweg gesehen.

Unsere Methodenkompetenzen bündeln wir in querschnittlichen Topiccentern. Die Topics spiegeln zum einen unsere methodischen Kernkompetenzen sowie das aus langjähriger Beratungserfahrung aufgebaute Spezialwissen wider. Zum anderen formulieren wir mit den angebotenen Themen einen klaren Anspruch an unsere Rolle in den Projekten, die uns selbst als Berater aber auch die Commerzbank nachhaltig voranbringen. Die angebotenen Topics von Projektmanagament bis hin zu Prozessoptimierung werden auf die spezifischen Bedürfnisse jeweiliger Geschäftsfelder abgestimmt. Entwickelt und geschult werden die Methodenkompetenzen durch interne Projektteams bestehend aus Beratern verschiedener Gruppen. Auch hier wird größter Wert auf ein bereichsübergeifendes Denken gelegt, um den Beratern einen gesamthaften Blick auf die Commerzbank zu ermöglichen.

Durch übergreifendes Staffing und Austausch von Methodenkompetenz über die Geschäftsfelder der Commerzbank hinweg, wird sichergestellt, dass relevantes Wissen schnell an der geeigneten Stelle verfügbar ist. Somit wird ein direkter Beitrag zu einem Wissensmanagement in CBC und der Commerzbank hergestellt, indem Wissen strukturell zur Verfügung gestellt wird.

Mit dem Bereich Consulting Services existiert ein weiteres Angebot für die Commerzbank, das Schulungen auch für Konzernmitarbeiter anbietet und die Bank bei spezifischem Research oder Business Cases unterstützt.

Abbildung 3.1   Commerzbank spezifisches Wissen in Kompetenzcenter gebündelt,
                 methodische Beratungskompetenz in Topics

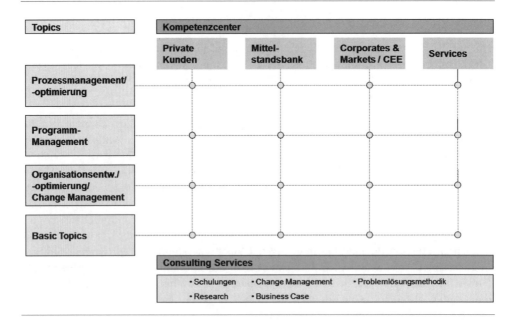

Die personelle Aufstellung der CBC orientiert sich mit einem klaren Karrieremodell vom Junior Consultant, Consultant, Project Manager, Senior Project Manager und Principal bis zum Partner an dem Leistungsspektrum und damit an den Bedürfnissen unserer Kunden nach persönlicher Betreuung durch unsere Berater.

In erster Line verantworten die Partner - als Key-Account und Leiter eines Kompetenzcenters – die Kundenbeziehung. Darüber hinaus stehen sie mit Führungskräften aus den betreuten Geschäftsbereichen im ständigen Kontakt, um Themen für Projekte frühzeitig zu identifizieren und pro aktiv anbieten zu können.

Die Führungsaufgaben in den Kompetenzcentern wird durch Principals unterstützt, die neben einer steuernden und qualitätssichernden Funktion in Projekten eine Verantwortung im Wissens- und Kompetenzaufbau im jeweiligen Kompetenzcenter haben.

Die querschnittlichen Topics werden von Senior Project Managern mit einem Team aus Beratern geleitet.

4 Inhouse Consulting aus der Kundenperspektive

Mit der Integration der Dresdner Bank in den Commerzbank Konzern und der Neubesetzung von mehr als einem Drittel aller Führungspositionen im Konzern sieht die CBC sich gefordert, neue Kundenanforderungen an ein Inhouse Consulting in der Commerzbank professionell zu erheben und daraus Impulse für die Weiterentwicklung des Geschäftsmodells zu gewinnen. Das Ziel: die personelle Neubesetzung und veränderten Kundenbedürfnisse als Chance zur Positionierung eines weiterentwickelten Geschäftsmodells zu nutzen.

Im Juni 2009 wurde dazu eine konzernweite Befragung von Vorstand, erster und zweiter Führungsebene zu Anforderungen an eine interne Beratung in der neuen Commerzbank durch CBC initiiert. Mit der technischen Umsetzung der online-basierten Befragung wurde das unabhängige Marktforschungsinstitut TNS Infratest als neutrale Instanz beauftragt.

Mit dem Ziel, grundsätzliche Anforderungen aus der Kundenperspektive zu erheben, wurden die Teilnehmer gebeten, dezidierte Aufgaben und betriebliche Funktionen nach der Bedeutung für ihren jeweiligen Geschäftsbereich zu bewerten.

Insgesamt wurden rund 260 Führungskräfte der Commerzbank im In- und Ausland zur Teilnahme an der freiwilligen und anonymen Befragung eingeladen. Nach Abschluss einer 14-tägigen Feldzeit haben sich 31% der eingeladenen Teilnehmer an der Befragung beteiligt und Hinweise zur bedarfsgerechten Weiterentwicklung des CBC-Geschäftsmodells gegeben. Diese hohe Rücklaufqoute ermöglicht auf einer validen und reliablen Datenbasis Geschäftspotentiale für CBC zu identifizieren und umzusetzen. Zugleich belegt die hohe Beteiligung die Wichtigkeit der CBC und das Interesse der Führungskräfte an einer „starken" Inhouse Beratung in der Commerzbank.

Abbildung 4.1   Struktur der Kundenbefragung

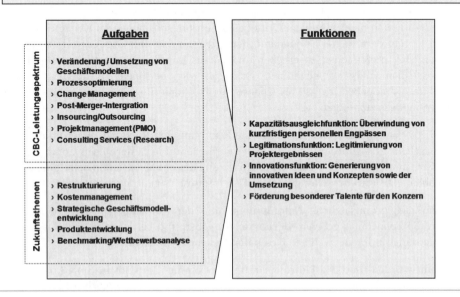

4.1   Aufgaben einer Inhouse Consulting Einheit aus der Kundenperspektive

Im ersten Teil der Befragung wurden die Teilnehmer nach der Bedeutung von Aufgaben bzw. Themen gefragt, die eine Inhouse Consulting Einheit in der Commerzbank bearbeiten sollte.

Die vorgegebene Auswahl der Befragung (siehe Abbildung 4.2) basierte auf dem aktuellen Leistungsspektrum der CBC sowie möglichen Zukunftsthemen in der neuen Commerzbank, die bisher noch nicht angeboten werden. In einer offenen Antwort konnten die Teilnehmer zudem weitere Aufgaben nennen, die aus ihrer Sicht wichtig sind.

In der Auswertung der Ergebnisse wird deutlich, dass klassische Aufgaben einer internen Management-Beratung an oberster Stelle stehen. Mit 95 bzw. 93 Prozent Zustimmung sind „Prozessoptimierung" und „Projektmanagement" aus der Kundenperspektive die wichtigsten Aufgaben für ein Inhouse Consulting in der neuen Commerzbank.

Abbildung 4.2   Aufgaben, die eine interne Beratung in der Commerzbank bearbeiten
sollte

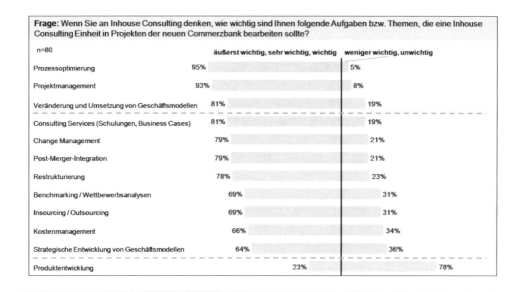

Frage: Wenn Sie an Inhouse Consulting denken, wie wichtig sind Ihnen folgende Aufgaben bzw. Themen, die eine Inhouse Consulting Einheit in Projekten der neuen Commerzbank bearbeiten sollte?

n=80	äußerst wichtig, sehr wichtig, wichtig	weniger wichtig, unwichtig
Prozessoptimierung	95%	5%
Projektmanagement	93%	8%
Veränderung und Umsetzung von Geschäftsmodellen	81%	19%
Consulting Services (Schulungen, Business Cases)	81%	19%
Change Management	79%	21%
Post-Merger-Integration	79%	21%
Restrukturierung	78%	23%
Benchmarking / Wettbewerbsanalysen	69%	31%
Insourcing / Outsourcing	69%	31%
Kostenmanagement	66%	34%
Strategische Entwicklung von Geschäftsmodellen	64%	36%
Produktentwicklung	23%	78%

Desweiteren wird die Veränderung und Umsetzung von Geschäftsmodellen (81 Prozent Zustimmung) von den Führungskräften als Aufgabe einer internen Beratung ebenfalls hoch priorisiert.

Im Fokus der Teilnehmer stehen auch Change- und Umsetzungsthemen. Interne Beratungen kennen nicht nur die Produkte und Geschäftsmodelle sehr genau, sondern haben auch einen direkten Einblick in die Kultur des Konzerns oder in die aktuelle Stimmungslage ganzer Abteilungen. Auf Basis dieser Informationen können gezielt passgenaue und adressatengerechte Konzepte zur Umsetzung von Geschäftsmodellen erarbeitet und die Veränderungsbereitschaft der Mitarbeiter nachhaltig sichergestellt werden.

Schließlich werden von den befragten Führungskräften der Commerzbank Post-Merger-Integration, Restrukturierung, Benchmarking, Insourcing / Outsourcing, Kostenmanagement und die strategische Entwicklung von Geschäftsmodellen als weitere wichtige Aufgaben einer internen Beratung genannt. Als weniger wichtig wird die Produktentwicklung bewertet.

Grundsätzlich lässt sich bei einer zusammenfassenden Deutung der Ergebnisse festhalten, dass vor allem jene Themen bei einer internen Beratung gesehen werden, für die detaillierte Unternehmenskenntnisse und ein gut funktionierendes Netzwerk in der Commerzbank vorteilhaft sind. Zwar gibt es ausreichend Potential für die Übernahme von Aufgaben, die ausgeprägtes Branchen- und Produkt-Know-how benötigen, jedoch nimmt dies mit der zunehmenden Relevanz dieser Faktoren ab. Dies wird vor allem bei der Produktentwicklung deutlich. Hier gibt es keinen kompetitiven Vorteil gegenüber den Stabsabteilungen der Bank, bei denen die notwendige Kompetenz vorgehalten wird.

4.2   Betriebliche Funktionen aus der Kundenperspektive

Als Teil des Konzerns übernimmt CBC konkrete betriebliche Funktionen, die aus der Kundenperspektive aktiv nachgefragt werden und sich aus der primären Leistungserfüllung ableiten lassen: die Generierung von innovativen Ideen, die kurzfristige Überbrückung von Personalengpässen, die Ausbildung von Talenten für den Konzern und die Legitimation von Projektergebnissen.

Abbildung 4.3   Anforderungen an betriebliche Funktionen aus der Kundenperspektive

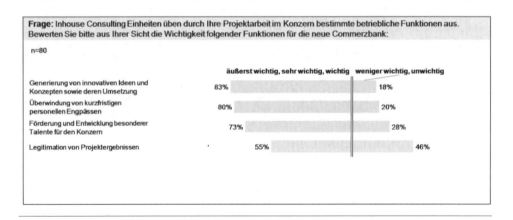

Innovationsfunktion

Mit über 80 Prozent Zustimmung wird der Innovationsfunktion die wichtigste Bedeutung als betriebliche Funktion beigemessen. Mit ihr wird die Fähigkeit interner Beratungen bezeichnet, innovative Konzepte zu entwickeln und im Konzern zu implementieren. Dies läßt sich als aktive Push-Funktion interpretieren, wenn Themen, Konzepte und Methoden auf Basis der Expertise durch interne Beratungen in den Konzern gebracht und umgesetzt werden. Für Inhouse Consulting ist die Innovationsfunktion ein vom Kunden stark gewünschter und attraktiver Ansatz, sich mit neuen Ideen als aktiver Themenlieferant und Problemlöser im Konzern zu positionieren.

Kapazitätsausgleichsfunktion

Mit der Überwindung kurzfristiger personeller Engpässe (Platz 2) nehmen interne Beratungen eine weitere wichtige unternehmensinterne Funktion wahr. Dies trifft in hohem Maße zwar auch auf externe Beratungen zu. Jedoch werden interne Berater durch ihre hohe Antrittschnelligkeit und kurze Einarbeitungsphase zum Ausgleich personeller Engpässe bevorzugt beauftragt.

Dieser gesamthafte Mehrwert einer internen Beratung wird besonders dann deutlich, wenn oftmals hochqualifizierte Tätigkeiten durch externe Marktbedingungen oder spezielle Know-how-Anforderungen mit internen Consultants kurzfristig und temporär besetzt werden müssen (Vgl. Ernst, 2002, S. 20 f., vgl. Ernst und Kieser, 2002, S. 56). Gleichzeitig erhalten die Berater durch diese Einsätze einen umfassenden Einblick in die verschiedenen Tätigkeitsprofile im Unternehmen und ermöglichen damit die Voraussetzung für die Erfüllung einer weiteren wichtigen Funktion: die Entwicklung von Nachwuchskräften für den Mutterkonzern. Voraussetzung für beide Funktionen sind exzellente intellektuelle und persönliche Fähigkeiten der Berater, die hohe Anforderungen an die Personalauswahl einer internen Beratung stellen.

Personalentwicklungsfunktion

Von der Personalentwicklungsfunktion auf Platz drei mit 73 Prozent profitieren die internen Berater von den vielfältigen Karrieremöglichkeiten in der internen Beratung sowie im Mutterkonzern.

Egal, ob als Spezialist oder zukünftige Führungskraft können Berater ihre langjährige Projekterfahrung zum Vorteil des Konzerns weiterhin einsetzen und ausbauen. Für den Konzern bietet dieser Talentpool die Möglichkeit, unternehmenserfahrene Nachwuchskräfte zu übernehmen ohne über den Markt geeignete Bewerber mit höheren Gehaltsaufschlägen, Suchkosten und Einstellungsrisiken zu rekrutieren. Zudem sind interne Berater im Unternehmen akzeptiert, gleich zu Beginn mit dem Arbeitsumfeld vertraut und besitzen bereits ein breites Netzwerk.

Durch die Möglichkeit neben einer Beraterkarriere auch eine Karriere im Mutterkonzern einschlagen zu können, bietet Inhouse Consulting vielfältige Weiterentwicklungs-möglichkeiten.

Unter dem Aspekt der Personalentwicklung lässt sich auch die Schulung der Projektmitarbeiter auf Seiten des Kunden ableiten. Durch den Einbezug in die Projektarbeit kann nicht nur ein Basiswissen an Projektmanagement vermittelt werden, sondern auch das Verständnis für die Zusammenarbeit mit internen oder externen Beratungen gefördert werden. Somit übernehmen interne Beratungen nicht nur Verantwortung für den erfolgreichen Abschluss von Projekten sondern auch für die Ausbildung beteiligter Projektmitarbeiter.

Legitimationsfunktion

Mit nur 55 Prozent Zustimmung nimmt die Legitimationsfunktion den letzten Platz ein. Beratungen im Allgemeinen werden nicht selten zur Legitimation von Projektergebnissen oder Konzepten herangezogen. In diesem Zusammenhang erfüllen Beratungen auch eine politische Funktion. Auftraggeber lassen ihre Strategien von Beratern legitimieren, um bei Vorstand und Arbeitnehmergremien eine bessere Verhandlungsposition einnehmen zu können. Dabei profitiert der Kunde von der Expertise und der Reputation der Beratung, die einem Testat gleicht, wenn z.B. Restrukturierungsprogramme mit einem Personalabbau durch Beratungen geprüft und legitimiert werden (Vgl. Ernst, 2002, S. 21-22, vgl. Ernst und Kieser, 2002, S. 55-56) .

In diesem Zusammenhang können Initiatoren von unpopulären Maßnahmen, wie Personalabbau oder Kostensenkungen auf eine Beratung verweisen und damit die Skepsis und negative Einstellung auf eine dritte Partei lenken, ohne dabei selbst beschädigt zu werden. Dies dürfte auch ein zentraler Grund dafür sein, dass interne Beratungen von nur einem Viertel der Befragten in der Rolle eines Legitimierers gesehen werden. Fast die Hälfte der befragten Teilnehmer lehnt diese Funktion für eine interne Beratung sogar ganz ab.

Dies ist umso mehr plausibel, wenn davon auszugehen ist, dass durch unpopuläre Projekte der Ruf einer internen Beratung im Unternehmen nachhaltig in Mitleidenschaft gezogen werden kann. Denn damit würde ein entscheidender Vorteil interner Beratungen beschädigt werden: die hohe Akzeptanz bei Mitarbeitern und Vertraulichkeit im gegenseitigen Informationsfluss als eine entscheidende Grundlage des Projekterfolgs.

Für CBC, aber auch die Gesamtheit aller Inhouse Consulting-Einheiten bedeutet dies, dass grundsätzlich alle Projekte mit Vorsicht zu bewerten sind, die interne Berater und deren Reputation im Unternehmen beschädigen können. Dazu zählen Projekte mit dem Ziel der Mitarbeiterkontrolle und Berichtserstattung an Kontrollinstanzen ebenso wie Restrukturierungsprojekte mit Personalabbauzielen.

4.3   Zukünftige Beauftragung der CBC

Mit Projektmanagement, Prozessoptimierungen und Umsetzung von Geschäftsmodellen als die Top-3 der zukünftigen Themen geben uns unsere Kunden ein klares Profil und bestätigen ihr Bild von den Aufgaben einer internen Beratungen aus der ersten Frage.

Somit sind Projektmanagement, Prozessoptimierung sowie die Entwicklung und Umsetzung von Geschäftsmodellen auch zukünftig aus Sicht unserer Kunden die zentralen Aufgaben einer internen Beratung in der Commerzbank. Auch die Nachfrage nach den weiteren Aufgaben entspricht im Wesentlichen den Erkenntnissen aus der ersten Frage. Während die Produktentwicklung kaum gewünscht wird, gibt es immerhin rund ein Viertel der Teilnehmer, die CBC für Restrukturierung, Kostenmanagement sowie Insourcing und Outsourcing beauftragen möchten.

Abbildung 4.4   Zukünftige Beauftragung von CBC aus der Kundenperspektive

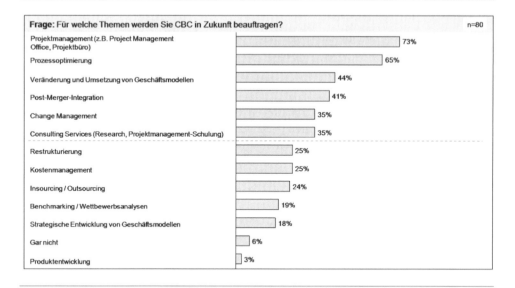

5   Fazit

Durch die Verknüpfung der ursprünglichen Fragestellung nach Aufgaben und Funktionen von Inhouse Consulting aus der Kundenperspektive mit den erfolgreichen Entwicklungen interner Beratungen soll ganz bewusst die Bedeutung klar definierter Aufgaben und Funktionen als Erfolgsfaktor hervorgehoben werden.

Damit einher geht die Frage, welche Aufgaben und Funktionen aus Sicht der Kunden nachgefragt werden und welche Themen aus Sicht interner Beratungen leistbar, aber auch wünschenswert sind. Dazu wurden die Aufgaben und Funktionen aus der Kundenbefragung jeweils näher analysiert und spezifische Merkmale herausgearbeitet, die Anhaltspunkte für den vorteilhaften Einsatz einer internen Beratung liefern.

Unbeantwortet bleibt damit die Frage, welche Aufgaben aus Perspektive einer internen Beratungen wünschenswert sind. Diese Frage kann jedoch nur so individuell beantwortet werden, wie einzigartig die jeweiligen Geschäftsmodelle institutionalisierter Beratungen sind.

Ähnlich wie bei der Definition von Inhouse Consulting anhand weniger jedoch entscheidender Merkmale gibt es Aufgaben und Funktionen die für interne Beratungen essentiell sind: Dies sind jene Aufgaben, deren Merkmale den Einsatz von Beratern mit ausgeprägten konzernspezifischen Kenntnissen, großem internem Netzwerk und hoher Akzeptanz bei Mitarbeitern notwendig machen: Projektmanagement, Prozessoptimierung, Change Management sowie die Entwicklung und Umsetzung von Geschäftsmodellen.

In wechselseitiger Beziehung dazu stehen die betrieblichen Funktionen, die zum größten Teil aus den Projektaufgaben abgeleitet werden. Diese Funktionen bedeuten den gesamthaften Mehrwert für den Konzern, der Inhouse Consulting gegenüber anderen Konzerneinheiten und externen Beratungen abgrenzt.

CBC sieht sich wie viele internen Beratungen vor der dauerhaften Herausforderung ein klares Profil als eindeutiges Alleinstellungsmerkmal für die Kunden sichtbar zu schärfen und aus dem individuellen Selbstverständnis heraus ein Anspruchsniveau an Aufgaben und Funktionen zu formulieren. Auch wenn damit kurzfristig bestimmte Kundenanfragen als nicht zum Leistungsspektrum gehörend abgelehnt werden, kann langfristig jedoch für den Mutterkonzern und die Berater selbst der größte Mehrwert erzielt werden. Dazu bedarf es jedoch eines konsequenten und kontinuierlichen Kundendialogs, der Kundenwünsche aufnimmt und in die Weiterentwicklung der internen Beratung einfließen lässt.

Eine entscheidende Rolle muss schließlich eine ganzheitliche Marketingstrategie spielen, die das Profil und Anspruchsniveau kommuniziert (siehe auch Teil 5 in diesem Sammelband). Nur so lassen sich Kundenanforderungen auch in eine aus Sicht der internen Beratung wünschenswerte Richtung steuern.

Sollten dennoch Aufgaben nachgefragt werden, die nicht in das definierte Leistungsspektrum einer internen Beratung fallen, ist je nach Einzelfall die Beauftragung zu überprüfen und mit dem eigenen Profil abzugleichen. Wenn keine Kompetenz vorhanden ist, steht die interne Beratung vor der Entscheidung diese aufzubauen oder das Projekt anderen Einheiten zu überlassen. Grundsätzlich sind Aufgaben jedoch immer kritisch zu bewerten, wenn sie das Profil der Beratung verwässern oder die Reputation der Berater gefährden. Somit besteht eine zentrale Herausforderung darin, im Dialog mit den Kunden Zukunftsthemen und –aufgaben frühzeitig zu identifizieren. Nur so kann vor der Beauftragung durch die Kunden die notwendige Kompetenz glaubhaft aufgebaut und das Profil weiter entlang der Kundenbedürfnisse entwickelt werden.

Für die CBC hat die Kundenbefragung wertvolle Hinweise zur zukünftigen Abdeckung der Kundenbedürfnisse ergeben. Ein vielversprechender Ansatzpunkt ist das Leistungsangebot aktiv um Aufgaben zu erweitern, die bereits im Zusammenhang mit dem aktuellen Leistungsportfolio stehen. Aus der vorhandenen Expertise und der starken Kundennachfrage nach der Entwicklung und Umsetzung von Geschäftsmodellen, möchten wir das Potential bei der strategischen Entwicklung von Geschäftsmodellen stärker nutzen, um beide Dienstleistungen zu verknüpfen. Durch Erweiterung des Leistungsportfolios aufbauend auf bereits vorhandener Expertise, agieren wir unseren Kunden gegenüber glaubwürdig, indem wir Methodenkompetenzen auf gleichem Qualitätsanspruch weiterentwickeln.

Literatur

Blunck, Thomas (1993), Funktionen und Gestaltung institutionalisierter interner Beratungsdienstleistungen, Bern, Berlin, Frankfurt am Main, 1993.

Ernst, Berit (2002), Die Evaluation von Beratungsdienstleistungen – Prozesse der Wahrnehmung und Bewertung, Deutscher Universitäts-Verlag GmbH, Wiesbaden, 2002.

Ernst, Berit & Kieser, Alfred (2002), In Search of Explanation for the Consulting Explosion, In: Sahlin-Andersson, Kerstin & Engwall, Lars (Hrsg.): The Expansion of Management Knowledge: Carriers, Flows and Sources, Stanford University Press, Stanford, California, 2002.

Financial Times Deutschland Online (2009), Banken verschmähen externe Berater, http://www.ftd.de/karriere_management/management/:Consulting-Banken-verschm%E4hen-externe-Berater/495698.html (29.08.2009).

Johri, H.P.; Cooper, Chris J. (1998), Managing internal consulting organizations: a new paradigm, In: SAM Advanced Management Journal, 1998.

Knüp, Guido (2007), Interne Beratungsabteilungen als Koordinationsinstrument der Konzernzentrale und deren Effizienz, Verlag Dr. Hut, München, 2007.

Mohe, Michael (2002), Inhouse Consulting: Gestern, heute – und morgen?, In: Mohe, Michael; Heinecke, Hans-Jürgen & Pfriem, Reinhard (Hrsg.): Consulting – Problemlösung als Geschäftsmodell, Klett-Cotta, Stuttgart, 2002.

Crispino Musone, Bianca (2007), Eine Evaluation wissensbasierter Organisationsstrukturen Interner Unternehmensberatungen, University Press, Kassel, 2007.

Niedereichholz, Christel (Hrsg.) (2000): Internes Consulting. Grundlagen – Praxisbeispiele – Spezialthemen. München, Wien: R. Oldenbourg 2000.

4

Recruitment und Personalentwicklung in Inhouse Consultancies

Martin Max, Dirk-Christian Haas, Jan Rodig

1 Recruitment

1.1 Ausgangssituation

Seit Ende der 1990er Jahre hat sich die interne Unternehmensberatung in vielen großen deutschen Unternehmen als eine qualitativ hochwertige Ergänzung oder Alternative zur externen Managementberatung etabliert. Zwei Drittel der 30 DAX-Unternehmen unterhalten heute eine interne Beratungseinheit (Bayer Business Services & European Business School, 2009). Diesem Wachstum anspruchsvoller, globaler Projekte bei gleichzeitig hoher Fluktuation in den Unternehmen steht der Bedarf an qualifizierten und engagierten Mitarbeitern gegenüber, die sich Beratungsmandaten auf Managementebene stellen können.

1.2 Betrachtung des relevanten Arbeitsmarktes

Damit es am Arbeitsmarkt zu einem Arbeitsverhältnis kommt, müssen die Interessen der Nachfrageseite (Arbeitgeber) mit denen der Angebotsseite (Arbeitnehmer) ins Gleichgewicht gebracht werden. Das heißt, die erwarteten Arbeitsbeiträge und die damit verbundenen Belastungen für die Arbeitnehmer müssen mit den Gegenleistungen und Incentives eines Unternehmens in einem für beide Seiten akzeptablen Verhältnis stehen.

1.2.1 Zielgruppendefinition (Angebotsseite)

Die Angebotsseite wird maßgeblich durch die hohen persönlichen und fachlichen Anforderungen an Kandidaten bestimmt und damit auch limitiert. Die Anforderungen interner Unternehmensberatungen an die Bewerber sind mit denen externer Managementberatungen direkt vergleichbar. Dazu gehören:

- Herausragende Studien- und Schulleistungen

- Erste Arbeitserfahrungen, z.B. Praktika

- Ausgeprägte analytische und konzeptionelle Fähigkeiten

- Sehr gute Kommunikationsfähigkeiten und Fremdsprachenkenntnisse (verhandlungssicheres Englisch)

- Ausgeprägte soziale Kompetenz und Teamfähigkeit

- Hohe Eigeninitiative, Einsatz- und Lernbereitschaft

- Auslandserfahrungen, etwa während des Studiums oder über Praktika

- Mobilität

Darüber hinaus erwarten interne Beratungen ein erkennbares Interesse an der Branche, für die sie tätig sind. Für ein solches Interesse sprechen ein passender Studienschwerpunkt, eine branchennahe Ausbildung oder relevante Praktika.

Externe und interne Beratungen konkurrieren letztlich um die gleichen Talente, die so genannten High Potentials, also jene hochqualifizierten und sozial kompetenten jungen Menschen, die sich deutlich vom Leistungsdurchschnitt aller Absolventen abheben.

Laut OECD[3] wird dieser Wettbewerb in Deutschland weiter anhalten. Im Vergleich zu anderen OECD-Staaten stagnierte der Anteil der Studienanfänger in Deutschland in den vergangenen Jahren. Die Zahl der Absolventen in hoch qualifizierenden Studiengängen kann den Bedarf kaum decken und die Bildungsausgaben wuchsen langsamer als die öffentlichen Ausgaben.

1.2.2 Wettbewerbssituation (Nachfrageseite)

Fragt man Hochschulabsolventen und Young Professionals in Deutschland nach ihrem Lieblingsarbeitgeber, so landen acht der Top-25 Managementberatungsunternehmen[4] unter den ersten 100 Platzierten[5]. Inhouse Consulting-Einheiten sucht man jedoch vergeblich.

Was viele Befragte vermutlich nicht wissen: Von den in der Studie genannten Arbeitgebern, die nicht dem Consulting zugeordnet werden, besitzen über 40 Prozent (also mehr als 35 Konzerne) hausinterne Unternehmensberatungen. Dass heißt, als attraktiv wahrgenommene und im Ranking hoch bewertete Arbeitgeber bieten häufig auch die Option, eine Karriere in der präferierten Branche mit einer anspruchsvollen Beratungstätigkeit zu kombinieren.

Auf die Frage, warum sie für einen bestimmten Arbeitgeber votiert haben, antworteten die Hochschulabsolventen und Young Professionals :

■ Aufstiegs- und Karrierechancen

■ Hohes Einkommen

---

[3] Organisation für wirtschaftliche Zusammenarbeit und Entwicklung (9. September 2008): Deutschland verliert bei der Ausbildung von Hochqualifizierten international weiter an Boden. Abrufbar im Internet:
http://www.oecd.org/document/15/0,3343,de_34968570_35008930_41277711_1_1_1_1,00.html.
Stand: 15.6.2009.

[4] Lünendonk GmbH (20.5.2009): TOP 25 der Managementberatungs-Unternehmen in Deutschland 2008. http://www.luenendonk.de/management_beratung.php. Stand: 15.6.2009.

[5] trendence Institut GmbH (2008): Das Deutsche Absolventenbarometer.
http://www.trendemployer.de/top-arbeitgeber/top100-business.html. Stand: 15.6.2009.

- ▨ Herausfordernde und anspruchsvolle Tätigkeiten

- ▨ Hohe Reputation / hohes Image des Arbeitgebers

- ▨ Internationales Arbeiten

Die Mehrzahl der beschriebenen Qualitäten wird von den Berufsstartern nach wie vor gerade den klassischen Top-Managementberatungen zugeordnet.

Trotz hoher Nachfrage nach Inhouse Consultants und guter Karrierechancen werden die internen Beratungen bei den High-Potentials nicht im gleichen Maße wie die klassischen Managementberatungen wahrgenommen und somit seltener als Alternative für den Berufseinstieg in Betracht gezogen.

Die internen Unternehmensberatungen haben im Wesentlichen drei Möglichkeiten, um auf diese Situation zu reagieren (wobei keine komplette Überschneidungsfreiheit besteht; es ist also durchaus auch eine Kombination bzw. eine gegenseitige Einflußnahme dieser Strategien denkbar):

- ▨ Marktentwicklungsstrategie, das heißt, das Marktsegment für die Anwerbung zu vergrößern oder neu zu entwickeln, etwa durch stärkeres Personalmarketing an Hochschulen, das Recruitment im Ausland oder den Einsatz von Headhuntern.

- ▨ Kommunikationsstrategie, das heißt, auf dem Arbeitsmarkt das Wissen über Inhouse Consulting als attraktive Tätigkeit zu verbessern, etwa durch verstärkte Teilnahme an öffentlichen Veranstaltungen, Hochschulkooperationen, zusätzliche Stellenanzeigen, eigene Internet-Seiten oder über die Initiative „dichter dran"[6].

- ▨ Wettbewerbsstrategie, das heißt, die Wettbewerbsposition zu verbessern, etwa durch stärkere Differenzierung zu externen Managementberatungen.

Auf den letzten Punkt soll wegen seiner besonderen Bedeutung für Inhouse Consultancies im folgenden Kapitel näher eingegangen werden.

1.2.3   Differenzierung gegenüber externen Beratungen

Viele Kandidaten wissen nicht, dass die Karrierechancen im Inhouse Consulting mit denen der externen Beratung vergleichbar sind. Junge Talente bearbeiten direkt nach ihrem Einstieg eigenverantwortlich analytisch anspruchsvolle Aufgaben und präsentieren nicht selten ihre Arbeitsergebnisse den obersten Führungskräften des Unternehmens.

---

[6] Die Inhouse Consulting-Abteilungen führender deutscher Unternehmen haben sich im Inhouse Consulting Roundtable (ICRT) zusammen gefunden, um eine Plattform für einen kontinuierlichen Erfahrungsaustausch sowie Kooperationen zu schaffen. Die Initiative „dichter dran" ist eine der aus dem ICRT hervor gegangenen Kooperationen. Ihr Ziel ist es, der Öffentlichkeit und potenziellen Bewerbern einen Einblick in die Arbeit im Inhouse Consulting zu ermöglichen.

Themenvielfalt, Verantwortung, Coaching, Weiterbildung und attraktive Einstiegsgehälter sind ebenso selbstverständlich.

Zusätzlich bieten die internen Beratungseinheiten eine spezielle Karriereperspektive: Zahlreiche Unternehmen nutzen das Inhouse Consulting als Talentschmiede für ihren Managementnachwuchs. Wer als interner Berater mit unterschiedlichen Unternehmensbereichen und -projekten in Berührung gekommen ist, verfügt über die Qualifikation, auch innerhalb anderer Abteilungen erfolgreich zu arbeiten und dabei das gesamte Unternehmen im Blick zu behalten. Laut der Studie von Bayer Business Services und der European Business School zum deutschen Inhouse Consulting (Bayer Business Services & European Business School, 2009) wechselten 78 Prozent der Berater bereits nach drei bis vier Jahren in eine verantwortungsvolle Linienfunktion im Gesamtkonzern.

Als Inhouse Consultant eines globalen Konzerns arbeitet man täglich für einen Top-Kunden, und zwar auf Senior-Managementebene. Inhouse Consulting verbindet somit anspruchsvolle Beratungstätigkeit mit den Vorzügen eines großen Unternehmens, wie etwa attraktive betriebliche Altersvorsorge, ausgezeichnete Sozialleistungen, Firmenwagenregelungen etc.

Eine ausgewogene Work-Life-Balance unterstützen die meisten internen Beratungen, d.h. neben dem Beruf bleibt ausreichender Spielraum für Freizeit, Familie und Freunde. Die Mehrzahl der Inhouse Consulting-Einheiten fördern darüber hinaus so genannte Sabbatical- oder Leave-of-Absence-Programme. Zudem sind Reisetätigkeiten deutlich reduziert, weil die Berater überwiegend am Stammsitz der Unternehmen eingesetzt werden.

Inhouse Consulting-Einheiten deutscher Unternehmen sind für Hochschulabsolventinnen und Bewerberinnen mit Berufserfahrung attraktive Arbeitgeber. Der Frauenanteil in Beratungsunternehmen liegt nach Angaben des Bundesverbands deutscher Unternehmensberater (BDU) bei 15 bis 20 Prozent. Anders bei den internen Unternehmensberatungen: Hier sind bis zu 40 Prozent der Berater weiblich. Die Gründe sind einer Studie der Initiative „dichter dran"[7] zufolge neben der Ausgewogenheit von Privatleben und beruflicher Herausforderung auch die flexiblen Arbeitszeitmodelle der Unternehmen, bereichsübergreifende Mentoringprogramme oder eigene Netzwerke für Frauen.

---

[7] „Initiative „dichter dran" der Inhouse Consulting Einheiten führender Unternehmen (9. Februar 2009): Inhouse Consulting-Einheiten: Frauenanteil deutlich höher als bei externen Unternehmensberatungen. Abrufbar im Internet: http://www.inhouse-consulting.de/presse.php. Stand: 15.6.2009.

1.3   Der Recruitment-Prozess

1.3.1   Wege der Personalbeschaffung

Die internen Beratungen decken ihren Personalbedarf im Wesentlichen auf zwei Wegen:

- ■ Externes Recruitment über die klassischen Kanäle (in der Regel des Gesamtkonzerns)
- ■ Internes Recruitment über den unternehmensinternen Bewerbermarkt[8]

Beide Wege haben Vor- und Nachteile, siehe auch Tabelle 1.1:

Während interne Kandidaten neben ihrer fachlichen Qualifikation wertvolle firmenspezifische Fachkenntnisse mitbringen, verfügen externe Bewerber über Branchenkenntnisse (z.B. Professionals derselben Branche), methodische Fähigkeiten (z.B. ehemalige externe Berater) und aktuelles wissenschaftliches Wissen (z.B. Hochschulabsolventen).

Dieser Mix unterschiedlicher Fähigkeiten macht die internen Beratungen zu einer wichtigen Ressource für die Unternehmensentwicklung. Vor allem Projektarbeit, in den vergangenen Jahren immer anspruchsvoller geworden, wird von internen Beratern professionell erledigt.

Für die interne Personalbeschaffung werden im Allgemeinen intern Stellen ausgeschrieben (z.B. Intranetportale), innerbetriebliche Initiativbewerbungen oder Empfehlungen im Rahmen der unternehmensinternen Netzwerke entgegengenommen.

Die Mehrzahl der Stellen wird jedoch auf dem klassischen externen Weg der Personalbeschaffung besetzt, entweder aktiv oder passiv (Scholz, 2000, S. 456-465).

Passive Beschaffung bedeutet, dass der Bedarf durch Initiativbewerbungen und durch Bewerberdatenbanken, etwa über das Internet, befriedigt wird. Allerdings reicht dieser Kanal meist nicht aus, den Bedarf an Mitarbeitern bzw.spezifischer Expertise zu decken.

---

[8] Nach §93 BetrVG kann der Betriebsrat eines Unternehmens verlangen, dass eine Stelle innerbetrieblich auszuschreiben ist. Davon ausgenommen sind Stellenausschreibungen leitender Angestellter (§5 BetrVG).

Tabelle 1.1   Potenzielle Vor- und Nachteile interner und externer
                 Personalbeschaffung (nach Scherm, Süß, 2003, S. 32)

Beschaffung	Vorteile	Nachteile
Intern	■ Aufstiegsmöglichkeiten ■ Geringere Beschaffungskosten ■ Unternehmenskenntnis ■ Bessere Einschätzungsmöglichkeiten des Kandidaten ■ Schnellere Besetzung ■ Keine Gefährdung des Gehaltsgefüges	■ Eingeschränkte Auswahl ■ Ggf. hohe Entwicklungskosten ■ Mögliche Betriebsblindheit ■ Ggf. Probleme mit (früheren) Kollegen
Extern	■ Breitere Auswahl ■ Neue Impulse für das Unternehmen ■ Ggf. geeigneteres Qualifikationsgefüge ■ Gezielte Ergänzung benötigter Expertise	■ Höhere Beschaffungskosten ■ Probleme der Bewerberauswahl ■ Gefahr der Frühfluktuation ■ Fehlende Unternehmenskenntnis ■ Ggf. höheres Gehaltsniveau ■ Zeitaufwand der Besetzung ■ Verringerung der Aufstiegschancen

Im Vordergrund steht deshalb die aktive Mitarbeiterwerbung mit der Kombination klassischer Instrumente:

1. **Direktansprache:**

■ Kandidatenauswahl aus Jahrgangsbüchern

■ Praktikumsplätze – Praktika sind eine sehr gute Möglichkeit, potenzielle (festangestellte) Mitarbeiter zu gewinnen und gute Einblicke in das Leistungs- und Sozialverhalten der Kandidaten zu gewinnen

■ Vergabe von Diplomarbeiten

■ Hochschulpräsenz auf Absolventenmessen, -Workshops und On-Campus-Recruiting

   2. Einsatz von Institutionen und Medien:

■ Personalberater

■ Stellenanzeigen in Print-Medien für eine höhere Aufmerksamkeit

■ Jobbörsen im Internet

■ Stellenanzeigen auf der Unternehmens- oder der eigenen Inhouse Consulting-Internet-Seite

■ Soziale Netzwerke/ Netzwerke im Internet

■ „Mitarbeiter werben Mitarbeiter"-Modelle

1.3.2   Fallbeispiel: Personalbeschaffung für das Deutsche Bank Inhouse Consulting

Das Deutsche Bank Inhouse Consulting nutzt grundsätzlich alle Wege zur Personalbeschaffung des Konzerns und hat im Jahr 2008 folgende Recruiting-Aktivitäten durchgeführt:

■ Stellenanzeigen auf der Deutsche Bank-Karrierewebseite sowie auf externen Internetplattformen wie Monster und StepStone

■ Teilnahme an 15 Hochschul- und Absolventenveranstaltungen

■ Zusammenarbeit mit Personalberatern, um berufserfahrene Mitarbeiter zu rekrutieren

■ Artikel in Print- und Onlinemedien

■ Kommunikation via sozialer Netzwerke wie die Übernahme von Mentorships auf e-fellows

■ Studien wie die EBS-Studie zum Thema „Inhouse Consulting"

Die Recruiting-Aktivitäten der vergangenen Jahre im Inhouse Consulting der Deutschen Bank brachten folgende Erkenntnisse:

■ Berufserfahrene Mitarbeiter (Professionals) konnten besser durch Direktansprache (z.B. Personalberater), direkte Vermittlung oder interne und externe Stellenanzeigen angesprochen werden.

■ Jüngere Berufseinsteiger sind durch Print- und Online-Maßnahmen und Hochschulveranstaltungen auf das Inhouse Consulting aufmerksam geworden.

■ Onlinebewerbungen werden wichtiger. Die Anzahl Bewerbungen, ausgelöst von Stellenanzeigen auf der Deutsche Bank Karrierewebseite nahm überproportional zu. Gut daran ist die schnelle und kostengünstige Bearbeitung, problematisch ist die rasch wachsende Datenmenge.

1.3.3   Personalauswahl

Die sozialen Fähigkeiten, das Fach- und Methoden-Wissen der künftigen Kolleginnen und Kollegen müssen passen. Mit Hilfe von Anforderungsprofilen prüft das Unternehmen, ob die Kenntnisse und die Persönlichkeit eines Bewerbers den Aufgaben im Inhouse Consulting entsprechen. Dabei setzen die Firmen auf die gängigen Verfahren:

■ Analyse und Bewertung der eingegangenen Bewerbungsunterlagen

■ Beurteilung von Arbeitsproben

■ Assessment-Center

■ Vorstellungsgespräche (i.d.R. inkl. Case Studies)

Bei der internen Bewerbung kann neben den klassischen Bewerbungsunterlagen (Motivationsschreiben, Lebenslauf, Zeugnisse und Arbeitszeugnisse) auch auf die unternehmensinternen Systeme zur Persönlichkeits- oder Leistungsbeurteilung zugegriffen werden. Details über die Verwendung solcher Daten regeln unternehmensabhängige Betriebsvereinbarungen.

1.3.4   Fallbeispiel: Auswahlverfahren am Beispiel Deutsche Bank Inhouse Consulting

Sowohl interne, als auch externe Bewerbungen für eine Festeinstellung[9] im Inhouse Consulting der Deutschen Bank durchlaufen den folgenden Prozess:

---

[9] Praktikumsbewerbungen durchlaufen einen geringfügig abweichenden, kürzeren Prozess.

Abbildung 1.1   Auswahlprozess am Beispiel Deutsche Bank Inhouse Consulting

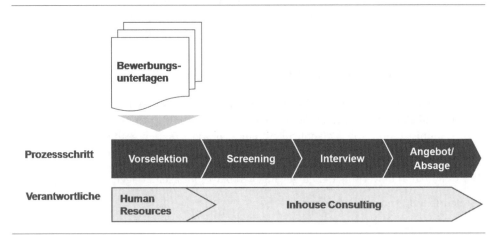

1. Schritt: Sichtung der Bewerbungsunterlagen

Alle eingehenden Bewerbungen werden zunächst in der Personalabteilung geprüft. Erfüllt die Bewerbung die mit dem Fachbereich vereinbarten Kriterien, wird diese an das Inhouse Consulting weitergeleitet. Alle anderen Bewerber erhalten eine direkte Absage der Personalabteilung.

2. Schritt: Sichtung der Bewerbungsunterlagen

Das Inhouse Consulting macht sich anhand der Bewerbungsunterlagen ein Bild des Kandidaten und bewertet seine Eignung für die Position. Zunächst wird überprüft, ob die internen Mindeststandards in Motivationsschreiben, Lebenslauf und Zeugnissen erreicht sind.

Gute akademische Leistungen geben Aufschluss über die Analysefähigkeiten des Kandidaten, ein Studium und längere Aufenthalte im Ausland eine Indikation zur Mobilität und erste fachliche Erfahrungen können durch Praktika in Unternehmensberatungen oder in anderen Banken erworben worden sein.

Motivationsschreiben
Das Anschreiben muss Auskunft über den Grad des Interesses und die Motivation des Bewerbers geben. Unspezifische Anschreiben haben geringere Erfolgsaussichten und führen meistens nicht zu einer Gesprächseinladung. Darüber hinaus liefert das Motivationsschreiben Anhaltspunkte über Ausdrucksfähigkeit, Sorgfalt, Schreibstil und Selbstbild des Bewerbers.

Lebenslauf

Der Lebenslauf gibt einen Überblick der beruflichen, fachlichen und persönlichen Entwicklung des Bewerbers. Die dargelegten Erfahrungen und erworbenen Fähigkeiten müssen sich mit den Stellenanforderungsprofilen decken. Besondere Beachtung finden die Zeitfolgeanalyse (vorhandene Zeitlücken, Arbeitsplatzwechsel) und die Positionsanalyse (Aufstieg, Abstieg, Berufs-/Ausbildungswechsel, Wechsel des Arbeitsgebietes). Die zusätzlich beigefügten Unterlagen (z.B. Arbeitszeugnisse) werden mit dem Lebenslauf abgeglichen und mögliche Auffälligkeiten (z.B. Formulierungen in den Arbeitszeugnissen, nicht erklärte Fehlzeiten o.ä.) bei der Entscheidung für oder gegen eine Gesprächseinladung berücksichtigt.

Zeugnisse

Schul- und Hochschulzeugnisse geben eine Indikation auf Interessengebiete und allgemeine Leistungsbereitschaft eines Bewerbers. Ausbildungs- und Arbeitszeugnisse vermitteln einen Einblick in die bisherigen Aufgaben (Art der Tätigkeit) und deren Qualität. Die in den Rekrutierungsprozess eingebundenen Mitarbeiter von Inhouse Consulting achten dabei insbesondere auf Aussagen zu Persönlichkeitsmerkmalen wie Zuverlässigkeit, Teamfähigkeit, Durchsetzungsvermögen oder Leistungsmotivation.

Ist der erste Gesamteindruck der persönlichen und fachlichen Eignung positiv, wird der Bewerber zu einem Interview eingeladen.

3. Schritt: Bewerbungsgespräche

Für Festeinstellungen durchlaufen Bewerber maximal vier Interviews (Praktikanten maximal drei Interviews) mit Mitarbeitern unterschiedlicher Verantwortungsstufen der Bank. In den Gesprächen wird sowohl die persönliche als auch die fachliche Eignung überprüft.

Im ersten Gespräch wird dem Bewerber zusätzlich ein Überblick über die Deutsche Bank und das Inhouse Consulting gegeben. Dazu gehört die praxisnahe Beschreibung der Aufgaben inklusive Projektbeispielen sowie eine Skizze der Entwicklungsmöglichkeiten. Fragen zum Lebenslauf und der Person schließen sich an. In der sogenannten Case Study arbeiten der Bewerber und der Interviewer an einem Projekt aus der Praxis. Hier kann der Bewerber seine fachlichen Fähigkeiten präsentieren. Schließlich wird über das Einstellungsdatum und die Gehaltsvorstellung gesprochen. Darüber hinaus kann der Kandidat Fragen zum Fachbereich und der angebotenen Position stellen. Mit Ausnahme der Präsentation von Deutscher Bank und Inhouse Consulting verlaufen die nachfolgenden Gespräche im Wesentlichen gleich.

Im Anschluss an jedes der Gespräche stimmen die Interviewer jeweils ihre Eindrücke miteinander ab. Sollten dabei Zweifel an der Eignung des Kandidaten aufkommen, können die Interviews abgebrochen werden und dem Bewerber wird unmittelbar abgesagt. Konnte der Kandidat überzeugen, wird er zur nächsten Gesprächsrunde mit dem Senior Management eingeladen, das die endgültige Entscheidung trifft, ob der Bewerber eingestellt wird.

4. Schritt: Absage oder Vertragsangebot

Sollte der Kandidat dem fachlichen und persönlichen Anforderungsprofil nicht entsprechen, erhält er eine Absage. Wenn gewünscht, werden dem Kandidaten die Gründe für die Entscheidung mündlich dargelegt.

Stimmt das Senior Management zu, erhält der Bewerber die mündliche Zusage sowie ein schriftliches Vertragsangebot innerhalb weniger Tage.

2   Personalentwicklung

2.1   Ausgangssituation

Hat das Unternehmen die richtigen Mitarbeiter gefunden und für sich gewonnen, müssen ihre Fähigkeiten kontinuierlich weiterentwickelt werden. Diese Personalentwicklung sorgt dafür, dass die Inhouse Consultants auch in Zukunft den hohen Anforderungen ihres Jobs gewachsen sind.

Nach einer gängigen Definition ist Personalentwicklung die planmäßige Erweiterung der fachlichen, methodischen und sozialen Qualifikationen der Mitarbeiter im Hinblick auf Organisations- und Individualziele.[10] Daraus lassen sich die wesentlichen Fragen ableiten, die ein Personalentwicklungskonzept beantworten muss:

■ Kompetenzen: Welche Kompetenzen (i.S.v. Kriterien) sind relevant für die Beurteilung und Entwicklung der Mitarbeiter?

■ Ist-Niveau: Wie misst man die Ist-Ausprägung der einzelnen Kompetenzen für einen Mitarbeiter?

■ Soll-Niveau: Wie sieht die Soll-Ausprägung bzgl. jeder Kompetenz in Abhängigkeit von den verschiedenen Stellenprofilen (Organisationsziele) sowie den Zielen des Mitarbeiters (Individualziele) aus?

■ Maßnahmen: Welche Maßnahmen gibt es zur Entwicklung der Fähigkeiten eines Mitarbeiters vom Ist-Niveau zum jeweils definierten Soll-Niveau?

Die nachfolgenden Ausführungen folgen in ihrer Struktur diesen vier zentralen Fragen und erläutern deren Ausgestaltung in der internen Managementberatung.

---

[10] In Anlehnung an Bühner (1994): Personalmanagement, S. 123. Eine gute Übersicht über die Vielzahl alternativer Definitionsmöglichkeiten gibt Mudra (2004): Personalentwicklung, S. 137ff.

2.2   Kompetenzen

Ausgangspunkt für die Personalentwicklung sind die für die Organisation relevanten Kompetenzen. Der Begriff „Kompetenz" kann dabei als Fähigkeit verstanden werden, die Anforderungen einer bestimmten Situation mittels Handeln zu erfüllen (Vgl. Mudra, 2004, S. 363). Für Zwecke der Personalentwicklung werden Kompetenzen typischerweise in drei Kategorien unterteilt (in Anlehnung an Jung, 2008, S. 254ff.):

- ▪ Fachliche Kompetenz: Fähigkeiten und Fertigkeiten im spezifischen Beruf

- ▪ Methodische Kompetenz: Fähigkeiten zur Selbstorganisation und Problemlösung

- ▪ Soziale Kompetenz: Fähigkeit zur erfolgreichen Zusammenarbeit mit anderen

Diese Kompetenzen ergeben sich aus den Anforderungen des Markts für Managementberatung, mit denen die Inhouse Consultancies umgehen müssen. Die Leistungen (interner) Managementberatungen umfassen im Wesentlichen die Unterstützung von Führungskräften bei der Lösung von komplexen betriebswirtschaftlichen Problemen in Strategie und Organisation. Dabei ist der Berateralltag geprägt von folgenden Charakteristiken:

- ▪ Die zu lösenden Probleme sind i.d.R. unstrukturiert.

- ▪ Die zu lösenden Probleme sind unternehmens- und kontextspezifisch.

- ▪ Die Problemlösung erfordert meist einen hohen Interaktionsgrad mit der Klientenorganisation[11].

- ▪ Die Leistungserstellung erfolgt in einer Projektorganisation.

Übertragen auf die Fähigkeiten und Kenntnisse lassen sich aus diesen Aufgaben drei Kompetenzkategorien ableiten, die grundsätzlich für interne wie externe Managementberater gelten:

Fachliche Kompetenz: Die Arbeit als (interner) Managementberater setzt ein fundiertes betriebswirtschaftliches Verständnis sowie relevante IT-Kenntnisse voraus. Das Wissen und Können in der Betriebswirtschaft umfasst ökonomische Grundkonzepte (z.B. Skaleneffekte, Opportunitätskosten), Kenntnisse im finanzwirtschaftlichen Bereich (z.B. Kennzahlensysteme, Jahresabschlussanalyse) sowie analytische „Frameworks" (z.B. Porter's Five Forces, SWOT-Analyse, ABC-Analyse).

Die erforderlichen IT-Kompetenzen umfassen vor allem Anwenderkenntnisse der gängigen Büro-Software (v.a. MS-Office, MS Project, MS Visio) sowie ein elementares

---

[11] Im Fall interner Managementberater ist der Begriff „Klient" möglicherweise nicht intuitiv verständlich, da der Auftraggeber demselben Gesamtunternehmen angehört. „Klientenorganisation" bezeichnet daher aus der Sicht von Inhouse Consultancies den jeweils beauftragenden Geschäftsbereich, Vorstand etc.

Verständnis der in der jeweiligen Branche genutzten Hard- und Softwareplattformen (z.B. die Handels- und Informationssysteme im Finanzdienstleistungsbereich). Über die bisher genannten fachlichen Kompetenzen hinaus ist insbesondere für Inhouse Consultants ein tiefes Verständnis der Branche(n) entscheidend, in denen das Gesamtunternehmen agiert.

Methodische Kompetenz: Mindestens so wichtig wie fachliche Kompetenzen sind die methodischen Kompetenzen. Sie machen zu einem großen Teil den Mehrwert der Berater aus. Denn vor allem wegen ihres Methoden-Wissens sind die Berater in der Lage, die meist unstrukturierten und interdisziplinären Probleme ihrer Kunden systematisch zu analysieren und Lösungen zu erarbeiten.

Zu den methodischen Kompetenzen gehören Projektmanagementkenntnisse (Projektinitialisierung, -planung, -reporting etc.), generische Problemlösungsfähigkeiten (z.B. Problemstrukturierung mit Hilfe von Logikbäumen unter Beachtung der MECE-Kriterien[12]), Kreativitätstechniken (z.B. Brainstorming, Morphologische Analyse), Kommunikations- und Moderationstechniken (z.B. Interviewtechniken) sowie Präsentations- und Visualisierungstechniken (z.B. Kenntnis von Diagrammtypen und deren Anwendungsgebieten).

Soziale Kompetenz: (Interne) Managementberater müssen häufig unter Zeitdruck im Team Ergebnisse erarbeiten und sind dabei auf die Mitarbeiter des Kunden angewiesen. Dies stellt hohe Anforderungen an die Sozialkompetenz der Berater – häufig werden Informationen von Mitarbeitern benötigt, die direkt von den Veränderungen betroffen sind, die das Projekt auslöst. Dabei besteht in der Regel keine direkte Weisungsbefugnis wie in Linienorganisationen; die Berater sind also auf die freiwillige Kooperation der Mitarbeiter angewiesen.

Da interne Berater im Gegensatz zu externen Beratern oft die Implementierung der erarbeiteten Veränderungen begleiten, haben für sie soziale Kompetenzen eine besonders hohe Bedeutung. Gerade der Erfolg von Change Management-Projekten hängt entscheidend vom Faktor Sozialkompetenz ab. Dazu gehören vor allem Kommunikations-, Konflikt- und Führungsfähigkeit. Weiter gefasst bezeichnet der Begriff der sozialen Kompetenz auch die emotionale Intelligenz. Diese schließt neben sozialer Kompetenz noch die Aspekte Selbstreflexion, Selbstkontrolle, Empathie und Motivation ein (Vgl. Goleman, 2000, S. 65f.).

Zusammenfassend lässt sich festhalten, dass der für die Personalentwicklung maßgebliche Kompetenzkatalog interner Managementberatungen zahlreiche fachliche, methodische und soziale Kompetenzen beinhaltet. Den beiden Letztgenannten kommt dabei aufgrund der spezifischen Charakteristiken von Managementberatungen eine besondere Bedeutung zu.

---

[12] Das MECE-Prinzip ("Mutually exclusive, collectively exhaustive") fordert, dass die zu einem Thema getroffenen Aussagen dieses vollständig beschreiben, sich jedoch gegenseitig inhaltlich nicht überschneiden.

Abbildung 2.1   Exemplarische Darstellung von Inhouse Consulting Kompetenzen
                  (Auszug)

Kategorie	Kriterium
Persönlichkeit	Kreativität
	Initiative
	Auftreten/Seniorität
	Fähigkeit unter Zeitdruck zu arbeiten
	Konfliktmanagement
	Kommunikation
Weiterentwicklung von Inhouse Consulting	Inhouse Consulting-Teambuilding
	Inhouse Consulting Professional Standards
	Kundenmanagement
	Interne Entwicklung
Projektarbeit	Selbstorganisation
	Projektmanagement
	Problemlösung - numerische/analytische Fähigkeiten
	Problemlösung - konzeptionelle Fähigkeiten
	Ergebnisorientierung
	Consulting-Framework
	Allgemeines Bankwissen

2.3   Ist-Niveau

In regelmäßigen Evaluationsprozessen werden interne Berater anhand festgelegter Kriterien beurteilt.[13] Diese Einschätzung stützt sich typischerweise auf ein breites Spektrum an Feedbackgebern wie ehemalige Projektleiter, Projektmitarbeiter und Kunden. Existieren interne Projektgruppen, die sich mit der Weiterentwicklung der Inhouse Consultancy selbst beschäftigen[14], so fließt auch das Engagement des Mitarbeiters im Rahmen dieser Themen in die Beurteilung ein. Durch die Vielzahl unterschiedlicher Feedbackquellen erhält der Mitarbeiter regelmäßig eine differenzierte Rückmeldung zu

---

[13] Eine im Jahr 2008 unter den in der Initiative „dichter dran" organisierten deutschen Inhouse Consultancies durchgeführte interne Erhebung ergab, dass in 90% der Einheiten ein systematischer, in regelmäßigen Intervallen durchgeführter Mitarbeiterbeurteilungsprozess existiert. In mehr als der Hälfte der Einheiten wird zusätzlich nach jedem Projekt eine Beurteilung durchgeführt. In 70% der Einheiten werden Kundenfeedbacks mit berücksichtigt, in 25% ebenfalls Feedback von Kollegen, in 35% darüber hinaus Feedback von untergeordneten Mitarbeitern.

[14] Hierunter fallen interne Projektgruppen innerhalb einer Inhouse Consultancy, die sich bspw. mit Recruitment, Wissensmanagement oder Coaching beschäftigen. Die Arbeit in diesen Gruppen erfolgt i.d.R. neben den Beratungsprojekten.

seinen Leistungen. Diese Informationen ermöglichen ihm eine rasche Weiterentwicklung durch Arbeit an möglichen Schwächen.

Typischerweise sammelt und verdichtet der direkte Vorgesetzte die Rückmeldungen der Feedbackgeber und diskutiert sie in (halb-) jährlichen Intervallen mit dem Mitarbeiter, um Entwicklungsfelder zu definieren. Dem Gespräch kann eine Selbsteinschätzung des Mitarbeiters vorausgehen, um über den Abgleich zwischen Selbst- und Fremdwahrnehmung des Mitarbeiters zu einer besseren Einschätzung zu kommen.

Die Beurteilung des Ist-Niveaus der einzelnen Kompetenzen erfolgt in den meisten Inhouse Consultancies in Übereinstimmung mit gängiger Praxis über abgestufte Beurteilungsskalen mit Zahlen oder Buchstaben (z.B. A = übertrifft die Anforderungen, B = erfüllt die Anforderungen voll, etc.). Häufig wird dafür das grundsätzliche Format des Gesamtkonzerns übernommen.

2.4   Soll-Niveau

Um aus der Beurteilung der Kompetenzen der internen Berater Anhaltspunkte für die Personalentwicklung zu gewinnen, ist ein Abgleich des Ist-Profils mit einem Soll- oder Orientierungs-Profil erforderlich. Orientierungsprofile existieren üblicherweise für jede Karrierestufe[15] und definieren für jede Kompetenz eine entsprechende Mindestausprägung. Generell steigen die Mindestausprägungen analog zu den Karrierestufen, zusätzlich verschiebt sich das Gewicht der einzelnen Kompetenzfelder. Dies liegt an der Veränderung der Aufgaben des (internen) Managementberaters im Laufe seiner Entwicklung. Während am Beginn der Laufbahn vor allem die Analyse überschaubarer, fest definierter Fragen dominiert, nehmen bei weiteren Karriereschritten Umfang und Komplexität der Themen zu. Zusätzlich kommen mit der Zeit Projektleitungsfunktionen und ein systematisches Klientenmanagement zum Tätigkeitsspektrum hinzu – zunächst auf Teilprojekt-, später dann auf Projekt- oder Programmebene.

Kurz: Verändern sich im Laufe der Karriere die Aufgaben, braucht es auch andere Kompetenzen (und damit Orientierungsprofile). Tendenziell nimmt mit der Zeit die relative Bedeutung sozialer Kompetenzen zu.

Neben den Orientierungsprofilen, die sich aus den Anforderungen der Inhouse Consultancies speisen, werden auch die Ziele des einzelnen Mitarbeiters bei Personalentwicklungsmaßnahmen berücksichtigt. Möchte ein Mitarbeiter sich etwa verstärkt dem Thema Prozessmanagement widmen, so kann das für ihn relevante Profil modifiziert werden. Gerade für interne Managementberatungen hat die langfristige

---

[15] Karriere- oder Entwicklungsstufen sind bspw. „Junior Consultant", „Consultant", „Senior Consultant", „Project Manager", „Senior Project Manager", "Director".

Entwicklung der Mitarbeiter eine besondere Bedeutung, weil die Berater überwiegend in den Gesamtkonzern wechseln. Deshalb werden Personalentwicklungsmaßnahmen schon im Hinblick auf mittelfristig angestrebte weiterführende Linienpositionen gestaltet. Häufig sind daher Inhouse Consultancies auch ein „Talentpool" für zukünftige Führungskräfte des Gesamtunternehmens.

Abbildung 2.2   Exemplarische Darstellung von Inhouse Consulting Kompetenzprofilen (Auszug)

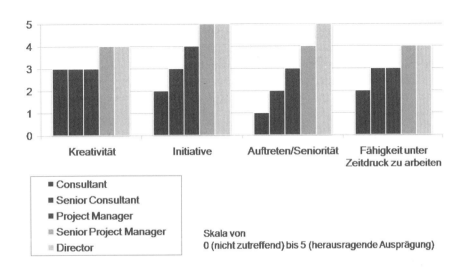

Erläuterung: Die verschiedenfarbigen Linien zeigen beispielhaft die Kompetenzprofile für die Karrierestufen im Inhouse Consulting. Die Skala reicht von 0 (nicht zutreffend) bis 5 (herausragende Ausprägung).

2.5   Maßnahmen

Sind über den Abgleich von Ist- und Orientierungsprofil sowie die Berücksichtigung der entsprechenden persönlichen Ziele des Mitarbeiters individuelle Entwicklungsziele definiert, braucht es geeignete Instrumente, um diese Ziele zu erreichen. Grundsätzlich lassen sich für Inhouse Consultancies folgende Kategorien von Personalentwicklungsmaßnahmen unterscheiden:

■ Into the job: Auf die berufliche Tätigkeit vorbereitende Maßnahmen

■ On the job: Direkt an die Ausübung der beruflichen Tätigkeit anknüpfende Maßnahmen

- Near the job: Nicht in direktem örtlichen Zusammenhang mit der Arbeit stehende Maßnahmen

- Off the job: Außerhalb des Arbeitsplatzes stattfindende Maßnahmen

- Along the job: Sich auf die Laufbahn in der Abteilung oder im Unternehmen beziehende Maßnahmen

Into the job: Von den zu dieser Kategorie zählenden Maßnahmen sind für Inhouse Consultancies vor allem Praktika, Mentoring- und Patenkonzepte sowie Einarbeitungsmaßnahmen relevant. Letztere werden von rund zwei Drittel der internen Beratungen genutzt[16] und umfassen i.d.R. spezielle Weiterbildungen für neue Mitarbeiter sowie umfangreiche Trainingsmaterialien. Inhalte sind etwa Grundlagen der Projektarbeit, Problemstrukturierung und -analyse oder Präsentationstechniken. Um den neuen Mitarbeitern die soziale Integration zu erleichtern, werden sie häufig von Paten oder Mentoren aus dem Kollegenkreis begleitet. Diese Paten stellen Kontakte zu anderen Kollegen her und haben ein offenes Ohr sowohl für projektbezogene als auch für allgemeine Fragen.

On the job: Gerade die Projektarbeit mit ihren herausfordernden Aufgaben in unterschiedlichen Geschäfts- und Infrastrukturbereichen sorgt für eine steile Lernkurve im Inhouse Consulting. Der häufige Wechsel innerhalb der Projektteams ermöglicht darüber hinaus den Wissenstransfer von zahlreichen Kollegen aus unterschiedlichen Berufen und Studienrichtungen. Die im Laufe der Entwicklung anspruchsvoller werdenden Aufgaben sowie die zunehmende Führungsverantwortung sorgen für andauernde Lernimpulse.

Near the job: Hier spielt Coaching eine große Rolle. Coaching meint eine individuelle, beratende Unterstützung durch einen Vorgesetzten oder erfahrenen Kollegen. Dieser kann vor allem beim Planen der Laufbahn oder beim Aufbau eines Netzwerks im Unternehmen helfen.

Off the job: Darunter fallen vor allem Trainingsveranstaltungen. Wie wichtig diese Maßnahmen für Inhouse Consultancies sind, zeigt sich daran, dass in neun von zehn internen Beratungen[17] ein Trainingskatalog existiert, der die Trainingsinhalte je Entwicklungsstufe definiert. Interne Managementberatungen investieren im Vergleich zum Gesamtunternehmen häufig wesentlich mehr Zeit in die Weiterbildung ihrer Mitarbeiter. Gerade in den Trainings können die Mitarbeiter ihre eigenen Weiterentwicklungsziele einfließen lassen und anerkannte Testate oder Abschlüsse auf Themengebieten erlangen, die sie besonders interessieren bzw. dem Unternehmensziel dienen (z.B. CFA, Six Sigma Black Belt).

---

[16] Quelle: Interne Erhebung der in der Initiative „dichter dran" organisierten deutschen Inhouse Consultancies aus dem Jahr 2008.

[17] Quelle: Interne Erhebung der in der Initiative „dichter dran" organisierten deutschen Inhouse Consultancies aus dem Jahr 2008.

Viele interne Managementberatungen bieten auch off-the-job-Maßnahmen wie Masterprogramme (z.B. MBA) oder die Möglichkeit zur Promotion. In rund 40 Prozent der Inhouse Consultancies können sich die Mitarbeiter dafür sogar in sogenannten Sabbaticals freistellen lassen.[18]

Abbildung 2.3   Beispiel Trainingscurriculum für Inhouse Consulting der Deutschen Bank (Auszug)

Trainingskategorie		Consultant		Senior Consultant		Project Manager	
		Jahr 1	Jahr 2	Jahr 1	Jahr 2	Jahr 1	Jahr 2
	Consulting		Prozess-management	Projekt-management	Effective Business Presentations Marketing	Consulting Leadership Reorgani-sation	Strate-gisches Management
	Interpersonal	Consulting Basics	Wirkungsvoll kommuni-zieren	Moderation	Führen ohne Vorgesetz-tenfunktion		Rhetorik & Dialektik Verhand-lungsführung
	Banking	2 bankspezifische web-based Trainings p.a., z.B. Introduction to Capital Markets, Understanding F&O, Commodities, FRAs, Credit Risk Management and Mitigation, Financial Statements, SOX, Treasury Management, Einführung in das ORM					
	Technical	MS Excel & VBA	MS Access				

Along the job: Besonders wichtig ist in Inhouse Consultancies die Laufbahnplanung, denn üblicherweise wechseln 70 bis 80 Prozent der Berater später in Linienfunktionen im Gesamtkonzern. Jede dritte interne Managementberatung offeriert ein systematisches Placement-Konzept.[19] Es orientiert sich an den Interessen und Fähigkeiten der Mitarbeiter und kann auch Projekteinsätze in bestimmten Abteilungen beinhalten.

3   Fazit

Inhouse Consultancies stellen ihren Klienten temporär ihre hoch qualifizierten Mitarbeiter zur Lösung von anspruchsvollen Aufgaben zur Verfügung. Die Berater sind damit das

---

[18] Quelle: Interne Erhebung der in der Initiative „dichter dran" organisierten deutschen Inhouse Consultancies aus dem Jahr 2008.

[19] Quelle: Interne Erhebung der in der Initiative „dichter dran" organisierten deutschen Inhouse Consultancies aus dem Jahr 2008.

wichtigste „Asset" einer internen Managementberatung. Deshalb sind Auswahl und Entwicklung der Berater für den Erfolg entscheidend.

Beim Recruitment stellen interne Managementberatungen vergleichbare Anforderungen an die Bewerber wie externe Beratungen. Letztere sind aufgrund ihres längeren Bestehens etablierte Arbeitgebermarken. Inhouse Consultancies werden jedoch zunehmend als interessante Alternativen wahrgenommen, da sie die Vorzüge von Unternehmensberatungen mit den attraktiven Rahmenbedingungen großer Konzerne verbinden.

Die Personalentwicklung fördert vor allem methodische und soziale Kompetenzen, weil diese für die Arbeit der Berater entscheidend sind. Neben Trainings ist der „Sprung ins kalte Wasser" bei neuen Projekten eine wesentliche Komponente der Entwicklung der Mitarbeiter. Die Berater lernen über die jeweils unterschiedliche Zusammensetzung der Teams, sie wachsen an den Herausforderungen, erhalten Feedback und bekommen einen Einblick in viele Geschäfts- und Funktionsbereiche.

Literatur

Bayer Business Services & European Business School (2009): Der Inhouse Consulting Markt in Deutschland, Bayer Business Services, Leverkusen, 2009.

Bühner, Rolf (1994): Personalmanagement, 1. Auflage, Verlag Moderne Industrie, Landsberg/Lech, 2994.

Goleman, Daniel (2000): Emotionale Intelligenz, 13. Auflage, Deutscher Taschenbuch Verlag, München, 2000.

Jung, Hans (2008): Personalwirtschaft, 8. Auflage, Oldenbourg, München, 2008.

Mudra, Peter (2004): Personalentwicklung, 1. Auflage, Vahlen, München, 2004.

Scherm, Ewald; Süß, Stefan (2003): Personalmanagement, 1. Auflage, Vahlen, München, 2003.

Scholz, Christian (2000), Personalmanagement, 5., neubearbeitete und erweiterte Auflage, Vahlen, München, 2000.

5

Nutzung integrierter Kommunikation zum Aufbau der Marke Bayer Business Consulting

Matthias Kämper, Verena Vogel

1   Zunehmende Bedeutung des Inhouse Consulting als Marke

Der Vormarsch des Inhouse-Consulting (IHC) ist in Wissenschaft und Praxis unbestritten. Etwa 70% der Dax 30 Unternehmen verfügen mittlerweile über ein IHC, also eine Organisationseinheit, in der konzerninterne Personen Beratungsdienstleistungen anderen Konzernbereichen anbieten (vgl. auch im Folgenden Teil 1 dieses Sammelbandes).

Die Gründe für dieses Phänomen sind vielfältig: Interne Beratungen wurden u.a. gegründet, um eine schnelle Eingreifgruppe mit hoher Akzeptanz im Mutterkonzern zur Verfügung zu haben und eine Plattform für den internen Management-Nachwuchs aufzubauen. Als ein weiterer Grund für die steigende Relevanz der IHCs kann die gegenwärtige Wirtschaftskrise und die damit einhergehende Notwendigkeit vieler Unternehmen zur Kostenreduktion gegenüber externen Beratungen genannt werden. Beispielsweise vergibt Siemens gemäß Vorstandsanordnung keine Aufträge mehr an externe Beratungen (vgl. Klesse, 2009). Bei Bayer sind externe Berater zwar weiterhin anzutreffen, aber auch hier expandiert das Geschäftsfeld des IHCs. Momentan sind mehr als 80 Personen an den drei Standorten Leverkusen, Shanghai und Pittsburgh beschäftigt. Ein zusätzliches Büro wird im Herbst in den USA eröffnet, weltweit sind weitere Neueinstellungen für das laufende Jahr geplant.

Vor diesem Hintergrund gewinnt die Frage immer mehr an Bedeutung, wie sich einerseits IHCs voneinander und andererseits von den externen Beratungen differenzieren können (vgl. zur Abgrenzung von in- und externen Beratungen Wurps/ Crispino, 2001). Dies ist notwendig, da bei der Vergabe von Projektaufträgen IHCs mit externen Beratungen konkurrieren, im Recruiting guter Mitarbeiter hingegen sowohl im Wettbewerb mit externen Beratungen als auch mit anderen IHCs stehen. Die Lösung des Differenzierungsproblems ist einfach: die Markierung des Angebots kann helfen.

Insbesondere für Dienstleistungen, die durch ein hohes Maß an Intangibilität charakterisiert sind (vgl. auch im Folgenden Stauss/Bruhn, 2008), ist es aus verschiedenen Gründen essenziell, eine starke Marke zu etablieren. Da der Anteil von Eigenschaften, die ein Kunde vor dem Kauf der Dienstleistung überprüfen kann, gering ist, empfindet er tendenziell ein höheres subjektives Kaufrisiko (vgl. Zeithaml, 1981). Um dieses zu reduzieren, suchen Dienstleistungskunden bei ihrer Kaufentscheidung nach anderen Beurteilungskriterien und orientieren sich ersatzweise an Schlüsselinformationen wie der Marke. Eine starke Marke dient dem Kunden als Indikator für die zu erwartende Qualität der Leistung und reduziert das wahrgenommene Risiko. Ferner sind Dienstleistungen leicht imitierbar. Auf Grund der Nichtgreifbarkeit sind sie kaum vor Nachahmung zu schützen und können leicht kopiert werden. In dieser Situation kann die Marke zur Differenzierung des Angebots beitragen. Zudem sind Dienstleistungen vergänglich, woraus ein schnelles Vergessen des Markeneindrucks resultiert. Mit einer Dienstleistung sind i.d.R. weniger Markenkontakte als bei mehrfach genutzten Konsumgütern verbunden, so dass die Gefahr eines vorzeitigen Verblassens des Markeneindrucks besteht. Durch entsprechende Maßnahmen der Markenpolitik lässt sich die Kontakthäufigkeit erhöhen und damit dieses Risiko reduzieren. Insgesamt kann man daher zu dem Schluss kommen: „the brand is even more important for services than for goods" (McDonald/de Chernatony/Harris, 2001, S. 342).

Der Aufbau der Marke Bayer Business Consulting gestaltet sich jedoch als äußerst komplex, u.a. auf Grund der Holding-Struktur der Bayer AG. Bayer Business Consulting ist ein Geschäftsfeld innerhalb der Servicegesellschaft Bayer Business Services (BBS), welche wiederum Teil der Bayer AG ist. Daher besteht die Schwierigkeit beim Markenaufbau von Bayer Business Consulting darin, konform zu dem ihr gegebenen Rahmen seitens BBS und Bayer aufzutreten und dabei gleichzeitig in diesem Rahmen den Entfaltungsspielraum zur Differenzierung zu nutzen. Abstimmungsrunden sind essenziell, um Widersprüche in der Markenpositionierung der drei interdependenten Marken zu vermeiden.

Den zentralen Instrumentalbereich zur Unterstützung des Aufbaus der Marke bildet die Kommunikationspolitik (vgl. Baumgarth, 2001; Rossiter/Percy, 2001). Sie dient letztendlich dazu, Gedächtnisstrukturen für Marken aufzubauen, die präferenzbildend wirken (vgl. Esch 2001). Auf Grund des Information Overload ist eine geeignete in- sowie externe Kommunikation heute wichtiger denn je. In Zeiten, in denen eigentlicher Produkt-/ Dienstleistungsnutzen den Unternehmen häufig keine ausreichende Abgrenzung von der Konkurrenz bieten, stellt die Kommunikationspolitik eine viel versprechende Möglichkeit dar, verstärkt Erlebnisnutzen und spezifische Zielgruppenansprache zu offerieren. Da einzelne Personen verschiedenen Anspruchsgruppen der Marke angehören und jeweils durch unterschiedliche Kommunikationsmittel angesprochen werden, ist eine stringente und abgestimmte Planung der eingesetzten Kommunikationsmittel notwendig.

Wie integrierte Kommunikation zum Markenaufbau bei Bayer Business Consulting eingesetzt wird, ist Gegenstand der nächsten Kapitel. Aufbauend auf den Grundlagen zur Marke und zur integrierten Kommunikation (Kapitel 2) wird in Kapitel 3 die Kommunikationsbotschaft basierend auf der Vision von Bayer Business Consulting herausgestellt. Ferner wird dargelegt, welche Kundengruppen beim Markenaufbau von Bayer Business Consulting mit welchen Kommunikationszielen angesprochen werden. Schließlich werden die eingesetzten Kommunikationsinstrumente skizziert und miteinander verglichen.

2   Begriffliche Grundlagen

2.1   Relevanz und Begriff der Marke

Der Erfolgsfaktor „Marke" ist heute in aller Munde. Dies verwundert nicht, da häufig nur die Marke den Produkten oder Dienstleistungen Bedeutsamkeit verleiht: „We desperately want meaning, things cannot supply it, and so we install it. That is why branding works" (Twitchell, 2004, S. 487). Vor allem in gesättigten und homogenen Märkten, wie sie in Deutschland vorzufinden sind, können Marken zur Differenzierung beitragen sowie die vorherrschenden Absatzkrisen überwinden helfen. Marken können einen „ideellen Nutzen" stiften, der den rein funktionalen Nutzen nebensächlich erscheinen lässt, wie der Blind-Test mit Coca-Cola und Pepsi aus dem Jahr 1992 anschaulich verdeutlicht (vgl. Chernatony/McDonald, 2003). Neben diesem ideellen bzw. symbolischen Nutzen kann eine Marke eine Orientierungs- und Informationsfunktion übernehmen, wodurch Such- und Informationskosten verringert sowie Kaufentscheidungen erleichtert werden (vgl. Burmann et al. 2005). Letzteres liegt u. a. auch daran, dass auf Grund der Bekanntheit und der mit ihnen assoziierten Kompetenzen „Marken als Quelle von Vertrauen" (Ahlert, 2005, S. 51) gelten.

Durch Marken ergeben sich auch finanzielle Vorteile für die Markeneigentümer: neben der Schaffung preispolitischer Spielräume verhelfen Marken zu Volumeneffekten und Wachstumspotenzialen, die sich letztlich auch in Unternehmenswert- und Renditesteigerungen widerspiegeln können. Beispielsweise belegen Harter et al. (2005), dass die Eigenkapitalrendite starker Marken mit 19% mehr als doppelt so hoch wie bei schwachen Marken ist.

Seit Beginn der systematischen Auseinandersetzung mit dem Management von Marken zu Beginn des letzten Jahrhunderts besteht Unklarheit über das Verständnis des zu Grunde liegenden Terminus (vgl. Baumgarth, 2001). Auch heute noch wird der Begriff Marke sowohl in der Wissenschaft als auch der Praxis je nach Verständnis und Verwendungssituation unterschiedlich definiert. Ein interdisziplinärer Ansatz, der auf Erkenntnissen der Psychologie, der Soziologie, der Kommunikationswissenschaften, der Pädagogik, der Theologie sowie der Medizin beruht, hat jedoch in jüngster Zeit ein tief greifendes Markenverständnis erarbeitet. Diesem Markenverständnis folgend, werden Marken als „kollektive Deutungsmuster, die Menschen als Orientierungshilfen zur Bewältigung von Entscheidungskonflikten nutzen" (Ahlert, 2004, S. 14) verstanden. Die Definition impliziert Folgendes (vgl. Abbildung 2.1):

Abbildung 2.1   Marken-Mind Map (Ahlert 2005, S. 216)

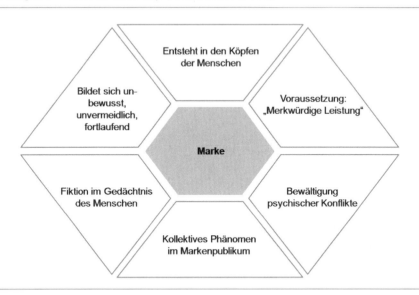

1. Marken entstehen in den Köpfen/der Psyche der Menschen, und nicht bei den Markeneigentümern oder Kommunikationsagenturen. Eine Marke kann demnach nicht „gemacht", sondern lediglich beeinflusst werden.

2. Voraussetzung für die Markenbildung ist ein innovatives, „merkwürdiges" Leistungsbündel. Nur so ist eine Differenzierung möglich, nur so kann eine Marke ihren Nutzen für den Nachfrager entfalten.

3. Als des „Merkens würdig" wird eine Leistung insbesondere dann empfunden, wenn sie ein Problem, z. B. in der Form bedrängender psychischer Konflikte, löst.

4. Die Markenbildung ist ein kollektives, gesellschaftliches Phänomen. Das Markenpublikum besteht dabei aus Personen verschiedener Märkte wie dem Kapitalmarkt, dem Absatzmarkt, dem Personalmarkt, dem Beschaffungsmarkt, dem Absatzmittler-/Partnermarkt sowie der Öffentlichkeit. Die Markenbildung erfolgt vernetzt zwischen all diesen Anspruchsgruppen.

5. Marken stellen Fiktionen im Gedächtnis der Anspruchsperson dar. Im Laufe der Zeit entkoppeln sie sich von dem konkreten Produkt oder dem Unternehmen und können selbst dann weiter bestehen, wenn die ursprüngliche, mit ihr verbundene Leistung aufgegeben wurde.

6. Somit bilden sich Marken fortlaufend, unbewusst und unvermeidlich. Sie sind vielfältigen Einflüssen ausgesetzt, die ein markenorientiertes Management übergreifend über die Ressorts, Märkte, Wertschöpfungsstufen und

Managergenerationen so koordinieren muss, dass die markenpolitischen Ziele bestmöglich erreicht werden.

2.2   Definition der integrierten Kommunikation

Eine Marke kann niemals ohne Kommunikation aufgebaut werden, allerdings ist in diesem Kontext nur eine integrierte Kommunikation von Erfolg gekrönt. Unter integrierter Kommunikation versteht man die „bewusste und abgestimmte Gestaltung der auf die Unternehmensumwelt gerichteten Informationen einer Unternehmung zum Zweck der Meinungs- und Verhaltenssteuerung" (Meffert, 2000, S. 684). Hieraus lässt sich ableiten, dass Kommunikation kein Selbstzweck ist, sondern immer den Zielen der Unternehmung dienen muss. Durch integrierte Kommunikation sollen Synergieeffekte erzeugt und die Effizienz des Marken-Investments verbessert werden. So soll verhindert werden, dass unerwünschte Überschneidungen bei unterschiedlichen Kommunikationsmitteln und nicht abgestimmte, konträre Wirkungen der eingesetzten Kommunikationsinstrumente entstehen. Daher ist es notwendig, aus der differenzierten internen und externen Kommunikation eine Einheit zu formen, um ein konsistentes Erscheinungsbild des Unternehmens zu vermitteln. D.h., es ist essenziell, die gesamten intern und extern gerichteten Kommunikationsaktivitäten formal, inhaltlich und zeitlich zu integrieren (vgl. Tabelle 1.1, Bruhn, 1995, vgl. auch im Folgenden Esch et al., 2006).

Tabelle 1.1   Formen der integrierten Kommunikation (in Anlehnung an
Bruhn/Dahlhoff 1993, S. 5)

Formen	Gegenstand	Ziele	Mittel
Formale Integration	Einhaltung formaler Gestaltungsprinzipien	Präsenz, Prägnanz, Klarheit	Einheitliche Zeichen/ Logos, Slogans nach Schrifttyp, Größe und Farbe
Inhaltliche Integration	Thematische Abstimmung durch Verbindungslinien	Konsistenz, Eigenständigkeit, Kongruenz	Einheitliche Slogans, Botschaften, Argumente, Bilder
Zeitliche Integration	Abstimmung innerhalb und zwischen Planungsperioden	Konsistenz, Kontinuität	Ereignisplanung („Timing")

Die **formale Integration** umfasst die Abstimmung sämtlicher Kommunikationsmittel durch Verwendung einheitlicher Gestaltungsprinzipien. Zu diesen formalen

Gestaltungselementen, die unter den Richtlinien des Corporate Designs festgelegt worden sind, zählen Farben, Schriftformen und -arten, Markenzeichen oder Präsenzsignale (z.B. Bayerkreuz von Bayer, Apfel von Apple). Bayer fokussiert sich in der Innen- und Außendarstellung auf die Farben Blau und Grün. Die Logos der Teilkonzerne und Servicegesellschaften nehmen das Bayerkreuz in ihren Logos auf und nutzen jeweils die gleiche Schriftart (vgl. Abbildung 2.2). Als weitere Beispiele sind hier auch die Markenauftritte von der Deutschen Telekom und der Deutsche Post DHL zu nennen. Die Deutsche Telekom verwendet konsequent in der Unternehmenskommunikation und in der Bezeichnung der Dienstleistungen das Konzernzeichen „T" sowie die Konzernfarben Magenta, Weiß und Grau. Die Deutsche Post DHL beschränkt sich auf die Farbe Gelb als Wiedererkennungssignal. Formale Mittel der Integration dienen primär dem Aufbau und der Stärkung der Markenbekanntheit, wohingegen inhaltliche Maßnahmen vor allem als Gestaltungsmittel des Markenimages dienen.

Durch Aufgreifen immer gleicher Kernbotschaften und Bildinhalte lässt sich zusätzlich zur formalen Integration eine **inhaltliche Integration** der Kommunikation erreichen. Sprachliche Integrationsklammern wie Slogans und identische Schlüsselbilder, die als visueller Kern der Kommunikationsbotschaft dienen, entfalten eine starke Integrationswirkung und fördern die notwendigen Lernprozesse zur Wiedererkennung einer Unternehmensmarke. Als Beispiel für die sprachliche Integration wird hier „Science for a better life" von Bayer angeführt (vgl. Abbildung 2.2). Dieser Slogan wird konzernweit genutzt und drückt das Unternehmensleitbild prägnant aus. Als Erfinder-Unternehmen setzt Bayer Zeichen in forschungsintensiven Bereichen. Mit den Produkten und Dienstleistungen in den Bereichen Gesundheit, Ernährung und hochwertige Materialien möchte Bayer den Menschen nützen und zur Verbesserung der Lebensqualität beitragen. Gleichzeitig sollen Werte geschaffen werden durch Innovation, Wachstum und eine hohe Ertragskraft. Weitere Beispiele für Slogans als wichtige sprachliche Integrationsklammer sind die von BMW („Freude am Fahren") und Media Markt („Ich bin doch nicht blöd"). Als Beispiel für ein prägnantes Schlüsselbild gelten die Volks- und Raiffeisenbanken-Kampagnen des freien Wegs („Wir machen den Weg frei").

Abbildung 2.2   Formale und inhaltliche Integration am Beispiel der Bayer AG

Formale Integration

 Bayer

 Bayer HealthCare   Bayer CropScience

 Bayer MaterialScience   Bayer Business Services

 Bayer Technology Services

Inhaltliche Integration

Science For A Better Life

Bei der **zeitlichen Integration** wird auf den koordinierten Einsatz der Kommunikationsetats innerhalb der verschiedenen Planungsperioden abgestellt. Eine zeitliche Kontinuität und Konsistenz, also das richtige „Timing" der Kommunikation ist sicherzustellen. Nur durch ständige Wiederholungen können die Vorstellungsbilder der Zielgruppe zu einer Marke aufgebaut werden.

Um die integrierte Kommunikation für den Markenaufbau zu nutzen, müssen verschiedene Schritte durchlaufen werden (vgl. Abbildung 2.3). Die Leitfrage hierbei lautet: Wer sagt was zu wem mit welchen Zielen mit Hilfe welcher Kommunikationsinstrumente und mit welchem Erfolg?

Der Kommunikationssender, in diesem Fall Bayer Business Consulting, hat in einem ersten Schritt zu definieren, welche Kommunikationsbotschaft vermittelt werden soll. Diese beruht auf der zu definierenden Markenidentität, welche durch die Markenpositionierung auf die wichtigsten Markeninhalte reduziert wird. Die zu kommunizierende Botschaft sollte im Kern konsistent sein, kann jedoch je nach Zielgruppe und Kommunikationszielen einen leicht anderen Fokus erhalten. Im nächsten Schritt müssen basierend auf den Marketingzielen die Kommunikationsziele und die anzusprechenden Zielgruppen festgelegt werden. Wichtig ist, dass die Ziele messbar sowie nach Inhalt, Ausmaß, Segment und Zeitbezug operationalisiert sind.

Abbildung 2.3   Kommunikationsprozess

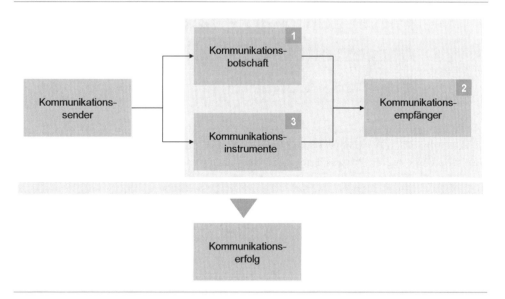

Nachdem die Zielgruppen und Ziele der Kommunikation festgelegt wurden, erfolgt die Auswahl der Kommunikationsinstrumente. Hier können verschiedene Mittel differenziert werden wie z.B. „klassische" Werbung, Verkaufsförderung, Public Relations, Direkt-Kommunikation, Sponsoring und Veranstaltungen. Um einen integrierten Einsatz der gewählten Kommunikationsinstrumente zu gewährleisten, der formalen, inhaltlichen und zeitlichen Ansprüchen gerecht wird, müssen Abstimmungsmechanismen definiert werden. In einem letzten Schritt sollte der Erfolg der Aktivitäten gemessen werden. An Hand eines Soll-Ist Vergleichs kann gezeigt werden, ob die Aktivität erfolgreich war. Beispielsweise prüft Bayer Business Consulting die Akzeptanz der Internetseiten durch detaillierte Berichte über die Anzahl der Benutzer, Verweildauer etc. Bei Hochschulveranstaltungen gibt die Quantität und Qualität der geführten Gespräche Auskunft über den Erfolg der Aktivität. Das Geschäftsfeld wertet auch die Anzahl der Bewerbungen aus. Letztendlich sollten all diesen Ergebnissen die Kosten der Aktivitäten gegenübergestellt werden, um unter Effizienzgesichtspunkten ggf. zukünftige Verbesserungspotenziale abzuleiten.

3   Integrierte Kommunikation als Mittel zum Markenaufbau - dargestellt am Beispiel von Bayer Business Consulting

Im Folgenden wird der Ansatz der integrierten Kommunikation zum Zweck des Markenaufbaus am Beispiel von Bayer Business Consulting dargestellt. Dafür wird dem in Kapital 2 vorgestellten Prozess gefolgt, bei dem nach der Festlegung der Botschaft (wofür steht die Marke, was soll kommuniziert werden?) die Kommunikationsziele und -zielgruppen (wer soll angesprochen werden, welche Ziele werden dabei verfolgt?) definiert werden, um schließlich die genutzten Kommunikationsinstrumente (mit welchen Instrumenten soll die Botschaft gesendet werden?) vorzustellen.

3.1   Festlegung der Kommunikationsbotschaft

Um eine starke Marke aufzubauen, müssen zuerst die dominierenden und differenzierenden Eigenschaften sowie der strategische Markenkern (zentrales Nutzenversprechen) identifiziert werden (vgl. Meffert 2000). Die Marke Bayer Business Consulting lebt in diesem Kontext durch die für sie definierten Werte und Vision. Allerdings stehen diese nicht losgelöst von anderen Bayer Werten, sondern basieren auf den für sämtliche Mitarbeiter in den Bayer Teilkonzernen und Servicegesellschaften geltenden gemeinsamen Werten. Diese sind als Basis für das tägliche Handeln sowie die Unternehmenskultur unverzichtbar. Die Bayer Werte und Prinzipien bilden somit einen Raum zur Entfaltung, in dem sich die BBS und daraus resultierend Bayer Business Consulting bewegt. Das Geschäftsfeld muss die Vision und damit einhergehend die Kommunikationsbotschaft konform zu dem ihr gegebenen Rahmen seitens Bayer und BBS gestalten.

Bayer hat fünf **Werte** als Orientierungsrahmen für das tägliche Handeln definiert (vgl. auch im Folgenden Bayer AG (o. J.)): Neben dem Willen zum Erfolg soll ein engagierter Einsatz für Aktionäre, Geschäftspartner, Mitarbeiter und die Gesellschaft erfolgen. Ferner wird Wert auf Integrität, Offenheit und Ehrlichkeit sowie Respekt gegenüber Mensch und Natur gelegt. Auch die Nachhaltigkeit des Handelns wird betont.

Bei der Konzentration auf diese fünf Werte (vgl. Abbildung 3.1) geht es nicht darum, die Vielfalt der Werte in Gesellschaft, Kultur und Religion auszublenden. Die Bayer Werte stellen vielmehr für den Konzern global geltende Eckpfeiler dar, an denen die Mitarbeiter ihr Verhalten ausrichten sollen. Mitarbeiter sollen sich aktiv zu den Werten bekennen, sie zu einem Maßstab für das eigene Handeln machen, das eigene Verhalten immer wieder überprüfen und ggf. anpassen. Dem Verhalten der Führungskräfte – im Tagesgeschäft im Einklang mit den Werten zu handeln – kommt dabei besondere Bedeutung zu, da von ihnen die stärksten Signale ausgehen

Abbildung 3.1   Übersicht der Bayer Werte und Führungsprinzipien

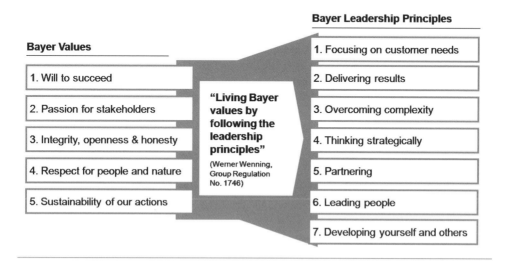

Die Bayer Werte sind nicht einmalig, sondern es finden sich vergleichbare Werte bei verschiedenen Konzernen wieder, wie z.B. die Kundenfokussierung. Unterschiede zwischen Unternehmen existieren jedoch beispielsweise in Fragen der ethischen und sozialen Verantwortung, im Bekenntnis zum Umweltschutz oder der Mitarbeiterentwicklung. Das Ziel sollte es aber vor allem sein, sich von anderen Unternehmen dadurch zu differenzieren, dass die Werte in der täglichen Praxis tatsächlich gelebt werden und danach gehandelt wird. Hierfür sind die Führungsprinzipien konzipiert worden. Der Vorstandsvorsitzende der Bayer AG beschreibt sie wie folgt: „Gesteckte Ziele zu erreichen ist und bleibt unsere tägliche Aufgabe. Wie wir diese Ziele im Einklang mit unseren Werten verfolgen, ist der Kerninhalt der Führungsprinzipien." (Werner Wenning zitiert in Bayer AG (o. J.).

Die **Führungsprinzipien**, welche die Management-Erwartungen ausdrücken, geben Orientierung für die Führung des Geschäfts und für die Zusammenarbeit der Mitarbeiter. Sie sind im Performance Management Prozess verankert und spielen damit für jeden Mitarbeiter bei Bayer eine entscheidende Rolle. Gemäß den sieben Führungsprinzipien, welche den Rahmen für das Talent-Management im Bayer Konzern bilden, sollen Kundenbedürfnisse vorangestellt, Ergebnisse geliefert und Komplexität bewältigt werden. Zudem wird Wert auf strategisches Denken und gelebte Partnerschaft gelegt. Mitarbeiter sollen geführt werden, gleichzeitig soll man sich und andere entwickeln.

Basierend auf den Bayer Werten und Führungsprinzipien hat Bayer Business Consulting die eigene **Vision** entwickelt, primärer Ansprechpartner innerhalb des Bayer-Konzerns im Themenfeld Management Consulting zu sein. Diese Vision, welche die Basis für das Denken und Handeln der Mitarbeiter darstellt wird von drei Säulen getragen, nämlich den **Kunden**, **Mitarbeitern** und **Inhalten** (vgl. Moscho et al. in diesem Buch, Abbildung 3.2). Erstens sollen von Bayer Business Consulting durchgeführte Projekte gewährleisten, dass durch sie nachhaltig ein Wert für die Kunden generiert wird. D.h., die Wettbewerbsfähigkeit des Kunden soll gestärkt werden. Zweitens sollen die Mitarbeiter von Bayer Business Consulting hoch qualifiziert sein, um die täglichen Herausforderungen im Beratungsgeschäft zu meistern. Die zukünftige Übernahme von Schlüsselpositionen bei Bayer stellt das Ziel ihrer Entwicklung dar. Bayer Business Consulting positioniert sich somit als Karrieresprungbrett innerhalb des Bayer Konzerns, als Plattform für den internen Management-Nachwuchs. Drittens besteht der inhaltliche Anspruch des Geschäftsfelds darin, relevantes Wissen entlang der gesamten Wertschöpfungskette zu identifizieren, zu entwickeln und schließlich innerhalb von Bayer zu transferieren.

Damit Mitarbeiter in der täglichen Arbeit mit Kunden und Inhalten die Vision umsetzen, sind Bayer Business Consulting auch die Eigenschaften Vertrauen und Commitment sehr wichtig. Nur wer anderen vertraut und sich gleichzeitig selbst stark mit dem Geschäftsfeld verbunden fühlt, kann Spaß an der Arbeit haben sowie diese erfolgreich bewältigen. Wie wesentlich diese Eigenschaften sind, betonte bereits Bill Gates: "It is important to have someone, who you totally trust, who is totally committed, who shares your vision, and yet who has a little bit different set of skills and who also acts as something of a check to you. … The benefit of sparking off somebody who's got that kind of brilliance is, that it not only makes business more fun, but it really leads to a lot of success" (Schlender et al., 1998).

Notwendige Bedingung für einen erfolgreichen Markenaufbau ist die Definition der Markenidentität und -positionierung. Ob die Marke tatsächlich auch in der gewünschten Weise wahrgenommen wird, hängt entscheidend von der Zielgruppenansprache ab. Mit dieser können unterschiedliche Ziele verfolgt werden, die es in der Kommunikation zu berücksichtigen gilt.

3.2   Definition der Kommunikationsempfänger und -ziele

Die Markenbildung ist ein kollektives, gesellschaftliches Phänomen (vgl. Ahlert, 2005). In der Regel besteht das Markenpublikum aus Personen verschiedener Märkte wie beispielsweise dem Kapitalmarkt, dem Absatzmarkt, dem Personalmarkt, dem Beschaffungsmarkt, dem Absatzmittler-/Partnermarkt sowie der Öffentlichkeit. Die Markenbildung erfolgt vernetzt zwischen all diesen Anspruchsgruppen. Einschränkungen ergeben sich jedoch für die Markenbildung eines Geschäftsfelds wie Bayer Business Consulting. Hier spielen Anspruchsgruppen wie die Öffentlichkeit, der Kapital-, der Absatz(mittler)- und der Beschaffungsmarkt keine große Rolle. Bedeutender sind jedoch der Personal- und Partnermarkt (vgl. Abbildung 3.2). Letzterer besteht in diesem Kontext aus Bayer-internen Projektpartnern.

Bezüglich des **Personalmarktes** kann zwischen in- und externen Zielgruppen des Markenaufbaus differenziert werden. Im Fokus stehen sowohl gegenwärtige Mitarbeiter des Geschäftsfelds als auch potenzielle Bewerber der Zukunft wie Praktikanten, Hochschulabsolventen und Berufstätige mit Interesse an einer neuen Perspektive bei Bayer Business Consulting. Vor diesem Hintergrund hat sich auch im deutschsprachigen Raum der Begriff des "Employer Branding" etabliert, der 1996 von Ambler und Barrow eingeführt wurde. Beim Employer Branding wird der Begriff der Marke auf das Unternehmen als Arbeitgeber bezogen, kann jedoch auch enger gefasst werden und sich beispielsweise auf ein Geschäftsfeld der Unternehmung beziehen.

Bayer Business Consulting ist es sehr wichtig, eine attraktive „Arbeitgebermarke" mit hoher Anziehungs- sowie Bindungskraft aufzubauen und zu pflegen. Wie Alexander Moscho, Leiter des Geschäftsfelds, betont, ist es das Ziel „...durch Employer Branding Mitarbeiter und Bewerber für uns zu gewinnen und auch zu halten. In einer Zeit zunehmenden Wettbewerbs um Talente wird ein gutes Employer Branding zu einem klaren Wettbewerbsvorteil. Gerade als Dienstleister leben wir von den Beiträgen unserer Mitarbeiter. Nur so können wir unseren Kunden konstant sehr gute Leistungen mit einer hohen Qualität bieten" (vgl. Moscho, 2008).

Das Ziel des Markenaufbaus bei der **internen Gruppe** des Personalmarktes besteht darin, die Identifikation, Bindung und Motivation von bereits im Unternehmen beschäftigten Mitarbeitern zu erhöhen. Vorhandene Mitarbeiterpotenziale sollen aktiviert, entwickelt und gebunden werden. Jeder aktuelle Mitarbeiter soll die Vision, Werte und Führungsprinzipien verinnerlichen und danach täglich handeln. Nur auf diese Weise wird er ein Markenbotschafter oder Multiplikator von Bayer Business Consulting, der starken Einfluss auf die Wahrnehmung der Kunden ausübt. Da ca. 80% der Markenwahrnehmung des Kunden durch das Verhalten der Mitarbeiter geprägt wird (vgl. Kernstock/Brexendorf 2006), besteht die Notwendigkeit zur Verankerung der Markenidentität im Verhalten der Mitarbeiter. Sind Mitarbeiter beispielsweise hoch motiviert und zufrieden, so hat das direkten Einfluss auf die Kundenzufriedenheit. Zusammenfassend wird die hohe Bedeutung der gegenwärtigen Mitarbeiter für den Markenaufbau durch Chernatony (2001, S. 71) deutlich, der sagt: "Brands (...) start their lives through the work of employees."

Als **externe Zielgruppe** des Personalmarktes wurden potenzielle Bewerber wie Praktikanten, Hochschulabsolventen und Berufstätige mit Interesse an einer neuen Perspektive bei Bayer Business Consulting identifiziert. Extern bedeutet in diesem Fall nicht, dass die Bewerber nicht auch unter aktuellen Bayer Mitarbeitern zu finden sind. Sie können sowohl von anderen Positionen des Bayer Konzerns als auch von fremden Unternehmen oder Universitäten kommen. Der Markenaufbau bei dieser Gruppe erfolgt hier insbesondere aus Recruiting-Gesichtspunkten. Konkret bedeutet dies, dass Bayer Business Consulting einerseits das Ziel beim Markenaufbau verfolgt, das Geschäftsfeld als Arbeitgeber bekannter zu machen. Nur wenn potenzielle Bewerber wissen, welche

Möglichkeiten, Bayer Business Consulting bietet, können sie diese in ihre Entscheidungsfindung einbeziehen. Andererseits erlaubt eine starke Marke die prägnante Formulierung und Übermittlung einer „Unique Selling Proposition". Diese kann die Attraktivität des Bereichs für die entsprechenden Zielgruppen erhöhen, da durch die Formulierung dieser griffigen Botschaften die Besonderheit und Einzigartigkeit als Arbeitgeber unterstrichen und in den Köpfen der Adressaten verankert wird (Gmür et al., 2002, S. 16). Durch den Aufbau von Bekanntheit und eines positiven Arbeitgeberimages kann somit der Anteil passgenauer Bewerbungen gesteigert werden. Im „War for talents" (Michaels et al., 2001) konkurriert Bayer Business Consulting dabei nicht nur mit anderen IHCs, sondern auch mit externen Beratungen oder andere Konzernen aus der Pharma- und Chemiebranche. D.h., in Abhängigkeit der Anspruchsgruppen variiert das Wettbewerbsumfeld der Marke.

Abbildung 3.2   Ziele des Markenaufbaus

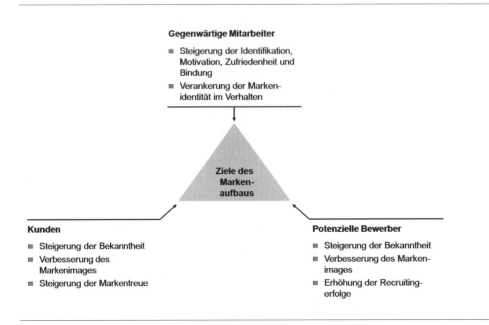

Als dritte Zielgruppe wurde der **Partnermarkt**, bestehend aus gegenwärtigen oder zukünftigen Bayer-internen Kunden, definiert. Mit dem Markenaufbau wird hier wiederum das Ziel der Bekanntheit verfolgt. Es ist notwendig, dass Entscheidungsträger aus den Teilkonzernen und Servicegesellschaften, welche bisher noch nicht mit Bayer Business Consulting in Berührung gekommen sind, wissen, welche Art von Projekten angeboten wird. Nur so kann das Geschäftsfeld gegen andere Beratungen bei der Projektauftragsvergabe konkurrieren. Zudem sollen potenzielle Neukunden ein positives Image der Marke bekommen. Bei aktuellen Kunden geht es vor allem darum, neben Reputation die Markentreue zu erhöhen.

Die adäquate Ansprache dieser heterogenen Zielgruppen kann sich durchaus problematisch darstellen und erfordert daher ein hohes Maß an strategischem Geschick. Wichtig für den Erfolg des Markenaufbaus ist, dass die Marke frei von Widersprüchen ist (gleiche Botschaft an alle Anspruchsgruppen) und dass die durch sie transportierten Aussagen der Realität im Unternehmen entsprechen (Übereinstimmung von Botschaft und Identität) (vgl. Palazzo, 2003). Ferner sollte sich die Kommunikation der Markenbotschaft an den Zielen der wesentlichen Anspruchsgruppen orientieren. Um diese bestmöglich anzusprechen, setzt Bayer Business Consulting unterschiedliche Kommunikationsinstrumente ein.

3.3   Auswahl der Kommunikationsinstrumente

Um die Marke Bayer Business Consulting bekannt zu machen und ein positives Markenimage bei den oben beschriebenen Zielgruppen zu erlangen, nutzt das Geschäftsfeld eine Vielzahl von Kommunikationsinstrumenten, welche sich drei Kategorien zuordnen lassen (vgl. **Abbildung 3.3**):

- Printbasierte Instrumente

- Webbasierte Instrumente und

- Veranstaltungen.

Im Folgenden werden diese drei Kategorien an Hand einiger Beispiele vorgestellt und anschließend exemplarisch einer zusammenfassenden Bewertung unterzogen. Die in diesem Kapitel skizzierten Instrumente müssen untereinander abgestimmt sowie inhaltlich, formal und zeitlich integriert werden. Es muss sichergestellt werden, dass über alle Anspruchsgruppen und Instrumente hinweg ein konsistentes Markenbild vermittelt wird. Denn nur so kann eine erfolgreiche Marke mit einem klaren und prägnanten Image aufgebaut werden.

Abbildung 3.3   Übersicht der Kommunikationsinstrumente

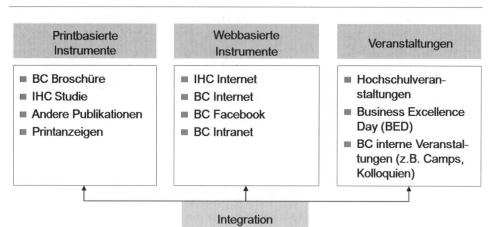

3.3.1   Printbasierte Instrumente

Im Rahmen dieses Kapitels werden verschiedene von Bayer Business Consulting genutzte Instrumente aufgezeigt, nämlich die Broschüre, die IHC Studie, Publikationen im Allgemeinen und schließlich Anzeigen.

Die Basis der Printmedien stellt die **Broschüre** von Bayer Business Consulting dar, mit der schwerpunktmäßig interne Mitarbeiter angesprochen werden (vgl. Abbildung 3.4). Beispielsweise wird die Broschüre beim Business Excellence Day verteilt. Mit der Broschüre wird das Ziel verfolgt, Bayer Business Consulting interessierten Personen einen guten Eindruck über die Organisation, Schwerpunkte und Projekte zu geben. Neben der Weitergabe des Leistungsspektrums werden Imagesteigerungseffekte für das Geschäftsfeld angestrebt.

Abbildung 3.4   Bayer Business Consulting Broschüre

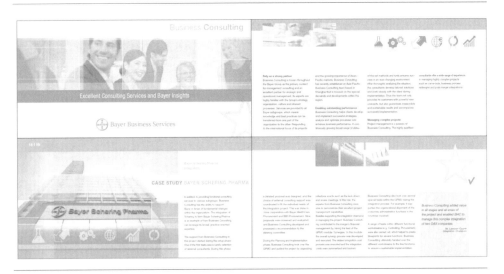

Eine aktuell sehr wichtige Publikation stellt die **IHC Studie** (vgl. Abbildung 3.5) dar, welche in Kooperation mit der European Business School im Jahr 2008 entstanden ist. Mit der Veröffentlichung dieser Studie, bei der sowohl IHCs und deren Klienten als auch Studierende der Wirtschaftswissenschaften befragt wurden, wurde einerseits angestrebt, Raum und damit Aufmerksamkeit in den verschiedensten Medien zu bekommen. Denn da Bayer Business Consulting Projektergebnisse auf Grund der organisatorischen Einbettung extern kaum publizieren kann, gibt es nur eingeschränkte Möglichkeiten zu Veröffentlichungen in den Zielpublikationen. Andererseits ging es um die Stärkung der Anziehungskraft von IHCs, die im Vergleich zu externen Strategieberatungen noch weniger etabliert und weniger attraktiv für potentielle Bewerber sind. Durch die IHC Studie fanden IHCs und damit Bayer Business Consulting als Auftraggeber besondere Beachtung in zahlreichen Medien wie beispielsweise bei der Nachrichtenagentur DPA, in der Financial Times Deutschland, dem Handelsblatt, der W&V, Unicum, VDI Nachrichten, Perspektiven – Zeitschrift für Führungskräfte, etc. Die Veröffentlichungsstrategie belegt somit anschaulich die Bedeutung der zeitlichen und inhaltlichen Integration. Alle Artikel sendeten im 1. und 2. Quartal 2009 eine ähnliche Botschaft an die Leser.

Abbildung 3.5   Beispielhafte Berichte über die IHC Studie, Quelle: Financial Times
                  Deutschland, W&V

Andere Publikationen, die von Bayer Business Consulting Mitarbeitern z.B. in Zeitschriften wie Mergers & Acquisitions, Logistik heute, Journal of Marketing oder für wissenschaftliche Tagungen verfasst werden, widmen sich eher Spezialthemen und haben daher nicht so eine „geballte Kraft" wie die IHC Studienergebnisse. Ferner werden immer wieder in klassischen Recruitingmedien für Hochschulabsolventen wie Unicum, Wisu, Staufenbiel, Junge Karriere u.ä. Erfahrungsberichte oder Interviews von Mitarbeitern veröffentlicht. Flankierend schaltet das Geschäftsfeld Anzeigen in den zielgruppenspezifischen Medien. Ähnliche Artikel finden sich dann ebenfalls auf den korrespondierenden Internetseiten. Die Integration zwischen den Kommunikationsmitteln findet damit auch hier statt.

Während all diese Veröffentlichungen vor allem einen Fokus auf die Ansprache Bayer-externer Personen legen, nutzt Bayer Business Consulting ebenfalls interne printbasierte Kommunikationsplattformen. Durch Artikel in internen Mitarbeiterzeitschriften wie BBS Compact oder BHC World wird die Bekanntheit von Bayer Business Consulting innerhalb des Bayer Konzerns gesteigert. Zudem können aus der Vorstellung erfolgreicher Projektbeispiele positive Markenimageeffekte resultieren.

Die bereits erwähnten **Printanzeigen** (vgl. Abbildung 3.6) schaltet Bayer Business Consulting in der Wirtschaftspresse wie z.B. der Financial Times Deutschland sowie

„Consulting" Beilagen der FAZ und SZ. Damit sollen positive Imageeffekte generiert und potenzielle Bewerber mit Berufserfahrung angesprochen werden. In der Personalsuchanzeige finden sich die für Bewerber relevanten Informationen wie Positionsbezeichnung, Aufgaben und das von Bayer Business Consulting gewünschte Profil. Bei den Anzeigen handelt es sich stets um das gleiche Fotomotiv, das eine Mitarbeiterin von Bayer Business Consulting zeigt. Diese Person wirbt auch für Bayer in Imageanzeigen sowie für Bayer Business Consulting auf Veranstaltungen (Plakate) oder im Internet (Videobotschaft, Foto), wodurch wiederum den Prinzipien der integrierten Kommunikation gefolgt wird. Dadurch, dass es sich um eine tatsächliche Mitarbeiterin des Geschäftsfelds handelt, bekommt die Marke Bayer Business Consulting ein Gesicht verliehen, das Authentizität ausstrahlt.

Abbildung 3.6   Printanzeigen von Bayer Business Consulting

3.3.2   Webbasierte Instrumente

Im Rahmen von Online-Medien nutzt Bayer Business Consulting neben der IHC-Website den eigenen Internetauftritt, das soziale Netzwerk Facebook und auch das Intranet zum Zweck des Markenaufbaus.

Bayer Business Consulting ist auf der **IHC-Website** (www.inhouse-consulting.de) vertreten. Das Geschäftsfeld ist Gründungsmitglied der Initiative „Dichter dran", welche im Jahr 2008 von verschiedenen IHC-Einheiten ins Leben gerufen wurde. Die Initiative hat sich zur Aufgabe gesetzt, der Öffentlichkeit und potenziellen Bewerbern einen Einblick in die Arbeit im Inhouse Consulting zu ermöglichen. Spezifische Vorteile der IHCs werden transparent dargestellt, um so ihre Attraktivität auf dem Arbeitsmarkt zu erhöhen. Neben der Schaffung eines klaren IHC-Profils ist es das Ziel der Initiative, einen kontinuierlichen Informationsaustausch zu gewährleisten. Der gemeinsame Internet-Auftritt dient als Informations- und Diskussionsplattform (vgl. **Abbildung 3.7**). Durch diese Maßnahme nutzt Bayer Business Consulting nicht nur die eigene Markenstärke, sondern auch geballt die der anderen Mitglieder wie Deutsche Bank, Commerzbank, Deutsche Bahn, Bosch, RWE und MCG (E.ON). Markenbekanntheit und -image sollen auf diesem Weg gesteigert werden, so dass letztendlich die Quantität, aber vor allem auch die Qualität der bereits sehr guten Bewerber für Bayer Business Consulting erhöht wird.

Abbildung 3.7   Screenshot IHC-Website

Ferner hat Bayer Business Consulting auch einen eigenen **Internet-Auftritt**, der sich in verschiedene Rubriken gliedert: In „Wir über uns" werden Kunden und Projekte, Arbeitsweisen, Zahlen und Fakten vorgestellt, in „Jobs und Karriere" finden sich neben

Erfahrungsberichten Informationen zu Programmen und Trainings. Im Bereich „Bewerbung & mehr" bekommt der Bewerber Tipps. Insgesamt stellt sich Bayer Business Consulting auf dieser Seite als internationales Kompetenzzentrum für strategisches Consulting dar. Potenzielle Interessenten finden alle wesentlichen Informationen, die für die Jobentscheidungsfindung von Relevanz sind.

Ein weiterer wichtiger Baustein im Markenaufbau von Bayer Business Consulting besteht in dem Einsatz **von interaktiven Medien**. Insbesondere in Zeiten, in denen Dienstleistungsnutzen und Zusatzleistungen häufig keine ausreichende Abgrenzung von der Konkurrenz bieten, stellt das Kommunikationsinstrument Web 2.0 eine viel versprechende Möglichkeit dar, verstärkt Erlebnisnutzen und spezifische Zielgruppenansprache zu offerieren. So ist es nicht verwunderlich, dass auch Richard Pott, im Bayer Vorstand verantwortlich für Strategie und Personal, Web 2.0 für sehr wichtig ansieht, „um für Bayer neue Anwendungen zu kreieren" (Bayer AG, 2007).

Hinter dem im Jahr 2004 von O`Reilly Media geprägten Begriff des Web 2.0 steht die veränderte Sichtweise und Nutzung des World Wide Web. Diente das Internet bisher nur als reine Informationsplattform, bei der der Nutzer eine eher passive Rolle spielte, nimmt dieser im Web 2.0 eine sehr aktive Rolle ein (vgl. Hinrichs/Hartleb 2008). So entstehen beispielsweise im Zuge des Web 2.0 geografisch ungebundene Communities, in denen sich Menschen über gemeinsame Interessen informatorisch, emotional und quasi symbolisch-virtuell ausleben (vgl. Bauer et al., 2007). Verschiedenste Varianten dieser sozialen Netzwerke wie Facebook, Studi-VZ, Xing, Twitter, LinkedIn und Myspace erfreuen sich großer Zuwachsraten. Diese Plattformen mit Networking-Gedanken sind aber nicht nur auf den privaten Bereich beschränkt, sondern können auch geschäftlich für Recruitingaktivitäten und/oder Business Networks genutzt werden.

Seit Frühling 2009 ist Bayer Business Consulting bei Facebook (vgl. Abbildung 3.8), der Nr. 6 der weltweit am meisten genutzten Webseiten mit rund 275 Mio. Besuchern monatlich (vgl. Zettel, 2009), vertreten. In **Deutschland** zählte Facebook Ende April 2009 2,07 Mio. Nutzer, was einem Wachstum von 60,2% zum vorherigen Quartal entspricht (vgl. O'Reilly Media, 2009). Mehr als 50% der Nutzer sind zwischen 20 und 29 Jahren alt und Studenten. Somit handelt es sich genau um die Zielgruppe, die Bayer Business Consulting für einen Einstieg als Hochschulabsolvent und/oder Praktikant sucht. Für das Hochschulmarketing von High-Potentials entstehen in diesem Medium also nur geringe Streuverluste.

Abbildung 3.8   Screenshot Facebook

Inhaltlich präsentiert Bayer Business Consulting auf der Facebook-Seite Informationen über sich selbst und die Bayer AG. Neuigkeiten, Ankündigungen von Terminen der nächsten Campus Events, Portraits von ausgewählten Mitarbeitern, Diskussionsforen und aktuelle Vakanzen mit Möglichkeit zur direkten Bewerbung finden sich in diesem sozialen Netzwerk Hierbei wird nicht allein auf Textinformationen gesetzt, sondern Fotos, RSS/Blogs und Videos schaffen eine emotionale Atmosphäre. Auch besteht die Möglichkeit, ein Fan von Bayer Bayer Business Consulting zu werden, wodurch direkt potenzielle Jobinteressenten angesprochen werden können.

Die Vorteile dieses Auftritts liegen in der Möglichkeit der direkten und persönlichen, emotionalen Kommunikation, wodurch die Marke Bayer Business Consulting Authentizität bei der Zielgruppe gewinnen und die Bindung erhöhen kann. Der User wird zudem durch virales Marketing zum freiwilligen Werbeträger, so dass die aktive Imagepflege von Bayer Business Consulting als Arbeitgeber durch Aktivitäten wie Mund-zu-Mund Propaganda seitens der Facebook User verbreitet wird. Ferner ist eine transparente Erfolgskontrolle durch den Facebook-Werbeanzeigen-Manager gewährleistet. Zudem stellt das Engagement bei Facebook eine kostengünstige Alternative zu Werbung in Massenmedien dar. Obwohl die Markenbotschaft breit gestreut werden kann, sind die Streuverluste gering, da die Studierenden mit Interesse an einem Job direkt mit Bayer Business Consulting in Verbindung treten können. Solch innovative, emotionale Ansätze zur Ansprache der Zielgruppen werden auch vom Bayer Vorstandsvorsitzenden befürwortet „…sehr frisch und mit einem Augenzwinkern werden die Zielgruppen angesprochen. Das hat mir gezeigt, dass wir nicht immer nur seriös und sehr zurückhaltend auftreten sollen, sondern auch einmal emotional und etwas laut" (Werner Wenning zitiert nach Bayer AG, 2008).

Während die bisherigen webbasierten Kommunikationsinstrumente primär Bayer-externe Personen ansprechen, zielt das **Intranet** eher auf interne aktuelle sowie potenzielle Kunden ab. Der Schwerpunkt liegt hier auf dem zentralen Nutzenversprechen der Marke Bayer Business Consulting. Neben Schlüsselinformationen und Standorten widmet sich ein großer Bereich den verschiedenen Beratungsschwerpunkten, wobei beispielhafte Vorzeigeprojekte detailliert dargestellt werden. Zudem finden sich Fotos und Kontaktdaten aller Mitarbeiter auf der Seite, so dass auch hier nicht nur eine anonyme Darstellung erfolgt, sondern die Marke durch Gesichter erlebbarer wird. Zudem gibt es auf der Intranetseite ähnlich zu der Internetseite eine Rubrik „Karriere", in der internen Bayer-Mitarbeitern Möglichkeiten eines Einstiegs bei Bayer Business Consulting näher gebracht werden. Die Intranetseite wiederholt Farben und Elemente der auch intern ausgerichteten Broschüre. Durch diese formalen Integrationsaspekte steigt die Wiedererkennung, ein konsistenter Auftritt wird gewährleistet.

3.3.3 Veranstaltungen

Veranstaltungen stellen ein weiteres Kommunikationsinstrument dar, durch das sich Bayer Business Consulting als starke Marke positionieren möchte. Hier kann zwischen Veranstaltungen mit Ausrichtung auf den Partnermarkt und solchen mit Fokus auf den Personalmarkt differenziert werden.

Ein wichtiges Kommunikationsinstrument im Bereich der Veranstaltungen richtet sich primär an den externen Personalmarkt, und hier vor allem die Recruitierung von Hochschulabsolventen. Bayer Business Consulting ist beispielsweise jedes Jahr auf der **Hochschulveranstaltung** „Absolventenkongress" auf dem Bayer Stand vertreten, seit letztem Jahr sogar in herausragender Stellung durch das Bayer-weite Kampagnenmotiv, welches eine Mitarbeiterin von Bayer Business Consulting präsentiert (vgl. Abbildung

3.9). Bei Hochschulveranstaltungen wird wiederum auf die Prinzipien der integrierten Kommunikation gesetzt: Auf dem Messestand dominieren die Bayer Farben Blau und Grün, zudem zeigt das dort platzierte Plakat das gleiche Motiv wie die Printanzeigen und der Auftritt in Online-Medien. Auch bei anderen renommierten Messen wie „bonding Firmenkontaktmesse" oder „BusinessContacts Münster" ist das Geschäftsfeld zusammen mit Bayer präsent.

Abbildung 3.9   Messestand beim Absolventenkongress

Bayer Business Consulting ist nicht nur im Rahmen von Veranstaltungen, die von Bayer gemanagt werden, aktiv, sondern organisiert auch an Zielhochschulen eigene Recruiting-Events. Beispielsweise hält Bayer Business Consulting Vorträge bei studentischen Unternehmensberatungen, bei Studierendenorganisationen der Biotechnologie, in Vorlesungen oder Seminaren. Hierdurch wird eine zielgruppengenaue Ansprache und eine One-to-one Kommunikation gewährleistet, da Berater von Bayer Business Consulting diese Veranstaltungen selbst durchführen. Die Marke Bayer Business Consulting wird durch die Mitarbeiter präsentiert, sie geben der Marke ein unverkennbares Gesicht.

Als Beispiel für eine auf den Partnermarkt gerichtete Veranstaltung gilt der „**Business Excellence Day**" (BED), der von Bayer Business Consulting alle zwei Jahre organisiert wird. Zielgruppe dieser Veranstaltung sind die 400 Top-Führungskräfte aus dem Bayer Konzern, die für dieses Symposium ausgewählt werden (vgl. Abbildung 3.10). Ziel der halbtägigen Veranstaltung ist einerseits, einen Wissensaustausch zwischen den Führungskräften teilkonzernübergreifend zu gewährleisten. Dies geschieht dadurch, dass zu einem übergeordneten Thema wie z.B. "Realizing Opportunities - Bayer's Response to a Challenging Environment" Kunden strategisch wichtige Projekte, die sie zusammen mit Bayer Business Consulting durchgeführt haben, vorstellen. Dabei soll genügend Zeit bleiben, über Erfahrungen und Ergebnisse dieser Projekte zu diskutieren. Andererseits wird mit dem BED das Ziel verfolgt, ein Forum für die Netzwerkpflege zu bieten.

Der Nutzen von Bayer Business Consulting durch die Organisation dieser prestigeträchtigen Veranstaltung liegt darin, dass eine Plattform zur Bekanntheitssteigerung und Imagepflege gestellt wird. Die Kundenpräsentationen bringen die Qualität der vom Geschäftsfeld geleisteten Projektarbeit gut zum Ausdruck. Für Bayer Business Consulting als Organisator dieser Veranstaltung ergibt sich somit eine viel versprechende Möglichkeit, die eigene Reputation bei Entscheidungsträgern im Konzern zu steigern. Neue Kontakte können genutzt werden, um auch zukünftig in Schlüsselprojekten involviert zu werden.

Abbildung 3.10   Eindrücke vom BED 2007

Auf den Markenaufbau bei den eigenen Mitarbeitern zielen **interne Veranstaltungen** von Bayer Business Consulting ab. So gibt es zwei Mal pro Jahr eine 1,5-tägige Veranstaltung, an der sämtliche Mitarbeiter aus den Büros in Leverkusen, Pittsburgh und Shanghai teilnehmen. Neben der Zeit für den persönlichen Austausch geht es hier auch immer wieder um Wissensgenerierung. Ähnliches gilt auch für die monatlichen Kolloquien, auf denen Projekte im Kollegenkreis vorgestellt werden. Dadurch versucht das Geschäftsfeld den an die Marke gestellten Qualitätsanspruch bei jedem Mitarbeiter zu gewährleisten und die Identität und Verbundenheit der Mitarbeiter mit der Marke zu erhöhen.

3.3.4   Bewertung der Kommunikationsinstrumente

Die Auswahl der Kommunikationsinstrumente sollte so erfolgen, dass die definierten Kommunikationsziele und -zielgruppen bestmöglich erreicht werden. Daher ist es sinnvoll, vor dem Einsatz der Instrumente eine Analyse ihrer Leistungsfähigkeit durchzuführen (vgl. Esch 2006). Die Kommunikationsinstrumente können beispielsweise hinsichtlich ihrer Zielerreichung wie Steigerung der Markenbekanntheit und des Markenimages beurteilt werden. Da diese Ziele jedoch nur bei geeigneter Zielgruppenansprache erfüllt werden, sollten auch Aspekte der Zielgruppe Berücksichtigung finden wie z.B. deren Involvement. Neben der Aktivierungskonkurrenz und der Abbruchwahrscheinlichkeit der Kommunikationsinstrumente geben zudem die Art der Ansprache und die Reichweite Auskunft über die Effektivität der gewählten Mittel.

Exemplarisch werden diese Kriterien für vier von Bayer Business Consulting genutzte Instrumente in Tabelle 3.1 dargestellt, nämlich für die Printanzeigen, die Broschüre, den Internet-Auftritt bei Facebook sowie die Veranstaltungen BED and Hochschulmesse. Aus der Tabelle wird deutlich, dass die Instrumente jeweils unterschiedliche Stärken und Schwächen aufweisen. Bei der Selektion der Instrumente sollten diese folglich beachtet werden, um das für die jeweils angestrebten Ziele geeignete Mittel einzusetzen.

Tabelle 3.1   Klassifikation der Kommunikationsinstrumente nach Leistungskriterien

	Print		**Internet**	**Veranstaltung**	
Kriterien	**Anzeige**	**Broschüre**	**Facebook**	**BED**	**Hochschul messe**
Markenbekanntheit	Hoch	Gering	Mittel	Gering	Gering
Markenimage	Mittel bis hoch	Hoch	Mittel	Hoch	Hoch
Involvement der Zielgruppe	Gering bis mittel	Mittel bis hoch	Hoch	Hoch	Hoch
Ansprache der Zielgruppe	Breit	Gezielt	Gezielt	Gezielt	Gezielt
Reichweite	Hoch	Gering	Mittel	Gering	Gering
Aktivierungs-konkurrenz	Mittel bis hoch	Gering	Mittel	Gering	Mittel
Abbruchwahrschein lichkeit	Mittel bis hoch	Gering	Mittel	Gering	Gering

4 Zusammenfassung

Insgesamt lässt sich festhalten, dass IHCs auf Grund der höheren Akzeptanz im Mutterkonzern zunehmend an Bedeutung gewinnen. Gerade für diese internen Dienstleister wie Bayer Business Consulting ist es wesentlich, eine eigene Marke aufzubauen. Denn "Branding plays a special role for labour-intensive services because strong brands increase customers' trust of an intangible, variable offering that is difficult to evaluate prior to purchase" (Berry/Lampo, 2004, S. 20).

Die integrierte Kommunikation kann einen großen Beitrag zum Markenaufbau leisten. Bayer Business Consulting verfolgt mit ihr die Ziele, die Markenbekanntheit zu steigern sowie das Markenimage zu verbessern. Um das komplette Synergiepotenzial auszuschöpfen, hat die Kommunikation formale, inhaltliche und zeitliche Prinzipien zu berücksichtigen. Dabei ist entscheidend, die Kommunikationsaktivitäten glaubwürdig und konsistent innen- wie außengerichtet durchzuführen. Unabhängig davon, ob Kunden, Mitarbeiter oder potenzielle Bewerber im Fokus der Kommunikation stehen, muss Bayer Business Consulting sicherstellen, dass sich die Markenbotschaft an den Ansprüchen der Zielgruppen orientiert. Unterschiedliche Instrumente aus den Kategorien Print, Web und Veranstaltungen kommen zum Einsatz, um die Vision bestmöglich zu transportieren.

Bayer Business Consulting befindet sich in einem dynamischen Umfeld. Trotz eines hohen Anspruchs an Kontinuität sollten sich die Kommunikationsinstrumente, -ziele, -zielgruppen und -botschaft daher - wenn nötig - weiterentwickeln, um die Marke Bayer Business Consulting auch zukünftig nachhaltig in den Köpfen der Menschen zu verankern. Andere Ausgestaltungsformen der integrierten Kommunikation können dann selbstverständlich zum Einsatz kommen.

Literatur

Ahlert, D. (2004): Warum ein zentrales Brand Controlling unverzichtbar wird, in: Markenverband (Hrsg.): Ertragsreserven aus Markenkapital, 2. Aufl., Wiesbaden, S. 7-28.

Ahlert, D. (2005): Brand Trust Measurement - Die Erforschung der "Marke als Vertrauensanker", in: Planung & Analyse, (Heft 3, Sonderheft brandsboard), S. 51-58.

Ambler, Tim/ Barrow Simon. (1996) The employer brand. In: Journal of Brand Management, Jg. 4, S. 185-206.

Bauer, H. H./Große-Leege, D./Rösger, J. (2007): Interactive Marketing im Web 2.0+, München.

Baumgarth, C. (2001): Markenpolitik: Markenwirkungen, Markenführung, Markencontrolling, 2. Aufl., Wiesbaden.

Bayer AG (2008): Rede von Werner Wenning zum Bayer Award for Excellence in Communications 2008, 20.01.2008, Leverkusen.

Bayer AG (2007), Rede von Richard Pott auf dem Next Generation Internet Workshop, Köln, https://bbs.cnb/de/service/videothek.html [25.06.09].

Bayer AG (ohne Jahr): Werte und Führungsprinzipien – Unsere Werte leben, Leitlinien für Führung bei Bayer, Leverkusen.

Bayer Business Services & European Business School (2009): Der Inhouse Consulting Markt in Deutschland, Bayer Business Services, Leverkusen, 2009.

Berry, L.L./Lampo, S.S. (2004): Branding labor-intensive services, in: Business Strategy Review, Vol. 15, No. 1, S. 18-25.

Bruhn, M. (1995): Integrierte Unternehmenskommunikation, Ansatzpunkte für eine strategische und operative Umsetzung integrierter Kommunikationsarbeit, 2. Aufl., Stuttgart.

Bruhn, M./Dahlhoff, H. D. (1993): Integrierte Kommunikation als Unternehmensaufgabe und Gestaltungsprozeß, in Bruhn, M./Dahlhoff, H. D. (Hrsg.): Effizientes Kommunikations-Management, Stuttgart, S. 1-33.

Burmann, C./Meffert, H./Koers, M. (2005): Stellenwert und Gegenstand des Markenmanagement, in: Meffert, H./Burmann, C./Koers, M. (Hrsg.): Markenmanagement: Grundfragen der identitätsorientierten Markenführung, 2. Aufl., Wiesbaden, S. 3-17.

Chernatony, L. D. (2001): From brand vision to brand evaluation: Strategically building and sustaining brands, Oxford et al.

Chernatony, L. D./McDonald, M. H. B. (2003): Creating powerful brands, 3. Aufl., Oxford.

Esch, F.-R. (2001): Aufbau starker Marken durch integrierte Kommunikation, in: Esch, F.-R. (Hrsg.): Moderne Markenführung: Grundlagen – innovative Ansätze – praktische Umsetzungen, 2. Aufl., Wiesbaden, S. 599-635.

Esch, F.-R./Hardiman, M./Mundt, M. (2006): Kommunikation der Corporate Brand - Kommunikation auf Handlungsoptionen abstimmen, in: Esch, F.-R./Tomczak, T./Kernstock, J./Langner, T. (Hrsg.): Corporate Brand Management – Marken als Anker strategischer Führung von Unternehmen, 2. Aufl., Wiesbaden, S. 219-249.

Gmür, Markus/ Martin, Peter/ Karczinski, Daniel (2002) Employer Branding-Schlüsselfunktion im strategischen Personalmarketing. In: Personal, Jg. 54, S. 12-16.

Harter, G./Koster, A./Peterson, M./Stomberg, M. (2005): Managing brands for value creation, Wolff Olins, Booz Allen Hamilton, München.

Hinrichs, D./Hartleb, V. (2008): Änderung des Markennamens vor dem Hintergrund der Internationalisierung - Aus openBC wird XING, in: Ahlert, D. et al. (Hrsg.): Management internationaler Dienstleistungsmarken: Konzepte und Methoden für einen nachhaltigen Internationalisierungserfolg, Wiesbaden, S. 327-344.

Kernstock, J./Brexendorf, T. O. (2005): Corporate Brand Management gegenüber Mitarbeitern gestalten, in: Esch, F.-R./Tomczak, T./Kernstock, J./Langner, T. (Hrsg.): Corporate Brand Management – Marken als Anker strategischer Führung von Unternehmen, 2. Aufl., Wiesbaden, S. 251-271.

Klesse, H.-J. (2009): Pure Panik, Wirtschaftwoche, 27.04.2009, Nr. 18.

McDonald, M.H.B./de Chernatony, L./Harris, F. (2001): Corporate marketing and service brands – Moving beyond the fast-moving consumer goods model, in: European Journal of Marketing, Vol. 35, No. 3/4, S. 335-352.

Meffert, H. (2002): Marketing, Grundlagen marktorientierter Unternehmensführung, Konzepte – Instrumente – Praxisbeispiele, 9. Aufl., Wiesbaden.

Michaels, Ed/Handfield-Jones, Helen/ Axelrod, Beth (2001) The War for Talents, Harvard Business School Press, Boston.

Moscho, A. (2008): Leitbild Entwicklung: Aufbau einer Arbeitgebermarke, in: http://bbs.cnb/de/newsroom/news_top/2008-12-02_1200.html [25.06.09].

O'Reilly Media (2009), http://radar.oreilly.com/2009/04/active-facebook-users-by-country-200904.html [25.06.09].

Palazzo, Guido (2003) A Brand Like a Friend? Chancen und Risiken von Corporate-Branding-Strategien. In: New management, Jg. 72, S. 19-26.

Rossiter, J. R./ Percy, L. (2001): Aufbau und Pflege von Marken durch klassische Kommunikation, in: Esch, F.-R. (Hrsg.): Moderne Markenführung: Grundlagen –

innovative Ansätze – praktische Umsetzungen, 2. Aufl., Wiesbaden, S. 523-538.

Schlender, B./Buffet, W., Gates, B. (1998): The Bill & Warren Show, Fortune Magazin, http://money.cnn.com/magazines/fortune/fortune_archive/1998/07/20/245683/index.htm [25.06.09].

Stauss, B./Bruhn, M. (2008): Dienstleistungsmarken – Eine Einführung in den Sammelband, in: Bruhn, M./Stauss, B. (Hrsg.): Dienstleistungsmarken: Forum Dienstleistungsmanagement, Wiesbaden, S. 3-35.

Twitchell, J. B. (2004): An English Teacher Looks at Branding, in: Journal of Consumer Research, 31 (2), S. 484-489.

Wurps, J./Crispino, B M. (2001): Inhouse Consulting in der Praxis – Ein Erfahrungsbericht der Volkswagen Consulting, in: Mohe, M./Heinecke, H. J./Pfriem, R. (Hrsg.): Consulting – Problemlösung als Geschäftsmodell: Theorie, Praxis, Markt., Stuttgart, S. 344-355.

Zettel, C. (2009): http://pressetext.de/news/090416002/facebook-beherrscht-europa-als-fuehrendes-social-network [25.06.09].

Zeithaml, V. (1981): How Consumer Evaluation Processes differ between Goods and Services, in: Donnelly, J.H./George, W.R. (Hrsg.): Marketing of Services, Chicago, S. 186-190.

6

Inhouse-Consulting – Wettbewerbsvorteil für Großkonzerne

Klaus Grellmann, Gerrit Heil, Pierre Samaties

1   Einleitung

> „Überlegenheit kann nur intern entstehen. Man kann sie nicht am Markt einkaufen."
> Prof. Dr. Hermann Simon

Inhouse-Consulting hat sich in deutschen Konzernen etabliert und ist ein fester Bestandteil des Beratungsmarkts geworden. In den vergangenen Jahren haben viele Unternehmen entsprechende Einheiten gegründet und diese mit strategischen Beratungsprojekten beauftragt. In Deutschland gibt es schätzungsweise zwischen 100 und 150 Inhouse-Consulting-Einheiten (vgl. Teil 1 in diesem Sammelband). Doch warum setzen immer mehr Großkonzerne auf eigene Beratungseinheiten? Haben interne Berater die gleiche Qualität wie externe Top-Berater? Der folgende Essay gibt die Antwort auf diese Fragen:

Inhouse Consulting ist ein Wettbewerbsvorteil für Großkonzerne.

Dies lässt sich insbesondere an folgenden Faktoren verdeutlichen:

- Inhouse-Beratungen haben den Leistungsanspruch von Top-Managementberatungen, gepaart mit dem Commitment zu den Konzernzielen

- Inhouse-Beratungen können die Kosten für externe Beratung reduzieren und das Konzernergebnis langfristig steigern

- Inhouse-Beratungen leisten durch Know-how-Sicherung und -Transfer sowie Standardisierung einen wesentlichen Beitrag zur Qualitätssteigerung der Prozesse im Konzern

- Inhouse-Beratungen sind ein beliebter Einstieg für High Potentials in Konzerne und fördern die Nachwuchskräfteentwicklung

Diese vier Faktoren, die aus Sicht des Mutterkonzerns der Inhouse-Beratung Wettbewerbsvorteile sichern, werden in den nachfolgenden Textabschnitten detailliert. Zudem wird anhand des Praxisbeispiels RWE Consulting GmbH gezeigt, wie eine Inhouse-Beratung diese Vorteile in die Praxis umsetzen kann, um den vollen Wertbeitrag für den Konzern zu erzielen.

2 Wettbewerbsvorteile durch Inhouse Consulting

2.1 Leistungsanspruch und Commitment

Eine erfolgreiche Inhouse-Beratung hat den Leistungsanspruch einer externen Top-Beratung und hat sich gleichzeitig, als integraler Bestandteil des Konzerns, den langfristigen strategischen Zielen des Konzerns verpflichtet. Diese „Doppelidentität" bildet das Fundament der Inhouse Beratung und ist ein wesentlicher Vorteil für den Konzern, da diesem hiermit Top-Berater mit einem langfristigen Interesse am Wohlergehen des Konzerns zur Verfügung stehen.

Was genau heißt es, den gleichen Leistungsanspruch wie externe Top-Beratungen zu haben? Ein Konzern darf von seiner Inhouse Beratung die gleiche Qualität erwarten, die er von McKinsey und Co. gewohnt ist. Dies bezieht sich sowohl auf die Qualität der Projektarbeit als auch auf den Anspruch, Vordenker und Sparringspartner für die Kunden zu sein. Dafür muss die Inhouse Consulting jederzeit einen Schritt über den konzernweit üblichen Standard hinausgehen, um aktiv positive Veränderungen im Konzern herbeizuführen. In Abschnitt 2.3 wird diese Thematik detailliert erläutert.

Wenn interne und externe Berater den gleichen Leistungsanspruch haben, wieso sollte der Konzern dann eine Inhouse-Beratung haben? Als Teil des Konzerns hat eine Inhouse-Beratung eine andere Motivation als externe Beratungen. Durch das Commitment zu den langfristigen Zielen sowie der Strategie des Mutterkonzerns ist das Ziel der Inhouse-Beratung die langfristige Optimierung des Konzernergebnisses, die Umsetzung der Konzernstrategie und die der einzelnen Konzerngesellschaften. Externe Beratungen haben aufgrund ihres Geschäftsmodells häufig eher kurzfristige Ziele, die meistens auf eine hohe Akquisitionsleistung fokussieren und nicht immer mit den langfristigen Zielen des zu beratenden Kunden übereinstimmen müssen. Externe Berater leben davon, dass Konzerne Herausforderungen entdecken, die sie mit einer mehr oder weniger großen Zahl von Beratern lösen möchten. Darüber hinaus sind die Auswirkungen strategischer Projekte meist erst lange Zeit nach Ende der gemeinsamen Projektarbeit erfahrbar, weshalb externe Berater von Natur aus einen geringeren Fokus auf Nachhaltigkeit legen können als Inhouse-Berater. Als Teil des Unternehmens sind Inhouse-Berater direkt von den Auswirkungen und dem Erfolg ihrer Projekte betroffen und stehen auch langfristig in der Verantwortung – eine Initiative führender deutscher Inhouse-Beratungen beschreibt dies passend mit dem Slogan „dichter dran" (vgl. www.inhouse-consulting.de).

2.2   Kosten reduzieren

Organisationseinheiten sollten in der Regel nur dann gegründet werden, wenn ein positiver Business Case besteht und sich die notwendigen Investitionen somit ökonomisch rechtfertigen lassen. Eine originäre Mission der Inhouse-Beratungen ist daher Kostenreduktion. Externe Berater kosten in der Regel ein Vielfaches mehr als eigene Mitarbeiter. Ihre Beauftragung führt zu einem Abfluss von Geld aus dem Konzern (Cash-Out) und stellt häufig bedeutende Kostenpositionen für einzelne Konzerneinheiten dar. Diese Kostenposition kann zwar schnell und effektiv pauschal und per Anordnung gekürzt werden, ohne adäquate Kompensation können jedoch der reduzierte externe Input und der verminderte Einsatz von Projektressourcen zur Gefährdung oder Verspätung von Projekten führen und dadurch das Betriebsergebnis der betreffenden Konzerneinheit beeinträchtigen.

Eine Inhouse-Beratung kann die Kostenreduktion unterstützen und das Konzernergebnis damit langfristig verbessern.

Dies hat zwei wesentliche Gründe:

- ■ Kostensenkung durch Cash-Out Reduktion bei der Beauftragung von externen Beratern

- ■ Kostensenkung durch langfristige Effizienzsteigerung aufgrund kontinuierlicher Verbesserung der Prozesse und Know-how-Sicherung im Konzern

2.2.1   Kostensenkung durch Cash-Out-Reduktion

Ein Konzern hat das Interesse, durchgehend über Beratungsexzellenz zu verfügen und gleichzeitig die damit verbundenen Kosten zu minimieren. Die Bedeutung der Kostensenkung wird durch den derzeitigen Trend in Großkonzernen deutlich (auch bedingt durch die Finanzkrise), in hohem Umfang ihre externen Beratungsbudgets zu reduzieren. Eine Inhouse-Beratung kann hierbei der Schlüssel zum Erfolg sein. Zwar ist auch die Beauftragung interner Berater für die einzelnen Konzerneinheiten mit Kosten verbunden. Aus Konzernsicht erfolgt hier aber nur eine Verschiebung von Geldern einer Konzerneinheit in eine andere. Dies führt zu einer Verringerung des Abflusses liquider Mittel aus dem Konzern. Zusätzlich ist das Honorar der Inhouse-Berater i.d.R. niedriger als das externer Berater. Dies führt direkt zu einer Kostensenkung bei der beauftragenden Konzerneinheit. Somit kann die Beratungsleistung auch bei vermindertem Beratungsbudget aufrechterhalten werden – ein Vorteil, der gerade in wirtschaftlich schwierigen Zeiten die Kontinuität der Beratung sichert. Voraussetzung hierfür ist allerdings, dass eine Inhouse-Beratung so aufgestellt und positioniert ist, dass sie externe Berater tatsächlich nachhaltig ersetzen kann.

In vielen Unternehmen kooperiert der Konzerneinkauf, der für die Beschaffung externer Managementberatungsleistung zuständig sein sollte, mit der internen Beratung bei der

Auswahl und der Qualitätssicherung von externen Beratungen. Die interne Beratung erhält durch die Involvierung in die Beschaffung externer Beratung zum einen ein Gesamtbild über Beratungsprojekte im Konzern und zum anderen die Möglichkeit, dem Kunden bei der Auswahl der geeigneten Beratung zur Seite zu stehen. So kann bewertet werden wo externe Beratungsunterstützung tatsächlich nötig ist. Der Kunde kann dadurch bewusst externe Beratungsleistung durch interne ersetzen oder beide kombinieren und somit bei optimalem Ansatz den Cash-Out aus dem Konzern reduzieren. Wichtig hierbei ist: Eine Zusammenarbeit sollte immer freiwillig sein können. Ein Kontrahierungszwang ist schädlich für das Ansehen der Inhouse-Beratung bei ihren Kunden. Idealerweise sollte der Kunde immer die freie Wahl haben, wen er beauftragt.

2.2.2   Kostensenkung durch Effizienzsteigerung

Eine Inhouse-Beratung kann helfen, die betriebliche Effizienz eines Konzerns langfristig zu verbessern und somit das Konzernergebnis insgesamt zu steigern. Die dafür einzusetzenden Hebel sind die kontinuierliche Verbesserung konzerninterner Prozesse, eine nachhaltige Strategieentwicklung sowie Know-how-Transfer und -Sicherung im Konzern. Alle Aspekte können durch eine interne Beratung besser realisiert werden als durch eine externe.

Bezüglich der Prozessoptimierung arbeitet eine interne Beratung auf das Ziel hin, einen optimierten Prozess zu gestalten, der langfristig durch Linienmitarbeiter alleine selbständig durchgeführt werden kann. Im Gegensatz dazu haben externe Beratungen zu häufig das Ziel möglichst lange vom Konzern gebraucht zu werden wodurch sich ein anderer Fokus bei der Prozessoptimierung ergibt. Hinzu kommt, dass die interne Beratung vielfach ein tieferes Verständnis technischer und konzernspezifischer Prozesse hat. Sie kann daher die Realisierbarkeit optimierter Prozesse und ihre Auswirkung auf den Konzern insgesamt wesentlich besser einschätzen. Schließlich steht internen Beratern von Anfang an ein wesentlich breiteres Netzwerk zur ganzheitlichen Betrachtung konzernübergreifender Prozesse zur Verfügung.

Darüber hinaus können Inhouse-Beratungen durch die Kombination der ausgeprägten Innensicht des Konzerns und des tiefen Branchen-Know-hows nachhaltige und umsetzbare Strategien entwickeln. Dies führt zu einer Vereinfachung nachgelagerter Prozesse und Strukturen. Hierdurch werden Adaptierungskosten gemindert und Iterationsschleifen reduziert.

Beim Thema Know-how-Transfer und –Sicherung hat eine interne Beratung ebenfalls klare Vorteile gegenüber einer externen. Beim Einsatz interner Berater werden relevante Kompetenzen im Konzern gehalten bzw. entwickelt. Beim Einsatz externer Berater droht hingegen die Abgabe von Kernkompetenzen an diese und die Entwicklung von Abhängigkeiten (häufig ein Grund, warum externe Berater vielfach Übernahmeangebote nach kritischen Projekten erhalten). Die interne Beratung sorgt darüber hinaus durch ihre konzernweite Projektaktivität proaktiv für den Know-how-Austausch, während externe Beratungen sich meist auf wenige bevorzugte Partner fokussieren. Ein bevorzugter Einsatz interner Berater vermindert außerdem die Abgabe intern entwickelten Know-hows nach außen. Der stetige Einsatz interner Berater steigert schließlich auch das entsprechende Know-how der Inhouse-Beratung und trägt somit langfristig zur weiteren kontinuierlichen Effizienzsteigerung bei.

2.3   Qualität erhöhen

Der zweite wichtige Faktor für die Schaffung einer Inhouse-Beratung im Konzern ist die Steigerung der Qualität von Prozessen, Organisation und Produkten. Der Benchmark für erfolgreiche Inhouse-Beratungen bzgl. Qualität, Leistung und Prozessen sind externe Top-Beratungen. Daher ist es aus Kundensicht wichtig zu unterscheiden, in welchen Bereichen sich die interne und die externe Beratung qualitativ unterscheiden. Nachfolgend wird nach folgenden drei Bereichen differenziert:

- Inhouse Consulting auf Augenhöhe mit externen Beratungen

- Inhouse Consulting besser als externe Beratungen

- Vorteile von externen Beratungen

2.3.1   Inhouse Consulting auf Augenhöhe mit externen Beratungen

Viele Inhouse-Beratungen haben sich intern analog zu externen Beratungen organisiert, um die Berater optimal auf ihren Projekten sowie in der Weiterbildung zu unterstützen und ihre Kunden mit hoher Qualität beraten zu können.

Zu den hierzu notwendigen organisatorischen Maßnahmen zählen u.a.:

- Professionelles Staffing der Kundenprojekte nach dem Grundsatz „der passende Berater für das Projekt" (Assignment)

- Chartservice, damit Berater sich mehr auf das Konzipieren konzentrieren können, statt sich mit Powerpoint zu beschäftigen

- Boot-Camps und Seminare zur Aus- und Weiterbildung von Beratern, um Standardisierung der Qualitätslevel zu gewährleisten

- Interne Kompetenz-Teams, die systematisch Expertenwissen zu bestimmen Themenstellungen erarbeiten

Neben diesen organisatorischen Grundvoraussetzungen bringen die internen Berater mittlerweile dieselben Fähigkeiten wie ihre externen Kollegen mit. In den Punkten Ausbildung, Flexibilität und Einsatzbereitschaft stehen sie den Externen in nichts nach. Hierzu trägt auch bei, dass mittlerweile immer mehr Berater der externen Top-Beratungen in eine Inhouse Consulting wechseln und ihr Wissen und ihre Kultur mitbringen.

Wesentliche Voraussetzungen sind also erfüllt, um eine mindestens gleichwertige Beratung wie externe Wettbewerber abzuliefern. Eine analoge Einschätzung ergab die Studie in Teil 1 dieses Sammelbandes, nach welcher sich Inhouse Berater in Summe auf dem gleichen Qualitätsniveau wie externe Berater sehen, bzw. von ihren Kunden gesehen werden (vgl. Abbildung 2.3 in Teil 1). Diese Studie deckt insbesondere die relativen Stärken und Schwächen der Inhouse-Beratungen auf, da die absolute Bewertung der subjektiven Einschätzung interner Berater unterliegt.

2.3.2 Inhouse Consulting besser als externe Beratungen

Inhouse Beratungen können darüber hinaus in vielen Punkten besser sein als ihre externen Konkurrenten. Dies wird zusätzlich zu den in Abbildung 2.3 in Teil 1 genannten Selbsteinschätzungen von internen Beratern wie Implementierungsorientierung, Kundenzufriedenheit, Akzeptanz im Konzern, Durchsetzungsfähigkeit, Karrieremöglichkeiten und Qualität von folgenden Punkten verdeutlicht:

- Bessere Einschätzung der Machbarkeit von Projektergebnissen

- Wertschöpfungsstufenübergreifendes Netzwerk

- Vertrautheit mit der Unternehmenskultur

- Interner Know-how Transfer

Eine Inhouse-Beratung, die in mehreren Konzerngesellschaften bereits Projekte absolviert hat, kann durch ihren wertschöpfungsübergreifenden Blick schnell beurteilen, welche Auswirkung bestimmte Änderungen auf andere Konzerngesellschaften und Wertschöpfungsstufen haben könnten. Interne Berater kennen den Kunden/ Konzern genau und können somit auch die **Machbarkeit** von Projekten in der Regel objektiver beurteilen als externe Wettbewerber. Die unmittelbare Nähe zum Konzern und zum Kerngeschäft führt auch zu einer besseren Sichtweise für kundenspezifische Lösungen. Die internen Berater haben eine qualitativ hochwertige und für den Kunden umsetzbare Lösung als Ziel. Vielfach können dadurch die richtigen Lösungen schneller implementiert und lange Anpassungsschleifen vermieden werden.

Neben der besseren Machbarkeitseinschätzung profitieren Inhouse-Beratungen von dem guten **Netzwerk** der Berater und der Vertrautheit mit den verschiedenen **Unternehmenskulturen** innerhalb des Konzerns. Dies führt dazu, dass Projektabwicklungen oft schneller und reibungsloser durchgeführt und somit Veränderungsprozesse besser geplant und adressiert werden können. Insbesondere gilt dies für übergreifende Projekte, in welche mehrere Konzerngesellschaften/ Wertschöpfungsstufen involviert sind. Durch das Netzwerk, das sich die Berater im Laufe der Zeit in Projekten in verschiedenen Gesellschaften aufgebaut haben, lassen sich viele Prozesse „auf dem kleinen Dienstweg" beschleunigen – ein Vorteil, den externe Beratungen selten beanspruchen können.

Ein weiterer Vorteil von Inhouse-Beratungen ist der **interne Know-how-Transfer** zwischen den Konzernorganisationen. Interne Berater erkennen dank ihrer Erfahrung in Beratungsprojekten in verschiedenen Organisationseinheiten des Konzerns, wann sich ein Know-how- bzw. Best-Practice-Transfer in andere Einheiten lohnt. Darüber hinaus kann eine Inhouse-Beratung, die einen Überblick über interne und externe Beratungsaktivitäten im Konzern hat, „Projektkannibalismus" im Sinne von verschiedenen Projekten mit gegensätzlichen Zielen, vermeiden.

2.3.3   Vorteile externer Beratungen

Trotz aller Fortschritte, die interne Beratungen in den letzten Jahren gemacht haben, verbleiben einige Punkte, in denen die Beauftragung externer Beratungen weiterhin gerechtfertig erscheint. Dies betrifft zuallererst fluktuierende Anforderungen an die Beraterkapazitäten. Während interne Beratungen nur über eine limitierte Anzahl an Mitarbeitern verfügen können, sind die Kapazitäten externer Beratungen in Summe quasi unbegrenzt. Wichtig wird dies insbesondere für Projekte in denen enorme Kapazitäten zur Bewältigung des Arbeitsaufwands benötigt werden. Externe Beratungen bieten sich hier zur Ergänzung des internen Beraterpools an. Gleichzeitig ist es bei solchen Projekten aus Konzernsicht meist förderlich, wenn die interne Beratung eine führende Rolle übernimmt und dabei auch die externen Kapazitäten steuert. Dies ist neben der Know-how-Sicherung insbesondere wichtig, um die Kontrolle über die Anzahl der externen Berater zu behalten (siehe Cash-Out Reduktion).

Zum Zweiten sind externe Beratungen bei branchenübergreifenden Projekten gefragt, da eine interne Beratung das Wissen anderer Branchen nicht abdecken kann. Auch hier bietet sich die projektgebundene Ergänzung eines internen Beraterteams durch entsprechend qualifizierte externe Berater an. Eine Alternative könnte zukünftig aus Organisationen wie dem „Inhouse Consulting Round Table" erwachsen: Viele interne Beratungen haben sich mittlerweile organisiert und beginnen sich zu branchenübergreifenden Themenstellungen austauschen.

Zum Dritten gibt es Spezialthemen, die im Einzelfall besser von externen Beratungen verantwortet werden. Hierunter fallen Themen, welche eine hohe Spezialisierung erfordern, und/oder zu selten anfallen, als das sich der Aufbau entsprechender Kompetenzen einer internen Beratung lohnen würde. Daneben fallen hierunter generelle Spezialthemen wie IT- und Rechtsberatung.

Zum Vierten dienen externe Beratungen dem indirekten Wissensaustausch mit Konkurrenten. Dieses kann eine interne Beratung natürlich nicht abdecken. Dieser Aspekt ist allerdings vielfach kritisch zu sehen, da andererseits auch wettbewersrelevantes, internes Wissen durch externe Beratungen unsteuerbar den eigenen Konkurrenten indirekt zugänglich werden könnte.

2.4   Nachwuchs fördern

Eine Inhouse-Beratung kann einen wesentlichen Beitrag zur Akquisition und Entwicklung von Führungskräftenachwuchs leisten. Eine Inhouse-Beratung bietet den Mitarbeitern und potenziellen Bewerbern ein attraktives Paket aus interessanten und herausfordernden Aufgaben sowie hervorragende Entwicklungsmöglichkeiten (vgl. auch Teil 4 dieses Sammelbandes). Die Inhouse-Beratung muss daher besondere Exzellenz über die gesamte Bandbreite des HR Developments entwickeln. Dieses erstreckt sich vom Recruiting über die Entwicklung der Berater bis zum Transfer dieser in den Konzern. Die Inhouse-Beratung steht dabei in Konkurrenz zu externen Beratungen sowie zu Linienfunktionen in einem Konzern. Die spezifischen Vorteile einer gut aufgestellten Inhouse-Beratung in den einzelnen Bereichen des HR Developments werden im Folgenden detailliert.

2.4.1   Recruiting

Inhouse-Beratungen stellen auf dem Arbeitsmarkt eine zunehmend interessante Alternative zu externen Beratungen oder einem Direkteinstieg in einen Konzern dar. Voraussetzung für eine kompetitive Aufstellung gegenüber einer externen Beratung sind dabei im Wesentlichen eine hohe Professionalität sowie eine generalistische Aufstellung. Dadurch erlangt die Inhouse-Beratung auch für junge High Potentials eine hohe Attraktivität (siehe Abbildung 2.1) und kann für den Konzern vielversprechende Talente rekrutieren.

Inhouse-Beratungen bieten gegenüber externen Beratungen für Nachwuchskräfte den Vorteil, sich ab dem ersten Tag auf ihre Wunschbranche konzentrieren zu können. Dadurch können diese analog zu einer externen Beratung das spezifische Berater-Know-how aufbauen, müssen aber nicht viel Zeit und Aufwand darauf verwenden sich in verschiedene Branchen einzuarbeiten. Inhouse-Berater können sich außerdem viel stärker mit ihrem Arbeitgeber identifizieren, da sie bereits ab dem ersten Arbeitstag durch ihren Projekteinsatz die langfristige Entwicklung ihres Arbeitgebers beeinflussen können, während ihre externen Kollegen in der Regel ständig den Kunden wechseln und häufig nur am kurzfristigen Erfolg interessiert sind. Insbesondere bei hoher Professionalisierung der Inhouse-Beratung wird diese auch für zentrale Konzernaufgaben von hoher Bedeutung eingesetzt. Wiederkehrende Kontakte auf hohem Konzernniveau bieten Inhouse-Beratern somit die Chance, sich nachhaltig bei den Führungskräften des Konzerns bekannt zu machen und für zukünftige Aufgaben zu positionieren. Diese Funktion als Sprungbrett für die Karriere im Konzern ist in einer externen Beratung wesentlich schwächer ausgebildet. Auch gegenüber einer externen Beratung stellt eine professionelle Inhouse-Beratung daher die zielgerichtetere Alternative für Nachwuchstalente dar, welche die Branche ihres Arbeitgebers bereits gewählt haben.

Im Vergleich zu einem Direkteinstieg stellt eine Inhouse-Beratung insbesondere durch ihre Vielseitigkeit die interessantere Alternative für hochmotivierte Nachwuchskräfte dar, die den Konzern erst in Summe kennenlernen wollen. Diese können sich in der Inhouse-

Beratung innerhalb des Konzerns über die verschiedenen Wertschöpfungsstufen hinweg zu Generalisten ihrer Branche weiterbilden, aber auch durch Fokussierung auf ausgewählte Bereiche zu Spezialisten heranwachsen. Die Beratung bietet dabei den Vorteil sich nicht frühzeitig auf eine Entwicklungsrichtung festlegen zu müssen. Berater erwartet vielmehr eine abwechslungsreiche Arbeit mit der Möglichkeit in viele Bereiche einmal „hinein zu schnuppern", bevor sie sich langfristig im Unternehmen positionieren. Neben einem Konzernüberblick erlangen sie damit eine hohe Sichtbarkeit im Unternehmen und können Kontakte im ganzen Konzern aufbauen. Die Karriereaussichten des Beraters werden durch diese Punkte verbessert und die Entwicklung beschleunigt. Die Inhouse-Beratung bietet daher vielfach deutliche Vorzüge gegenüber dem Direkteinstieg in ein Unternehmen.

Abbildung 2.1   Vorzüge der internen Beratung aus Sicht des Bewerbers

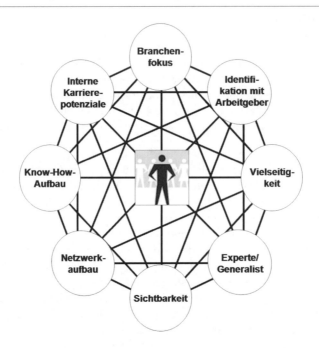

2.4.2   Career Development

Die Inhouse-Beratung bietet den Beratern ausgezeichnete berufliche Entwicklungsmöglichkeiten. So können die Berater durch das Projektgeschäft schnell Erfahrungen in verschiedenen Konzernbereichen sammeln. Dadurch bauen sie ihre Generalistenkompetenz innerhalb des Konzerns auf und aus. Das Projektgeschäft bietet Ihnen außerdem die Möglichkeit, die verschiedenen Kulturen innerhalb des Konzerns kennen zu lernen. So lernen sie einerseits, sich in unterschiedlichen betrieblichen Umfeldern zurecht zu finden, andererseits lernen sie auch verschiedene Arbeitsweisen kennen. Durch die Mitarbeit in verschiedenen Bereichen des Konzerns lernen sie außerdem die Auswirkungen ihres Handels auf den Konzern insgesamt einzuschätzen. Auch in eng eingegrenzten Aufgaben haben sie daher zunehmend die Ziele des Konzerns als Ganzes im Fokus. Durch diese Vorteile erlangen die Berater eine einmalige Stellung im Unternehmen, welche insbesondere ihre Eignung für zentrale Führungspositionen stützt.

Zusätzlich werden interne Berater stärker in die Umsetzung der von ihnen entwickelten Konzepte eingebunden. Außerdem hat der Konzern bei Inhouse-Beratern die Möglichkeit, diese frühzeitig in Aktion zu testen, bevor sie Führungspositionen ausüben. Durch eine Inhouse-Beratung erweitert ein Konzern somit den Pool potenzieller künftiger Führungskräfte und bereitet diese gleichzeitig auf zukünftige Aufgaben vor.

2.4.3   Transfer

Mitarbeitern einer Inhouse-Beratung stehen viele Optionen zum Wechsel in andere Konzernbereiche zur Verfügung (siehe Abbildung 2.2). Ihre einmalige Stellung als Generalist oder Spezialist im Unternehmen sowie ihre Erfahrung in verschiedenen Bereichen des Konzerns qualifiziert sie in weiten Bereichen als Führungskraft. Die Berater können dabei im Idealfall auf ein breites Netzwerk und die Unterstützung verschiedener Bereiche des Konzerns zurückgreifen. In Verbindung mit der Unterstützung der Inhouse-Beratung beim Übergang in andere Konzernbereiche ergibt sich somit für Berater ein interessanter Karrierepfad jenseits der Beratung.

Die breite Aufstellung der Berater sowie der Einblick in verschiedene Konzernbereiche bieten für besonders qualifizierte Mitarbeiter noch eine zusätzliche Karriereoption. Die konzernweiten Erfahrungen befähigen diese Berater zu zentralen Konzernaufgaben. Insbesondere für diese Positionen ist das breite Netzwerk wichtig, welches sich die Berater innerhalb des Konzerns aufbauen können. Ein Konzern kann daher seine Inhouse-Beratung u. a. als Programm zur Ausbildung künftiger Führungskräfte nutzen.

Abbildung 2.2   Stärken und Eignung der Berater beim Transfer in den Mutterkonzern in Abhängigkeit von ihrer Aufstellung im Konzern

Fokussierung auf einen Konzernbereich	Mäßig übergreifende Projektaufstellung	Stark übergreifende Projektaufstellung
> Spezialwissen > Spezifische Kenntnisse von Stärken und Schwächen des Fokusgebiets > Einordnung zentraler Führungsvorgaben > Einarbeitung in neue Problemstellungen	> Relevantes Spezialwissen > Generalistenwissen > Abwägung der Interessen der Fokusgebiete mit Konzerninteressen	> Generalistenwissen > Weitläufige Methodenkompetenz > Konzernüberblick > Vertiefte Kenntnis vieler Konzernbereiche > Netzwerk
▼	▼	▼
Spezialist	**Führungskraft in Konzernabteilungen**	**Führungskraft in Konzernzentrale**

Eine Inhouse-Beratung, welche die Bereiche Recruiting, Career Development und Transfer wie hier beschrieben abdeckt, ist sowohl für junge High Potentials als auch den Mutterkonzern attraktiv. Den Nachwuchskräften stehen die breiten und schnellen Entwicklungsmöglichkeiten einer Beratung kombiniert mit dem Hereinwachsen in einen Konzern offen. Eine Inhouse-Beratung stellt somit auch aus Nachwuchsförderungsgesichtspunkten einen Wettbewerbsvorteil für Großkonzerne dar.

3 Praxisbeispiel RWE Consulting

Der folgende Text zeigt anhand des Praxisbeispiels RWE Consulting, wie sich eine Inhouse-Beratung aufstellen kann, um einen Wettbewerbsvorteil für den Mutterkonzern zu generieren. Hierzu werden die vorher dargestellten vier Erfolgsfaktoren aus Kapitel 2 besonders betrachtet (siehe nachfolgende Abbildung).

Abbildung 3.1   Umsetzung der Erfolgsfaktoren am Beispiel RWE Consulting

Die RWE Consulting GmbH ist die Inhouse-Beratung des RWE-Konzerns und hat etwa 100 Berater, welche den RWE-Konzern international und auf allen Wertschöpfungsstufen beraten. Die Standorte sind Essen, Berlin, Frankfurt, Swindon (UK) und Arnheim (NL). Insgesamt gibt es vier Beraterlevel: Consultant, Senior Consultant, Managing Consultant und Business Partner. RWE Consulting ist direkt dem Strategievorstand der RWE AG unterstellt.

Die Mission der RWE Consulting bezieht sich auf die für den Konzern wichtigen Schlüsselfaktoren Delivery und Development:

■ **Delivery:** Leisten eines signifikanten Beitrags zur Verbesserung der Geschäftsperformance des RWE-Konzerns

■ **Development:** Akquisition und Weiterentwicklung von Führungskräftenachwuchs und Experten für den RWE-Konzern

Hierdurch wird eindeutig der Anspruch formuliert, dem RWE-Konzern durch die Inhouse-Beratung einen Wettbewerbsvorteil zu erarbeiten.

Leistungsanspruch und Commitment
Das Selbstverständnis der RWE Consulting ist wie folgt formuliert:

> „Wir sind eine Top-Managementberatung und wir sind RWE"

Hiermit wird zum Ausdruck gebracht, dass der Leistungs- und Qualitätsanspruch auf Augenhöhe mit den externen Top-Beratungen liegt, die Berater der RWE Consulting aber gleichzeitig Experten des RWE-Kerngeschäfts sind und sich den Zielen und dem langfristigen Erfolg des Konzerns verpflichtet haben.

Kosten reduzieren
Die Kostenreduktion für den RWE Konzern realisiert RWE Consulting durch entsprechende Projekte, die den Konzern effizienter machen und das Betriebsergebnis langfristig optimieren. In vielen Fällen substituiert die Inhouse-Beratung der RWE dabei externe Beratungen. In anderen Fällen werden Joint Teams mit externen Beratungen formiert, um Aufgabenstellungen für den Konzern zu lösen. Zusammen mit dem Konzerneinkauf der RWE hilft die interne Consulting-Einheit dabei, den Cash-Out zu reduzieren. Dies wird dadurch realisiert, dass zu jeder Beauftragung externer Managementdienstleistungen die RWE Consulting von den Fachabteilungen eingebunden wird, um die Aufgabenstellung zu prüfen und eine Empfehlung für die Auswahl der Berater abzugeben. Hierbei steht RWE Consulting jedoch – ganz nach dem eigenen Selbstverständnis – in vollem Wettbewerb mit externen Beratungen. Der Kunde trifft die letzte Entscheidung.

Qualität erhöhen
RWE Consulting hat eine Key-Account-Struktur, in der die Business Partner die jeweiligen Gesellschaften des RWE-Konzerns betreuen. Durch diese Accountstruktur wird sichergestellt, dass RWE Consulting den Konzern optimal unterstützt. Die Business Partner sind an ihren jeweiligen Kunden „dicht dran" und verfügen daher über einen tiefen Einblick in die entsprechenden Konzernbereiche. Gemeinsam generieren sie einen Überblick über die Aktivitäten im Konzern und können somit übergreifende Themen identifizieren sowie den Know-how-Transfer zwischen den Wertschöpfungsstufen und Regionen organisieren.

Diese Key-Account-Struktur wird durch interne Kompetenz-Teams unterstützt und ergänzt. Kompetenz-Teams bestehen in der Regel aus fünf bis zehn Beratern, die systematisch für den Kunden relevantes Know-how sammeln, aufbereiten und sich zu Experten in ihrem jeweiligen Themengebiet entwickeln. Die Kompetenz-Teams sind entlang der Wertschöpfungsstufen der Energiewirtschaft ausgerichtet oder bearbeiten wichtige Querschnittsthemen (z.B. Strategie, Finanzen etc.). Der interne Austausch der Kompetenz-Teams untereinander und mit den Business Partnern ermöglicht es, wertschöpfungsübergreifende Trends und Beratungsbedarfe der Kunden zu erkennen und somit einen hohen Mehrwert aus Kundensicht zu generieren.

Wenn ein Kunde einen Beratungsauftrag erteilt, wird das Projektteam durch einen internen Assignment-Prozess besetzt. Dieser stellt sicher, dass der Kunde, die Berater bekommt, die optimal zu seiner Aufgabenstellung passen (siehe **Error! Reference source not found.**).

Abbildung 3.2   Assignment-Prozess der RWE Consulting

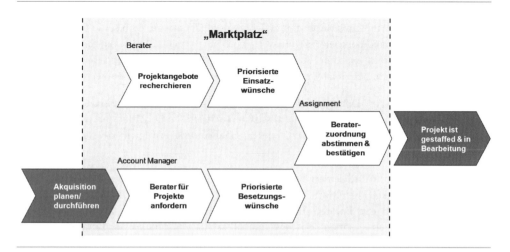

Die Partner melden ihre Akquisitionen und geplanten Projekte, den jeweiligen Beraterbedarf sowie Besetzungswünsche an den Assignment-Manager. Gleichzeitig melden die Berater ihre Verfügbarkeit sowie Priorisierungen des Einsatzwunsches. Der Assignment-Manager, als „oberster Aufseher des Markplatzes" bringt diese beiden Interessen im Sinne des Kunden zusammen und ermöglicht die Besetzung des Projekts mit den bestmöglichen Ressourcen.

Zur Erhöhung der Beratungsqualität nutzen alle Berater einen Chartservice, der die Konzepte der Berater in Powerpoint umsetzt. Dies ermöglicht den Beratern, sich auf die Problemlösungen zu fokussieren und sich nicht mit der technischen Realisierung der Charts aufzuhalten. Darüber hinaus wird so ein einheitliches Aussehen und „Look & Feel" sichergestellt. Die Berater der RWE Consulting haben ebenfalls die Möglichkeit für ihre Projekte Research-Aufträge durch professionelle externe Dienstleister abzuwickeln.

Nachwuchs fördern

Das Development-System bildet den zweiten Schlüsselfaktor der RWE Consulting. Es bildet ein integriertes System der Mitarbeiterakquise und –entwicklung vom Recruiting bis zum Transfer in den Konzern.

Zum Recruiting neuer Mitarbeiter entwickelt RWE Consulting eine eigenständige Recruiting-Kampagne, die auf Basis des RWE Brandings gezielt Hochschulabsolventen und Professionals anspricht. Darauf aufbauend werden spezifische Recruiting-Aktivitäten für unterschiedliche strategische Zielgruppen durchgeführt. So wirbt RWE Consulting z.B. Nachwuchsberater durch Informations- und Werbungsveranstaltungen an Top-Universitäten sowie auf Messen an. Erfahrene Energiewirtschaftsexperten sowie Berater werden dagegen gezielt rekrutiert. Zur Unterstützung des Recruitings wird potenziellen Interessenten die Information über RWE Consulting durch eine stetig aktualisierte Website erleichtert. Neben diesen internen Maßnahmen nutzt RWE Consulting außerdem die allgemeinen Recruitingkanäle des Mutterkonzerns.

Im Recruiting hat RWE Consulting den gleichen Qualitätsanspruch an seine Bewerber wie externe Top-Managementberatungen. Bewerber durchlaufen einen intensiven Recruitingprozess und werden durch seniore Berater geprüft. Neben den fachlichen Fähigkeiten werden dabei gleichwertig die sozialen Kompetenzen der Bewerber geprüft.

Die zweite Stufe des Development-Systems bildet die Mitarbeiterentwicklung. Hier verfolgt RWE Consulting einen generalistischen Ansatz. Juniore Berater werden daher zunächst breit im Konzern eingesetzt, eine Spezialisierung erfolgt in der Regel erst auf höheren Karrierestufen.

RWE Consulting gewährt seinen Beratern ein hohes Maß an Eigenverantwortung. Die hohe Eigenständigkeit resultiert einerseits aus dem oben beschriebenen Assignment-Prozess, durch den die Berater ihren Projekteinsatz und ihre Entwicklung zu einem gewissen Maß steuern können. Etwaige Spezialisierungen können die Berater daher in Ihren Interessensgebieten wählen. Andererseits fördert RWE Consulting durch verschiedene Maßnahmen das interne Engagement seiner Mitarbeiter. Über verschiedene Initiativen können die Mitarbeiter dadurch zum Erfolg des Unternehmens beitragen und gleichzeitig ihre fachlichen und sozialen Fähigkeiten weiter entwickeln.

Die Weiterbildung der Berater wird durch verpflichtende Seminare ergänzt. Neue Berater durchlaufen eine standardisierte Seminarreihe, die ihnen die grundlegenden Beratungstools vermittelt. Zusätzlich vereinbart jeder Berater jährlich ein spezifisches Seminarprogramm interner und externer Anbieter zu seiner persönlichen Weiterentwicklung.

Die dritte Stufe des Development-Systems wird durch die Option zum Transfer der Mitarbeiter in den Mutterkonzern gebildet. Ein definiertes Ziel von RWE Consulting ist die Entwicklung von Nachwuchskräften für Führungsaufgaben im Konzern. Dadurch besteht für die Berater die Möglichkeit ihre Karrierewünsche offen zu kommunizieren und auf die Unterstützung von RWE Consulting zu bauen. Der Konzern hat somit die Option den erweiterten Pool an Nachwuchsführungskräften zur Besetzung von Führungspositionen zu nutzen. Im Umkehrschluss erhöht die Option der Weiterentwicklung in führende Konzernpositionen die Motivation der Berater sowie die Attraktivität von RWE Consulting zum Recruiting junger High Potentials.

7

Inhouse Consulting als Bestandteil eines unternehmensübergreifenden Akademie-Konzeptes – das Beispiel der EnBW Akademie GmbH

Robert Dörzbach, Dagmar Woyde-Köhler

1   Die Entstehung interner Consulting-Betriebe

Die Entstehung interner Unternehmensberatungen geht im Wesentlichen auf die gestiegenen Anforderungen an die Professionalisierung von Projektarbeit in den Konzernen zurück. Mitte der 90er Jahre sind dabei die meisten internen Unternehmensberatungen gegründet worden. 2004 verfügten bereits 75 Prozent aller DAX- und MDAX-Unternehmen über eine interne Beratungseinheit[20]. Es ist eine zunehmende Tendenz zur Gründung und Professionalisierung von Inhouse Consulting in Großunternehmen und größeren Mittelständlern zu beobachten.

Die Beratungsleistungen erstrecken sich in der Regel über die klassischen Themenfelder von Unternehmensberatungen. Dazu gehören insbesondere die Konzeption und Optimierung von Unternehmensstrategien, Geschäftsprozessen sowie Aufbau- und Ablauforganisationen. Als Folge des Restrukturierungsbedarfs in Unternehmen ist Change Management ebenfalls häufig Bestandteil des Kompetenzportfolios der internen Unternehmensberatungen.

In der EnBW Akademie wurde im Jahr 2003 das Geschäftsfeld „Beratung" aufgebaut. Nach nun mehr als fünf Jahren hat sich dieses erfolgreich positioniert.. Ein kurzer Blick zurück soll zu Beginn dieses Artikels einige Aspekte aufzeigen, welche die Besonderheiten des Geschäftsmodells der EnBW Akademie verdeutlichen, soweit sie zum Erfolg der Consultingeinheit beigetragen haben.

1.1   EnBW Akademie: Konzernauftrag und grundsätzliche Zielsetzung

Als erstes Unternehmen der Energiebranche in Deutschland gründete die EnBW AG im Jahr 2000 eine Corporate University – die EnBW Akademie (AKA). Personal- und Managemententwicklung werden hier als wettbewerbsrelevante Investitionsfelder verstanden. Von jeder Investition wird ein „return on invest" erwartet. Ein „return" im Aufgabenfeld der Entwicklung von Menschen und Organisationen ist, nicht immer einfach messbar und darstellbar wie in anderen Bereichen. Dennoch gehört es zum Anspruch der EnBW Akademie, in der Zusammenarbeit mit ihren Kunden einen Mehrwert mit nachhaltiger Wirkung zu schaffen. Dabei versteht sie sich als Entwicklungspartner in einem auf Dauer angelegten Prozess der Kompetenzentwicklung und Veränderungsbegleitung.

---

[20] Quelle: Handelsblatt, 02.07.2004.

Von Anfang an stand die EnBW Akademie als GmbH voll im Wettbewerb mit externen Anbietern. Sämtliche Kosten wurden vom ersten Tag an auf Basis einer wettbewerbsfähigen Leistungsverrechnung eigenständig finanziert. Dies hat sich bis heute fortgesetzt. Konsequenterweise entwickelte die EnBW Akademie im Laufe der ersten beiden Geschäftsjahre ein Leistungsportfolio, in dem sie die vorhandenen Stärken des eigenen Teams im Wettbewerb mit den externen Anbietern, um die Kunden auf dem Konzernmarkt der EnBW optimal nutzen konnte. Der Schwerpunkt lag zunächst im Bereich der Trainings und Seminare für das Management sowie die Mitarbeiter.

Nachdem im ersten Geschäftsjahr ausreichend Erfahrung in der Bearbeitung des Markts gesammelt werden konnte, entschied sich die Geschäftsleitung im Jahr 2002, die strategische Ausrichtung und das Geschäftsmodell der Gesellschaft auf ihre zukunftsfähigen Potenziale hin zu überprüfen. Als Ergebnis wurde ein neues Geschäftsmodell entwickelt, in welchem drei vertikal differenzierte Geschäftsbereiche in enger Vernetzung und unter einer gemeinsamen Geschäftsleitung ein ganzheitliches, systemisch ausgerichtetes Portfolio an Consulting- und Qualifizierungsdienstleistungen anbieten:

■ Der **Geschäftsbereich „Qualifizierung"** fokussiert auf organisiertes Lernen in standardisierten wie auch kundenspezifisch entwickelten Formaten, die sowohl für das Management wie auch für die Mitarbeiter, sowohl für Gruppen als auch für Einzelpersonen angeboten werden.

■ Der **Geschäftsbereich „Konzernprogramme"** arbeitet im Auftrag des Holding-Vorstands und fokussiert seine Leistungen auf den Konzern, d.h. auf gesellschaftsübergreifende Themen und Aktivitäten, längerfristig angelegte Prozesse zur Weiterentwicklung der Unternehmens- und Führungskultur.

■ Der 2003 neu geschaffene **Geschäftsbereich „Beratung"** fokussiert auf den Bedarf an professioneller Beratung und Prozessbegleitung, der in den verschiedenen Konzerngesellschaften der EnBW entsteht. Auftraggeber sind die Führungskräfte und Projektleiter des Konzerns, seiner Gesellschaften und Beteiligungen.

Mit dem Aufbau der internen Consultingeinheit wurde jene Lücke geschlossen, die bis dahin bestanden hatte und deren Bedeutung für die Veränderungsfähigkeit und -bereitschaft eines Unternehmens nicht hoch genug eingeschätzt werden kann. Die Perspektive langfristiger Zusammenarbeit auf Basis der intensiven Kenntnisse des Unternehmens schafft Möglichkeiten nachhaltiger Wirkung, die durch den Einsatz immer wieder wechselnder externer Berater nicht möglich wären. Auch die enge Verzahnung der internen Beratung mit den beiden anderen Geschäftsbereichen der EnBW Akademie, das Arbeiten „Hand in Hand", auf allen Ebenen und in allen Bereichen der EnBW AG ist von Vorteil.

Fünf Jahre nach Einführung des Inhouse Consultings wurde die strategische Ausrichtung dieses gesamten Geschäftsmodells im Jahr 2008 erneut intensiv überprüft. Dies geschah vor dem Hintergrund eines enormen quantitativen Wachstums in den Jahren seit 2004. Das Geschäftsmodell wurde an die zu erwartenden Herausforderungen der kommenden

Jahre angepasst und auf qualitatives Wachstum ausgerichtet. Die Ergebnisse dieser Strategiearbeit, die bereits umgesetzt werden, finden sich in dem nun folgenden Beitrag dargestellt.

1.2 Der Geschäftsbereich ‚Beratung/IHC' – horizontal vernetzt, vertikal differenziert

1.2.1 Beobachtete Entwicklung bzw. Veränderung der Nachfrage nach Consultingleistung

Als „jüngster" der drei Geschäftsbereiche im Jahr 2003 von der Akademie-Geschäftsführung initiiert, lag der Fokus zunächst sehr stark auf Consultingunterstützung für Teamleiter und das mittlere Management, also den Positionen, die besonders mit den Herausforderungen der „Sandwich-Rolle" umgehen müssen. Diese Sandwich-Rolle ergibt sich im wesentlich daraus, dass in der Regel das mittlere Management für die Umsetzung der strategischen & betriebswirtschaftlichen Zielsetzungen und Vorgaben aus den Hierarchiestufen darüber zu sorgen hat. Hierbei ist es häufig, insbesondere bei Ressourcenkonflikten, mit dem Widerstand bei den betroffenen Mitarbeitern unmittelbar konfrontiert.

Konkrete Projektmanagementunterstützung vor Ort, Coaching, Moderationen und Teamentwicklung bildeten den Hauptkern des Leistungsportfolios der Consultingeinheit. Einen wesentlichen Entwicklungsschub bekam der Bereich in den Jahren 2003/2004 im Kontext des vom damaligen Holdingvorstand initiierten konzernweiten und auf 4 Jahre angelegten Ergebnisverbesserungsprogramms TopFit. Der damalige Vorstand beauftragte die Akademie mit der Changebegleitung der Führungskräfte im Rahmen des Projektes.

Dabei bestand die übergreifende Zielsetzung und Herausforderung darin, die Konzernführungskräfte für die anstehenden Veränderungsprozesse „Konzernumbau" und personalwirtschaftliche Maßnahmen zu sensibilisieren und vorzubereiten, d.h. eine Erhöhung der Veränderungsfähigkeit, Veränderungsbereitschaft und Veränderungsgeschwindigkeit spürbar zu erwirken. In Form von zentralen & dezentralen Workshops, Coachings und Veränderungsbegleitung vor Ort wurde an folgenden Themen gearbeitet:

- Stabilisierung der Führungskompetenz, insbesondere im Mittleren Management

- Verknüpfung der Konzernperspektive mit der individuellen & gesellschaftbezogenen Perspektive

- Verbesserung der Zusammenarbeit über die Bereichs- und Gesellschaftsgrenzen hinweg

- Verankerung eines gemeinsamen EnBW-Führungsverständnisses

Durch das „horizontale" Zusammenwirken innerhalb der Akademie konnte für die Konzernführungskräfte eine differenzierte, systematische und daher sehr wirksame Unterstützung in dieser schwierigen Phase geschaffen werden.

Darüber hinaus können folgende Erklärungsansätze für die bis heute kontinuierlich gestiegene Nachfrage nach interner Consultingleistung bei EnBW herangezogen werden (vgl. auch Teil 6 in diesem Sammelband) .

Eine stark gestiegene Nachfrage nach umsetzungsorientierten und realisierungsfähigen Consultingkonzepten ist zu erkennen. Durch den Einsatz interner Berater wird der Know-How-Verlust nach extern vermieden. Auf der Kostenseite wird für den Konzern der Mittelabflusses nach extern vermindert.

Durch die Verschlankung der Unternehmensstruktur ist eine relative Knappheit personeller Ressourcen in den operativen Funktionsbereichen entstanden die ausgeglichen werden kann. Da die Mitarbeiter der Akademie naturgemäß mit dem Konzern, seinem Umfeld und seiner Kultur vertraut sind, reduziert sich die Einarbeitungszeit auf ein Minimum. Dies ermöglicht eine kurzfristige Übernahme von Aufgaben in Projekten durch eine Qualifizierung „on-the-job".

Ebenso führt die zunehmend hohe operative Belastung der Konzernkunden zu einem Bedarf nach „Komplettangeboten" mit one-face-to-the-customer-Prinzip. Hierbei werden seitens des Akademie-Projektleiters meist die Aufgaben der Auswahl der internen und externen Berater, aber auch das komplette Projektstaffing übernommen.

Desweiteren kann der fachliche Projektleiter bei Verhandlungen mit dem Konzerneinkauf und beim Controlling des Projektbudgets unterstützt werden. Ein weiteres wichtiges Thema ist die Organisation des Feedbackprozesses aus Richtung und in Richtung des Kunden .

1.2.2   Adäquate Ansprache der Managementlevel durch ein ensprechendes Beratungsportfolio

Damit Führungskräfte und Mitarbeiter von notwendigen Veränderungen überzeugt werden können, ist die Sicht auf kulturelle, verhaltensbezogene Faktoren wichtig. Doch sie reicht nicht immer aus. Man braucht dazu immer auch die inhaltlich-technische Lösungssicht. Da Change-Management in immer kürzerer Zeit greifen muss, ist es nötig geworden, „harte" und „weiche" Change-Themen nicht mehr hintereinander, sondern integriert zu bearbeiten. Harte Faktoren (wie Strukturen und Prozesse) und weiche Faktoren (wie Kulturmerkmale und innere Haltungen) sind in einem Change-Prozess gleichzusetzen und gleichzeitig zu bearbeiten. Zielsetzung des Leistungsportfolios ist die Verknüpfung von systemischer Prozessbegleitung mit dem Know-How klassischer Fachberatung, siehe auch folgende Abbildung:

Abbildung 1.1   Verknüpfung von systemischer Prozessbegleitung mit dem Know-How klassischer Fachberatung

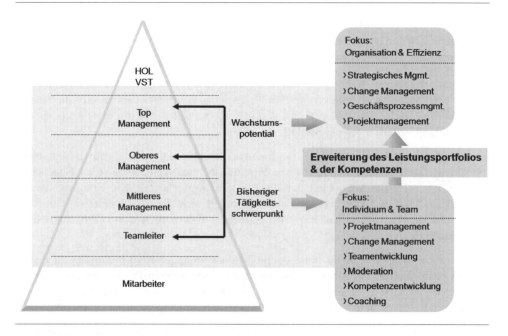

Die Umsetzungvarianten sind hierbei vielfältig:

Die Beratungsleistungen können als reine Eigenleistung, durch Vermittlung von Fremdleistungen oder als Komplementär im Zusammenspiel mit internen oder externen Fachspezialisten erbracht werden.

Dem gesamten Leistungsportfolio liegt nachfolgend beschriebenes Consultingverständnis zugrunde, das aktuell von 25 Berater/-innen mit unterschiedlichen Ausbildungshintergründen (u.a. VWL, BWL, Jura, Psychologie, Ingenieure) geprägt und ständig weiterentwickelt wird.

Das zugrundeliegende Consultingverständnis der EnBW-Akademie zeichnet sich durch zwei wesentliche Merkmale aus:

- ◼ Ganzheitlicher Consultingansatz durch Verknüpfung von systemischer Prozessbegleitung und Know-How klassischer Fachberatung.

- ◼ Wahrung der erforderlichen professionellen Distanz in der Auftragsbearbeitung, verbunden mit hoher Loyalität gegenüber dem Konzern und seiner Kunden. Unser Credo „Kundennutzen geht vor Akquise" unterstreicht dies zudem.

1.2.3   Veränderte Anforderungen an den internen Berater

Der interne Berater hat heute ein verändertes Profil und stärkere Verantwortung. Er arbeitet intensiv an den Nahtstellen des Unternehmens. Als Experte für das Unternehmen, die Märkte und den Wettbewerb wird der Berater oft Teil des Konflikts. Er geht schneller und tiefer hinein in das Unternehmen; oft zusammen mit anderen speziell ausgebildeten Experten (zum Beispiel für Prozessmanagement, Innovationsmanagement oder den HR-Business Partnern). Er arbeitet unter dem Druck, den der Wettbewerb den Unternehmen diktiert, um sich zu verbessern. Er schafft Sicherheit und bestimmt, wie der spezielle Consulting-Prozess zu choreographieren und in welcher Zeit er zu realisieren ist.

Hinzu kommt, dass der interne Berater nach dem Abschluss eines Consultingeinsatzes natürlicherweise im Gesamtkonzern bleibt. Sein Name wird weiterhin mit den Ergebnissen seiner Arbeit verknüpft, seine „Verantwortung" bleibt somit bestehen. Er steht daher verstärkt unter dem latenten Druck bei seinen Kollegen auch nachhaltig keinen „schlechten Eindruck" zu hinterlassen. Vor diesem Hintergrund haben die Akademie und der Consultingbereich folgende Beraterrollen ausdifferenziert, um die Ziele besser bedienen zu können (siehe auch Abbildung 1.2).

- **Auftragsverantwortlicher**
  mit dem Ziel professioneller Umsetzungsorientierung.

- **„Generalunternehmer"**
  mit dem Ziel der Koordination von unterschiedlichen Consultingprozessen und damit verbundener Wertschöpfung im Kontext von Großprojekten (i.d.R. mit der Beteiligung von Externen).

- **Kundenbetreuer**
  mit dem Ziel der verstärkten Kundennähe und erhöhtem Kunden- und Marktverständnis.

- **Center of Expertise**
  mit dem Ziel der Weiterentwicklung der Akademie-Expertise.

Abbildung 1.2   Zusammenspiel der Beraterrollen

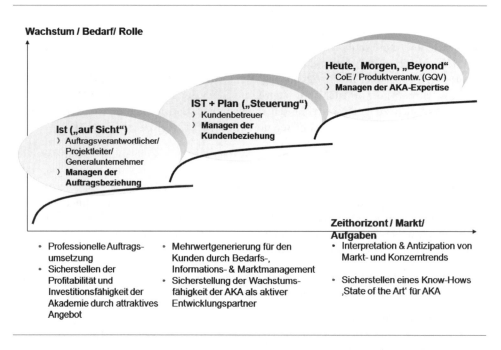

1.2.4   Zwei Praxisbeispiele, die den Mehrwert des integrierten Leistungsangebots verdeutlichen

Bei den beiden in Tabelle 1.1 aufgeführten Beispielen ist der Consultingbereich AKA GB der Auftragnehmer, also der in der Verantwortung gegenüber dem Kunden stehende Bereich.

Die Herausforderungen bei beiden Aufträgen lag darin, neben klassischer Consultingleistung (Moderation, Sparring, Projektdesign, etc.) auch der Kampagnenprozess, die Veranstaltungsorganisation (Teilnehmermanagement, Veranstaltungslogistik, etc.) und die Einbindung und Steuerung externer Partner sicherzustellen.

Tabelle 1.1   Charakteristika der Praxisbeispiele

	Anlass	Zielsetzung	Auftrag an AKA GB
Bsp. 1	■ Transferbegleitung bei Gesellschafts-wechsel von über 200 Mitarbeitern aufgrund Restrukturierung	■ Auseinander-setzung mit Veränderungs-prozess (persönlich und organisational)	■ Gesamtkonzeption ■ Veranstaltungs-organisation ■ Moderation und Begleitung ■ Impulsgeber
Bsp. 2	■ Präventives Risiko-management im Kontext IT-Security (konzernweit)	■ Verständnis aufbauen durch zielgerichtete Informationen ■ Kulturveränderung	■ Gesamtkoordination ■ Sparringspartner für Projektleitung ■ Durchführung (Organisation und Kampagne)

Durch das in der EnBW Akademie vorhandene breite Leistungsangebot und Know-How gelang dies in der Umsetzung hervorragend mit folgenden positiven „Nebeneffekten":

■ Der Kunde wurde kontinuierlich von seinem persönlichen Ansprechpartner betreut, d.h. Klarheit in der Ansprache und Zuständigkeit:

■ Leistungserbringung aus „einer Hand", d.h. betriebswirtschaftliche Optimierung des Gesamtprozesses

■ Spürbares „EnBW-Branding" für die Teilnehmer

1.3   Weitere Erfolgsfaktoren

1.3.1   Profitcenterstruktur

Auch vor dem Hintergrund, dass unser Konzern kontinuierlich das unternehmerische Denken und Handeln bei seinen Managern einfordert, d.h. eine quantitative und qualitative Betrachtung seines Wirkens verlangt, ist es für einen Berater nur konsequent und selbstverständlich, dies auch selbst vorzuleben .

Als Profitcenter stehen wir im direkten Wettbewerb mit anderen Unternehmensberatungen. Die Konzerngesellschaften und deren Führungskräfte haben jedoch die Entscheidungsfreiheit bei der Beraterwahl. Es besteht somit keine Verpflichtung zur Abnahme.

Die Preise für unsere Leistungen liegen in der Regel 20% unter den vergleichbaren Marktdurchschnittswerten. Wirtschaftliches Ziel ist das Erwirtschaften eines Deckungsbeitrages im Geschäftsergebnis („schwarze Null"). Dies trägt dem Umstand Rechnung, dass wir ca. 95% unseres Umsatzes auf dem EnBW internen Markt tätigen und folglich ein Gewinnmaximierungsansatz aus unserer Sicht kontraproduktiv im Konzernzusammenspiel ist.

1.3.2   ROI-Versprechen

Der Schlüssel zu unserem Erfolg ist die enge und ergebnisorientierte Zusammenarbeit mit dem Kunden: Der Kunde kennt seinen Bedarf und den Markt – AKA GB stellt die Fach- und Methodenkompetenz und bei Bedarf das Netzwerk außerhalb der Klientenorganisation zur Verfügung.

Natürlich ist es nicht leicht, gerade bei „soft facts" den Mehrwert einer Beratungsleistung „hart" zu messen. Aber ein vom Kunden empfundener ROI kann sich auch an folgenden Kriterien orientieren:

- Regelmäßige Reflektion der Strategien und Ziele mit den jeweiligen Kunden-gesellschaften inkl. entsprechender Ableitung des Unterstützungsbedarfs durch die Akademie und deren Consultingbereich

- Abgleich und entsprechende Anpassung der Budgets, die von den Gesellschaften für Dienstleitungen der Akademie eingeplant werden, mit den tatsächlichen Bedarfen

- Erfolge bei Vertragsverhandlungen mit externen Lieferanten werden eins zu eins an die internen Kunden weitergegeben

- Verhandelte Leistungspreise werden ohne Aufwandsverrechnung an die Kunden weiterverrechnet

- Kontinuierliche Feedbackgespräche mit dem Kunden, konkrete Auftragsevaluation und die Erstellung von Projektberichten sind ein fester Bestandteil unserer Consultingarbeit. Dadurch wird die Wirksamkeit und Nachhaltigkeit unserer Arbeit sichergestellt.

1.3.3   Mit den Wettbewerbern zusammenarbeiten

Im Wettbewerb mit Externen zu stehen und gleichzeitig mit ihnen in Consultingprojekten zusammen zu arbeiten muss kein Widerspruch sein. Das konstruktive Managen dieses Spannungsfeldes kann zu einer echten win-win-Situation führen, bei der die jeweiligen Stärken eingebracht werden.

Die Akzeptanz der internen Berater kann im eigenen Haus unter Umständen durch die Einbindung von externen Partnern erhöht werden, da dies unserer Einschätzung nach für die (Selbst-) Reflexionsfähigkeit der Inhouse Consultants spricht und unser Credo

„Kundennutzen vor Akquise" unterstreicht. Aus der anderen Richtung kann die Kooperation mit einem IHC externen Partnern mittel- bis langfristig eine verlässliche Kundenbeziehung bringen.

Abbildung 1.3   Partnerschaftsmodell zwischen EnBW Akademie und externen Partnern

I) Preis-Partnerschaft	II) Kompensations-Partnerschaft
› Akademie kann Marktpreise nicht unterbieten › Qualität ist Markt-Standardisiert › Bedarfsdeckung durch Marktkonformen Partner	› Akademie kann die Bedarfe aus Kapazitätsgründen nicht decken › Bedarfsdeckung durch „verlässlichen Partner"
III) Experten-Partnerschaft	IV) Komplementär-Partnerschaft
› Akademie kauft Experten-Know-How ein › Einzelfallentscheidungen	› Fokus auf gemeinsamer Entwicklung › Auf Langfristigkeit angelegt

Anhand des skizzierten Partnerschaftsmodells kann die EnBW Akademie klare Erwartungshaltungen, Rollenaufteilungen, Verantwortlichkeiten und Qualitätsstandards adressieren. Grundsätzlich wird Wert darauf gelegt, dass auf der Auftraggeberseite ein Projektleiter als Verantwortlicher vorhanden ist. Bei größeren Aufträgen wird der Projektleiter durch einen Auftragsverantwortlichen auf Beraterseite komplettiert. Je nach Ausgestaltung des Auftrages kann dies, zum Beispiel bei benötigtem speziellem Know-How, auch von einem externen Partner abgedeckt werden.

1.3.4   Grenzen erkennen und akzeptieren - das Zusammenspiel von Make or Buy verstehen

Modellabhängig sollte man sich auch über die Grenzen der internen Beratung im Klaren sein. Wer in ein System eingebunden ist, kann manche Probleme und Prozesse nicht immer aus der   „freien Vogelperspektive" betrachten. Häufig ist es schwieriger, überzeugend als Vermittler zu fungieren.

Das Einbringen von Erfahrungen aus anderen Unternehmen und branchenübergreifenden Erkenntnissen in Projekte und Lösungsvorschläge ist ·eine naturgemäße Anforderung an und Stärke von externen Partnern. Zudem müssen diese auf die interne Politik eines Unternehmens keine Rücksicht nehmen .

Nachfolgende „Make or/and Buy"-Übersicht bietet ein Orientierungssystem sowohl für die beteiligten Berater, als auch für den Kunden.

Abbildung 1.4   Make or/and Buy-Übersicht bietet Orientierungssystem

	Make		**Buy**	
	Vorteile	Nachteile	Vorteile	Nachteile
Akzeptanz	Berater kann interne Unterstützung für das Projekt gewährleisten	Prophet im eigenen Lande zählt nicht viel	Prestige des Beraters kann als Türöffner dienen; Neutralität sichert Gesprächs-bereitschaft	Bei elitärem Auftreten drohen Akzeptanzprobleme bei den Mitarbeitern
Kosten	Niedrigere Tagessätze; Interne Informationswege sind bekannt und müssen nicht recherchiert werden	Infrastrukturkosten durch permanente Bereitstellung von Beratungs-kapazitäten	Beratung kann selektiv und temporär in Anspruch genommen werden	Hohe Tagessätze; Einarbeitungskosten fallen an; Lange Vorbereitungszeiten für Informations-beschaffung
Wissen	Unternehmens-spezifisches Know-how; Know-how bleibt im Unternehmen	Keine oder wenige neue Impulse	Verfügbarkeit überbetrieblichen Wissens; Methoden Know-how	Gefahr des Wissensabflusses
Problem-distanz	Realistische Einschätzung der Möglichkeiten und Grenzen des Projektes	Gefahr der Betriebsblindheit	Unvorein-genommenheit und relativ neutrale Position	Bei längeren Projekten oder Follow-up-Projekten droht auch Betriebsblindheit

1.4   Resümee

Zusammenfassend lassen sich folgende Erfolgsfaktoren festhalten, die essentiell für die positive Entwicklung des Consultingbereichs der EnBW Akademie waren und sind.

■ Hohe persönliche Qualifikation, Motivation und Integrität der Mitarbeiter

■ Vertrauenswürdigkeit und Diskretion trotz „kollegialer Nähe" zum Kunden

■ Loyalität gegenüber dem Gesamtkonzern und seiner strategischen Ausrichtung

- Als Profit Center organisiert und direkt dem Vorstand unterstellt

- Den Wettbewerb mit externen Unternehmensberatern annehmend

- Kundenbetreuung im Sinne von 'one face to the customer'

- Konsequente Auftragsklärung mit dem Credo: „Kundennutzen vor Akquise"

- Auch externes Know-how einbeziehend bei erkennen eigener Grenzen (siehe „Make and/or Buy" Matrix)

- Sicherstellung des EnBW „Cultural Fitting" in der Zusammenarbeit mit externen Partnern.

- Horizontale Vernetzung mit den Bereichen „Qualifizierung" und „Management Entwicklung/Konzerprogramme" in der EnBW Akademie (s. Punkt 1.2 und 1.3.4)

Dennoch begegnet man nach wie vor dem Phänomen „Der Prophet zählt wenig im eigenen Lande" oder der grundsätzlichen Frage „Welches Problem glaubt eine Organisation zu haben, auf das interne Beratung eine Lösung darstellt?".

Neben den beschriebenen operativen Argumenten und Merkmalen gibt es auch Antworten auf der Metaebene:

Interne Beratung als reflexive Selbstvergewisserung
Mit Hilfe der internen Beratung kommt sich die Organisation selbst auf die Schliche und letztlich mit sich selbst, mit ihren Möglichkeiten und ihrer Identität, in Kontakt.

Interne Beratung als komplementärer Partner
Um Umweltkomplexität abbilden und steuern zu können, brauchen Organisationen und damit insbesondere die Führungskräfte verstärkt systemische Expertise, um das Instrumentarium der betriebswirtschaftlichen Unternehmensentwicklung komplementär zu ergänzen.

Interne Beratung betreibt auch Komplexitätsreduktion
Sie bekommt spezifische Situationen in den Blick, die dadurch beobachtbar, besprechbar und bearbeitbar werden.

Die besonderen Merkmale der internen Berater liegen somit auf der Hand. Sie haben in der Regel einen besseren Überblick über das Unternehmen und genießen oft größeres Vertrauen bei den Mitarbeitern und der Unternehmensleitung. Sie nehmen die bei Projekten gewonnenen Erfahrungen nicht mit in andere Unternehmen. Im Gegenteil. Projekterfolge in einem Geschäftsbereich können auch in anderen Einheiten desselben Unternehmens genutzt werden. Wie geschildert kann dies jedoch auch zum Fehlen von externem Know-How führen, weshalb die EnBW Akademie ihr Partnerschaftsmodell für die Zusammenarbeit mit externen Partnern entwickelt hat.

Nur allein dafür, dass sie zum Konzern gehören, wird den Inhouse-Consultants jedoch nichts geschenkt. Die firmeneigenen Berater müssen sich immer häufiger beim Ringen um Beratungsprojekte gegen externe Konkurrenten durchsetzen.Laut dem Bundesverband Deutscher Unternehmensberater wird der Beratungsmarkt auch 2009 weiter wachsen.[21] Viele Unternehmen erkennen gerade in der Krise, dass sie sich noch fitter für die Zukunft machen müssen.

Dieser Trend wird auch verstärkt auf die Gründung und Weiterentwicklung von Inhouse-Consulting Einheiten durchschlagen. Die EnBW Akademie, erlebt dies im täglichen Geschäft schon heute und ist durch ihre ausdifferenzierte Strategie des qualitativen und quantitativen Wachstums in der Lage, in Zukunft aufkommende Kundenbedürfnisse zu erfüllen.

---

[21] Quelle: BDU-Markstudie „Facts + Figures zum Beratermarkt 2008/2009".

8

Transformation Consulting – Die Rolle des Center for Strategic Projects beim Umbau der Deutschen Telekom

Nikolai Iliev, Olaf Salm, Daniel Teckentrup

1   Ausgangslage – Beratungsbedarf in der Telekommunikationsbranche

1.1   Trend zur internen Beratung

Gesättigte Märkte, verschärfter Wettbewerb, steigender Kostendruck bei gleichzeitig hoher Innovationsrate zwingen Unternehmen täglich zu wichtigen und nachhaltigen Entscheidungen. Auswirkungen solcher Entscheidungen, zum Beispiel bezüglich eines neuen Produktangebots, können nicht selten das Kaufverhalten einer Vielzahl von Kunden oder die Wettbewerbsverhältnisse einer gesamten Branche beeinflussen. Vor allem die Telekommunikationsbranche ist wie keine andere Industrie von einer sehr hohen Veränderungsdynamik durch neue, innovative Produkte und Serviceorientierung bei gleichzeitig beobachtbarer Preiserosion geprägt. Generell müssen Unternehmen, deren Rahmenbedingungen im Markt starken und schnellen Änderungen unterworfen sind neben einer hohen Marktkomplexität auch die effiziente Restrukturierung in der eigenen Leistungserbringung bewältigen.

Im Sinne einer wirtschaftlichen Arbeitsteilung wird heutzutage in vielen Unternehmen zur Vorbereitung nachhaltiger Markt- und Unternehmensentscheidungen vermehrt externe Unterstützung von Unternehmensberatungen beansprucht und eingekauft. Dies belegen auch die zweistelligen Wachstumsraten im deutschen Markt für Managementberatung. So hat sich nach Angaben des Bundesverbands Deutscher Unternehmensberater (BDU e.V.) das Marktvolumen für Managementberatung in Deutschland von 9,4 Mrd. EUR im Jahr 1998 auf 18,2 Mrd. EUR in 2008 in nur 10 Jahren nahezu verdoppelt (vgl. BDU, 1998 und 2009). Die frühe Ausrichtung auf Berufseinsteiger und die starke Ausbreitung des Berufsfelds des Unternehmensberaters ist auch an dem seit 1992 gegründeten Bundesverband Deutscher Studentischer Unternehmensberater (BDSU e.V.) zu erkennen. Des Weiteren zeigt das wachsende Angebot von Fächern und kompletten Studiengängen zum Thema Beratung und Consulting an deutschen Fachhochschulen und Universitäten klar den wachsenden Bedarf dieses Berufs auf.

Anfangs haben vor allem große Konzerne, heutzutage auch vermehrt mittelständische Unternehmen die Kosten für Unternehmensberatungsleistungen internalisiert und eigene Beratungseinheiten gegründet. Seither hat sich das Berufsbild „Inhouse Consulting" in der deutschen Konzernlandschaft weitgehend etabliert (vgl. Teil 1 in diesem Sammelband). Gemäß der Studie von Bayer Business Services und der European Business School besitzen Vorstände und Geschäftsleitungsmitglieder der befragten DAX-Unternehmen ein hohes Vertrauen in die Leistungserbringung der Inhouse Consultants. Das Leistungsportfolio und die Kompetenzprofile stehen dabei externen Unternehmensberatungen in nichts nach.

Nach einer Darstellung des Veränderungsdrucks in der Telekommunikationsbranche im nächsten Unterkapitel und der daraus resultierenden Anforderungen an Inhouse Berater werden darauffolgend verschiedene Formen der Unternehmensberatung vorgestellt. Diese dienen dazu, die Besonderheiten des Geschäftsauftrags des Center for Strategic Projects der Deutschen Telekom AG – versus Inhouse Consulting Units anderer Konzerne – zu erklären.

1.2 Veränderungsdruck in der Telekommunikationsbranche

Eine Reihe von sich gegenseitig verstärkenden ökonomischen, regulatorischen und technologischen Megatrends bilden die Basis für den zunehmenden Veränderungsdruck in der Telekommunikationsbranche (TK-Branche).

Die klassischen Telekommunikationsmärkte mit dem Großteil der Umsätze im Anschlussgeschäft werden sich erheblich verändern. So stimmen zum Beispiel alle Prognosen darin überein, dass der klassische Festnetzmarkt in Deutschland massiv schrumpfen wird.

Parallel wird das Produktangebot im Festnetz und Mobilfunk konvergenter, z.B. iPhone mit UMTS- und WLAN-Technik oder der Laptop mit Festnetz- sowie Mobilfunkzugang. Zunehmende Konvergenz herrscht auch im Angebot von Inhalten und Telekommunikation. So stößt die Deutsche Telekom mittels internetbasiertem Fernsehen (IPTV) und exklusiven Bundesligarechten stark in den Medienmarkt vor.

Die Nutzung des Internet entwickelt sich für viele Menschen zum Grundbedürfnis. Auch die mobile Nutzung wird zunehmend durch ausgebaute Breitbandtechnologien mit hoher Geschwindigkeit (HSDPA, WiMAX) unterstützt. Gleichzeitig wird die Bereitstellung von Daten flexibler. Die zukünftigen Kundenerwartungen werden darin bestehen, dass der Anbieter dem Kunden die Zusammenstellung seines Nachfrageportfolios erheblich erleichtert, im Paket möglichst günstig anbietet sowie einheitlich abrechnet. Die Qualität und Anzahl der angebotenen einzelnen Anwendungen und Inhalte wird ein weiteres Kriterium für die Auswahl des Providers und somit der Kundenbindung sein.

Durch die Einführung neuer Netztechnik auf Basis der Internet-Technologie, dem sogenannten „Next Generation Network", können sukzessive mehr Netzebenen des Festnetzes einerseits sowie des Mobilfunks andererseits integriert und damit die Netzinfrastruktur erheblich vereinfacht werden. Dies ermöglicht eine übergreifende Standardisierung von technischen Komponenten. Dadurch entsteht die Möglichkeit, neue Services und Anwendungen flexibel und plattformübergreifend zu entwickeln und Netz- und IT-Know-how zu bündeln.

Generell wird mit der Einführung der Internet-Technologie auch die klassische Wertschöpfungskette etablierter Telekommunikationsanbieter aufgebrochen. Quereinsteiger wie z.B. Skype als VoIP-Provider (VoIP: Voice over IP) haben die Möglichkeiten erkannt und im Markt bereits getestet.Erste Anzeichen zur Substitution klassischer Sprachdienste durch IP-Technologien sind auch im Mobilfunkbereich erkennbar.

Im Festnetzmarkt kommen durch TV-Kabelnetzbetreiber völlig andere Technologien als Verdrängungswettbewerber auf den Markt. Kabelnetzbetreiber nutzen ihr Breitbandkabelnetz neben der Verteilung von Fernseh- und Rundfunk zudem als Anbieter von Mehrwertdiensten für TV-kabelbasiertes Internet, Telefonie und TV (sog. Triple-Play Angebote). Sie stehen damit bei diesen Bündel-Angeboten in direktem Wettbewerb zum klassischen Telekommunikationsanbieter. Hinzu kommt, dass die Ausbauinvestitionen für diese Technologie geringer und der angebotene Marktpreis keinen Regulierungsvorschriften unterworfen sind.

Trotz Liberalisierung und Privatisierung des Telekommunikationsmarktes spielt die staatliche Regulierung immer noch eine bedeutende Rolle, gerade für die Deutsche Telekom AG. Vor allem im Festnetzmarkt wirkt die Regulierungsbehörde durch eine aktive Preispolitik. Im Mobilfunkmarkt werden auf europäischer Ebene die Preise aller Netzbetreiber für intereuropäische Roaming-Tarife durch die EU-Kommission begrenzt. Dadurch steigt der Druck erheblich, bestehende und neue Dienstleistungen kosteneffizienter anzubieten.

1.3   Beratungsbedarf in der Deutschen Telekom AG

Insbesondere in Zeiten disruptiver Marktänderungen kann nur derjenige erfolgreich sein, dem es gelingt, sein Geschäftsmodell und sein Produktangebot schnell und flexibel anzupassen. Sind Bereiche oder gar ganze Geschäftsfelder von solchen strategischen Neupositionierungen betroffen, herrscht Bedarf zur Restrukturierung bzw. zur Transformation.

Die dahinter liegenden notwendigen technischen, strukturellen und prozessualen Änderungen bei einer Transformation müssen selbstverständlich stets im Kosten-Nutzenverhältnis stehen. Eine weitere, wichtige Anforderung an die Veränderung stellt eine hinreichende Flexibilität für sich absehbar verändernde Marktverhältnisse dar. Das bedeutet, dass die zu vollziehende Transformation sich späteren, geplanten Veränderungen gegenüber nicht als Sperrhebel erweisen sollte, sondern gegebenenfalls eine Zwischenlösung darstellen kann. Aufgrund der hohen Innovationsrate und tendentiell kurzen Produktlebenszyklen im Telekommunikationsmarkt herrschen besonders hohe Anforderungen an eine schnelle Umsetzung der Transformation.

Die wichtigste und anspruchsvollste Anforderung an eine erfolgreiche Transformation stellt die Einbindung der direkt und indirekt betroffenen Mitarbeiter dar. Bei großen, weitreichenden Veränderungen, die in sehr kurzer Zeit zu vollziehen sind, ist es von hoher Bedeutung die richtigen Mitarbeiter zu einer führenden Koalition zu gewinnen. Dabei sollte den Mitarbeitern nicht nur das Verständnis zur Notwendigkeit der Veränderung vermittelt werden. Vielmehr gilt es Schlüsselmitarbeiter zu befähigen, als Botschafter der einzuleitenden Veränderung zu dienen. Dies kann sich unter Umständen als größte Herausforderung herausstellen, wenn zum Beispiel persönliche Interessen im Widerspruch stehen oder unterschiedliche Firmenkulturen an der Transformation beteiligt sind. Es können aber auch sachliche Gründe wie z.B. konkurrierende Geschäftsziele (Wachstum versus Kosteneffizienz) als Hindernis auftreten.

Zusammengefasst ergibt sich als Anforderung an ein erfolgreiches strategisch ausgerichtetes Inhouse Consulting in der Deutschen Telekom AG, Transformationsvorhaben in der Konzeptions- und insbesondere Umsetzungsphase zu begleiten. Dies impliziert neben einer starken inhaltlichen Durchdringung auch die Fähigkeit, die Mitarbeiterinnen und Mitarbeiter zur Veränderung zu bewegen.

2   Das Center for Strategic Projects

Im Folgenden wird zunächst das Profil des Center for Strategic Projects in der Außenwahrnehmung vorgestellt, bevor im darauffolgenden Kapitel der duale Geschäftsauftrag zur Entwicklung der eigenen Mitarbeiter skizziert wird.

2.1   Profil des Center for Strategic Projects

Das Center for Strategic Projects, im Folgenden auch Center genannt, wird anhand der Strukturmerkmale Organisation, Marktangang und Produktangebot charakterisiert (siehe Abbildung 2.1).

Das Center for Strategic Projects ist die strategische Managementberatung des Konzerns Deutsche Telekom mit Fokus auf die Umsetzung strategischer Veränderungsvorhaben („Transformation Consulting"). Es wurde 2005 aus dem Inhouse Consulting weiterentwickelt, das bereits Mitte der neunziger Jahre bei der Deutschen Telekom etabliert worden war. Bei der Gründung des Centers stand eine Frage im Vordergrund: *Wie alloziert man bestmöglich missionskritische Veränderungsressourcen in dem einer sehr hohen Dynamik ausgesetzten Konzern Deutschen Telekom?* Anders gefragt: Wie und mit welchen Ressourcen schafft der Konzern Deutsche Telekom den zukünftig absehbaren Wandel in der eigenen Leistungserbringung?

Abbildung 2.1   Morphologischer Rahmen zur Typologisierung interner Beratungen (angelehnt an Mohe 2002, S.337)

Merkmal	Ausprägung			
Organisation				
Gründungsformen	Neugründung	Akquisition	Transformation	Institutionalisierung
Organisatorische Einbindung	Stabstelle	Dienstleistungsstelle	Eigenständiger Geschäftsbereich	Quasi-eigenständiger Geschäftsbereich
Organisationsgrad	zentral		dezentral	zentral-dezentral
Räumliche Ausdehnung	lokal	national	international	global
Größe	klein (bis 10 MA)	mittel (bis 30 MA)	groß (bis 70 MA)	sehr groß
Marktliche Ausrichtung				
Angebot	ausschließlich intern	vorwiegend intern	intern und extern	vorwiegend extern
Klienten	Top Management		Middle Management	Lower Managment
Verrechnungsform	kostenlos	kostendeckend	kostenlos/ kostendeckend	gewinnorientiert
Produkt				
Positionierung	Verlängerte Werkbank	Projektmanagement	Inhaltliche Projektsteuerugn	Gesamtprojektsteuerung
Beratungsansatz	Gutachterliche Beratung	Expertenberatung	Organisations- entwicklung	Systemische Beratung

Die Entscheidung fiel für den Aufbau eines internen Bereichs, der sich ausschließlich auf strategisch und finanziell dominante Maßnahmen konzentriert. Ein Zentrum, innerhalb dessen Know-How bestmöglich konserviert wird und dessen Existenzberechtigung nicht auf der eigenen Ergebniserzielung und -optimierung ruht, sondern stets die Steigerung des Konzernwerts als alleiniges und übergeordnetes Ziel verfolgt.

Heute rund 65 Mitarbeiter zählend wird das Center organisatorisch als Service Unit in Form einer eigenständigen Organisationseinheit mit direkter Berichtslinie an den Vorsitzenden des Konzernvorstands geführt. Firmensitz der global präsenten Deutschen Telekom ist Bonn und gespiegelt an der Vorstandsnähe der Projekte sind diese überwiegend auch in Bonn lokalisiert.

Die Kunden des Centers, sogenannte Business Partner, sind ausschließlich das Top-Management der Deutschen Telekom AG, ein fest definierter Kreis von Entscheidungsträgern. Die Bezeichnung des Business Partners macht deutlich, dass die Zusammenarbeit zwischen Beratenem und Berater eher partnerschaftlich und nicht abhängigkeitsbezogenen, wie in einer klassischen Kunden-Lieferanten-Beziehung, geprägt ist. Die Erreichung der strategischen Ziele des Business Partners werden 1:1 in Projektziele der Teams im Center übersetzt, so dass dadurch die Anreize zur inhaltlich wertvollen Projektarbeit geschaffen werden. Regelmäßige, positive Projektevaluierungen und die steigende Zahl von Projektanfragen sind Beleg für die Zufriedenheit und das Vertrauen der Business Partner.

Der Geschäftsauftrag zum Kunden besteht somit nicht ausschließlich in der Substitution externer Beratungsleistungen, sondern darin, durch qualitativ hochwertige Projektarbeit der bewährte und vertrauenswürdige Ansprechpartner für Transformationsaufgaben zu sein. Die Fristigkeit der Zusammenarbeit geht hierbei über den reinen Projektkontext hinaus. So wird zum Beispiel in Nachhaltigkeitsworkshops eine Validierung der eingeleiteten Veränderungen vorgenommen, um einerseits bei Abweichungen noch flankierende Maßnahmen aufsetzen und andererseits die wichtigsten Erkenntnisse für Nachfolgeprojekte gewinnen zu können.

Auf eine klassische mandatsbasierte und profitorientierte konzerninterne Verrechnung wird aus mehreren Gründen verzichtet. Wie erwähnt, geht es dem Center nicht um sein eigenes Wachstum und Profitabilität, sondern ausschließlich um die des Konzerns. Gerade diese Unabhängigkeit gewährleistet auch mittel- bis langfristig, dass man fokussiert nur an den konzernrelevanten Themen arbeiten kann und als „Counselling" Partner wahrgenommen wird.

Als Basis für einen Einstieg in Projekte bzw. Programme werden mit Konzern- oder Bereichsvorständen Vereinbarungen geschlossen. Der Einsatz des Centers rechtfertigt sich dabei auf Basis des sogenannten „Transformation Impacts", d.h. der Veränderungswirkung einer Maßnahme. Diese ergibt sich aus zwei Dimensionen: dem strategischen und dem finanziellen Beitrag, gemäß Abbildung 2.2. Die Dimensionen stellen grundsätzlich die Hebelwirkung des Centers dar, wenn es um dessen Einsatz als Transformationsmotor geht. Alle neuen, potentiellen Projekte bzw. Programme werden durch die Geschäftsleitung und den Führungskreis des Centers anhand ihrer strategischen und finanziellen Auswirkungen für den Gesamtkonzern bewertet. Diese Priorisierung gewährleistet, dass nur die strategisch und finanziell bedeutsamen Konzernprojekte von sehr hoher Tragweite, sogenannte „missionskritische Umbaumaßnahmen", angegangen werden.

Abbildung 2.2   Matrix zum Transformation Impact verschiedener Maßnahmen

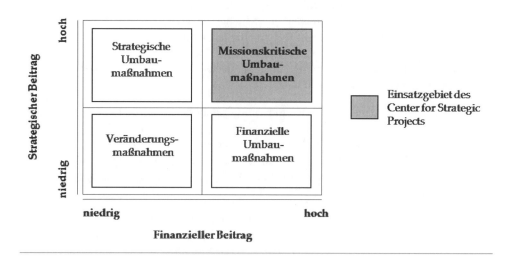

Die strategische Wirkung beurteilt sich danach, wie stark gegenwärtige Geschäftsmodelle und Strukturen verändert werden müssen, um in Zukunft Ertragspotenziale zu sichern. Die finanzielle Wirkung ist durch quantitative Aspekte wie z.B. Veränderung der Kosten- oder Umsatzsituation gekennzeichnet.

Bezüglich der Positionierung von Beratungen lassen sich vier Formen anhand ihres Grads der inhaltlichen Einflussnahme unterscheiden (Baumgart, 2005). Bei der verlängerten Werkbank übernimmt die Beratung Aufgaben, die auch durch Linienfunktionen erfüllt werden könnten. Erfolgt die Positionierung mittels ausgeprägter Kompetenzen im Projektmanagement, nimmt die Beratung die Funktion eines „Projektbüros" ein; die inhaltliche Steuerung verbleibt jedoch beim Auftraggeber. Bei inhaltlicher Projektunterstützung bearbeitet und steuert der Berater Teilprojekte in Zusammenarbeit mit firmeninternen Projektmitarbeitern oder externen Beratungen. Im Gegensatz dazu übernimmt er bei der Gesamtprojektsteuerung sämtliche organisatorischen und inhaltlichen Projektsteuerungsaufgaben.

Bedingt durch seinen Geschäftsauftrag und das durch kontinuierlich gute Projektarbeit aufgebaute Vertrauen bei den Business Partnern positioniert sich das Center for Strategic Projects in der Gesamtprojektsteuerung oder bei sehr großen Vorhaben in der inhaltlichen Projektunterstützung. Dies stellt eine klare Abgrenzung zu anderen internen Beratungen oder externen Technologie- oder IT-Beratungen dar. Die profunde Kenntnis operativer Geschäftsprozesse und die starke Vernetzung mit Entscheidungsträgern aus allen Organisationsbereichen ermöglichen eine zielgerichtete und erfolgreiche Umsetzung und stellen das Alleinstellungsmerkmal gegenüber externen Beratungen dar.

Das Center for Strategic Projects lässt sich bzgl. seines Beratungsansatzes anhand vier idealtypischer Grundformen der Unternehmensberatung erläutern (vgl. Hofmann, 1991, Walger, 1995). Die Formen unterscheiden sich im Wesentlichen durch den Grad der Interaktion zwischen Berater und den Mitarbeitern in der jeweiligen Organisation und der damit verbundenen Fach- sowie Führungskompetenz:

Bei gutachterlicher Beratungstätigkeit fokussiert sich die Lösungsentwicklung auf die Bewertung bestimmter Alternativen und die reine Entscheidungsvorbereitung. Besonderheiten der Organisation, Kultur und Menschen bleiben unberücksichtigt, so dass hier lediglich eine hohe Fachkompetenz vonnöten ist.

Die Expertenberatung bildet im Center for Strategic Projects den Grundstein jeglicher Beratungstätigkeit. Sie ist dadurch gekennzeichnet, dass Berater mit den Führungskräften gemeinsam auf mehr oder weniger vorgefertigte Lösungen in der Art hinarbeiten, dass der Spezifität einer Organisation durch umfangreiche Personalentwicklungsmaßnahmen Rechnung getragen wird.

In der klassischen Organisationsentwicklung dient der Berater als Medium zur Reflexion für die betroffenen Führungskräfte und Mitarbeiter. Diese Beratungstätigkeit ist im Wesentlichen durch Coaching geprägt, das Hilfe zur Selbsthilfe für die Organisationsmitglieder ermöglichen soll. Das Center for Strategic Projects bedient sich sehr stark dieser Beratungsform und ermöglicht die Anwendungen dieses Beratungsansatzes durch zahlreiche Trainings on-the-job und off-the-job.

Die systemische Beratungsform zielt hingegen auf eine Selbstreflexion aller beteiligten Organisationsmitglieder ab. In ihr werden Organisationen als lebendige Systeme verstanden. Der Berater hilft den Menschen ibnnerhalb der Organisation durch gezielte Irritationen die Grenzen des eigenen funktional zusammenhängenden Organisationssystems und die Differenzen zu seiner Umwelt zu erkennen und daraus Handlungsempfehlungen abzuleiten. Aufgrund der besonderen Anforderungen und des dafür notwendigen höheren Zeitaufwandes findet diese Beratungsform kaum Verwendung.

2.2 Der duale Geschäftsauftrag des Centers: Transformation-Consulting und Personalentwicklung

Um eine hohe Qualität in der täglichen Arbeit zu erzielen, gilt es die Mitarbeiter, das wichtigste Gut jeder Unternehmung, kontinuierlich weiterzuentwickeln. Neben der Managementberatung ist die Förderung der Mitarbeiter das zweite Ziel des Center for Strategic Projects. Dies ist ausdrücklich im Geschäftsauftrag des Centers verankert: Managementkräfte für den Konzern zu entwickeln.

Mitarbeiter des Center for Strategic Projects lernen die Deutsche Telekom in einer Breite kennen, die kaum ein anderer Bereich des Konzerns bieten kann. Die komplexen Aufgabenstellungen bieten viele individuelle Herausforderungen und sind wichtiger Bestandteil einer gezielten und gecoachten Mitarbeiterentwicklung. Das Entwicklungsziel der Mitarbeiter richtet sich auf Unternehmenssteuerung/-entwicklung, Seniorität und Erfahrungsaufbau in der Führung von Mitarbeitern. Die klassische Laufbahn eines Mitarbeiters im Center mündet in der erfolgreichen Aufnahme einer Führungskräfteposition im Konzern.

Die Mitarbeiterentwicklung im Center fußt auf einer fachlichen und einer persönlichen Komponente. Der fachliche Bestandteil, die Professionalität, beinhaltet drei Kompetenzen: Neben Fach- und Methodenkompetenz eine Kenntnis über die Branche und deren Besonderheiten. Da das Zielbild des Centers Führungs- und nicht Fachkarrieren sind, zielt die Fachkompetenz darauf ab, Zusammenhänge schnell zu verstehen und ihre Komplexität reduzieren zu können. Ziel- und lösungsorientiertes sowie gut strukturiertes Projekt- bzw. Programmmanagement sind die wichtigsten Elemente der Methodenkompetenz. Des Weiteren beinhaltet die methodische Kompetenz auch starkes Stakeholdermanagement und Risikoanalyse strategisch wichtiger Projekte. Auf die Entwicklung der Führungspersönlichkeit wird gleichermaßen Wert gelegt, da diese einen unabdingbaren Bestandteil der täglichen Arbeit und des Projekterfolgs darstellt. Zum Beispiel ist ein hohes Maß an konstruktiver Partnerorientierung, gewinnender Überzeugungskraft und Glaubwürdigkeit eine notwendige Voraussetzung, um Mitarbeiter für die Veränderung begeistern und Vertrauen bei Business Partnern aufbauen zu können. Eine Übernahme zunehmenden Maßes an Verantwortung durch den Mitarbeiter kann auch nur bei Vorliegen verantwortungsbewussten Handelns gefordert und gefördert werden.

Die fachliche Professionalisierung erfolgt durch Teilnahme an Seminaren, Konferenzen und individuellen Weiterbildungen wie beispielsweise Projektmanagement-zertifizierungen, Job-Visiting und Teilnahme an Unternehmensförder- sowie externen, z.B. MBA-Programmen renommierter Business Schools. Herzstück der Mitarbeiterentwicklung ist die tägliche Arbeit in den interdisziplinär besetzten Teams, die den bestmöglichen Know-How-Mix ermöglichen. Gleichzeitig wird dadurch ein „Learning on the job" gefördert, um das Unternehmen und seine Herausforderungen als Ganzes zu verstehen und Komplexität – über die eigene Funktion bzw. Kompetenz hinaus – zu beherrschen. Unterstützend in der Persönlichkeitsentwicklung sind eine offene Feedback-Kultur mit institutionalisiertem Feedback (Up- & Downward sowie regelmäßigem 360 Grad Feedback), Teilnahme an Leadership Seminaren und individuellem Coaching.

3 Praxisbeispiele

Im Folgenden werden zwei Projektbeispiele vorgestellt, die durch das Center for Strategic Projects umfassend begleitet wurden. Es wurden zwei möglichst unterschiedliche Beispiele gewählt, um das breite thematische Spektrum zwischen Einleitung von Umsatzwachstum sowie Steigerung von Kosteneffizienz aufzuspannen.

3.1 Fallbeispiel 1 - Neue Produktphilosophie

1. Ausgangslage

Industriegrenzen zwischen Telekommunikationsunternehmen, Internet- und Softwarefirmen wie Google oder Microsoft, und Endgeräteherstellern wie Apple oder Nokia befinden sich in der Auflösung. Dies bedeutet nicht nur eine Integration der verschiedenen ICT-Produkte und -dienste vor Kunden, sondern führt auch zu völlig veränderten Wettbewerbsstrukturen in der Branche. Die Deutsche Telekom, Apple und Google werden zu direkten Wettbewerbern. Dabei ist bereits jetzt klar, dass keiner der Spieler langfristige Differenzierungsmerkmale aufweist. Time-to-Market ist also ein Schlüsselfaktor im Kampf um die integrierten Kunden.

2. Ziel & Projektinhalte

Die Deutsche Telekom hat sich zum Ziel gesetzt, ihren Kunden zukünftig nahtlose Kommunikation und plattformunabhängigen Zugriff auf ihre Inhalte zu ermöglichen. Dazu wurde das Programm „Connected Life and Work" (CLW) ins Leben gerufen. Ziel der „Connected Life and Work"-Philosophie ist es, dem Kunden jederzeit und von überall den Zugriff auf seine digitalen Inhalte, wie Fotos, Videos und Musik, zu ermöglichen und eine nahtlose, plattformunabhängige Kommunikation sicherzustellen. Dabei sind Einfachheit und ein intuitives Design die absoluten Maximen für die Kundenerfahrung.

Konkret wurden dazu integrierte Use Cases aus Kundensicht definiert, die in der Produktentwicklung eine starke Berücksichtigung gefunden haben. Die wichtigsten Themen sind Voice/Messaging, Foto/Video/Musik, Internet und @Work. Egal, ob der Kunde Inhalte und Dienste über den PC, das Handy oder sogar seinen Fernseher nutzen möchte, dies alles sollte nahtlos möglich sein.

Das bedeutet im Bereich Voice/Messaging z.B., dass Kontakte nicht mehr aufwendig zwischen Endgeräten synchronisiert werden müssen. Trägt man unterwegs einen neuen Kontakt in sein Handy ein, findet sich der ohne weiteres Zutun auch im PC-Addressbuch wieder. Emails kommen auf Wunsch nach dem abendlichen Spielfilm noch schnell auf den Fernsehbildschirm.

Auch digitale Inhalte lassen sich mit „Connected Life and Work" wesentlich einfacher handhaben. Einmal in das sogenannte Mediencenter hochgeladen, kann der Kunde auf seine Fotos, Videos und Musik von überall aus zugreifen und sie mit seinem sozialen Netzwerk teilen. Beispiele solcher Use Cases sind etwa, wenn man den Besuchern die Urlaubsfotos ohne Aufwand auf dem großen Fernsehschirm zeigen möchte oder den neuen Lieblingstitel im Café seinen Freunden vorspielt. Gleiches gilt für Internetdienste. Einmal zentral konfiguriert tauchen das Wetter am Wohnort oder die letzten Ebay-Gebote sowohl auf Handy und PC als auch auf dem Fernseher auf.

Beim Thema @Work stehen netzzentrische Software und Realtime-Kollaboration im Vordergrund. Die hier entwickelten Dienste ermöglichen dem Kunden nicht nur eine nahtlose Zusammenarbeit, sondern sparen auch Kosten, z.B. bei Softwarelizenzen.

3. Vorgehensweise und Rolle des Center for Strategic Projects

Da die Produktentwicklung unter einem großen Zeitdruck stattfand, mussten die erarbeiteten, kundenseitigen Nutzungsszenarien (Use Cases) priorisiert werden. Am Anfang des Projektes stand zunächst die „Customer Journey", bei der integrierte Nutzungsszenarien aus Kundensicht in den vier Kategorien Voice/Messaging, Foto/Video/Musik, Internet und @Work definiert wurden. Dies fand im Jahre 2008 in einer mehrwöchigen „Campus-Phase" statt, in der sich Mitarbeiter aus den verschiedenen Produktentwicklungsbereichen gemeinsam einschlossen, um mit Nutzung von kurzen Wegen wirkungsvoll und effizient zusammenzuarbeiten.

Das Center for Strategic Projects war bereits in die Konzeptionsphase eingebunden, um eine konsistente Umsetzung sicherzustellen. Mit dem Start der Umsetzungsphase wurde das Team deutlich vergrößert, da das übergreifende Programm-Management hauptverantwortlich durch das Center for Strategic Projects getrieben wurde.

Am CLW-Programm waren insgesamt mehr als 500 Mitarbeiterinnen und Mitarbeiter beteiligt. Um einen schnellen Informationsaustausch zu gewährleisten, hat das „Center-Team" neben dem zentralen Projekt-Office auch die kritischen, inhaltlichen Teilprojekte begleitet. Zu den Kernaufgaben während der Umsetzungsphase gehörten die Definition der Programm-Governance, da Regelprozesse kaum gegriffen haben sowie ein diszipliniertes Programm-Management, um den engen Zeitplan halten zu können.

4. Herausforderungen

Eine sehr hohe Komplexität in der Produktentwicklung stellte die größte Herausforderung im Rahmen des Programms dar. Dies, zusammen mit einem hohen Zeitdruck aufgrund der Wichtigkeit der Time-to-Market, hat das Team vor eine anspruchsvolle Aufgabe gestellt. Die hohe Komplexität rührt im Wesentlichen daher, dass das Programm „Connected Life and Work" nicht auf der grünen Wiese entstand, sondern eine Vielzahl von bestehenden Produkten betraf, denen häufig zueinander inkompatible technische Plattformen zugrunde lagen.

Eine vollständige Integration solcher Plattformen kann leicht zwei Jahre und länger dauern. Eine gute Kundenerfahrung musste jedoch kurzfristiger sichergestellt werden. Ein weiteres Beispiel ist die Notwendigkeit für ein einheitliches Design und Navigation, um dem Anspruch der Einfachheit gerecht zu werden. Daneben musste die IT-Architektur durch Abstimmung der Abrechnungs- und Kundenmanagement-Systeme angepasst werden.

Des Weiteren waren die betroffenen Einheiten stark heterogen organisiert (aus mehreren strategischen Geschäftsfeldern) und haben noch nie in dieser Intensität zusammengearbeitet. Ansprechpartner und Prozesse auf der anderen Seite musste zueinander gebracht werden. Das Programm „Connected Life and Work" wurde vor diesem Hintergrund als „ein großes Change Management-Projekt" bezeichnet.

Diese hohe Komplexität war im Rahmen von Regelprozessen nicht im gegebenen Zeitrahmen zu bewältigen. Daher mussten Abkürzungen gefunden und die richtigen Leute aus einer Vielzahl von Einheiten schnell zusammengebracht werden. Der hohe Zeitdruck machte ein diszipliniertes Projektmanagement notwendig – eine Leistung, die das Center for Strategic Projects antrittsschnell zur Verfügung stellen konnte. Das Center hat mit Hilfe seiner intensiven Kenntnisse der internen Prozesse, seinem breiten Netzwerk in alle an der Produktentwicklung beteiligten Bereiche sowie seiner Erfahrung im Management von Umsetzungsprojekten die Herausforderung schnell erschließen und erfolgreich bei der Realisierung helfen können.

5. Ergebnisse und Ausblick

Unsere Kunden können bereits heute auf ihre Fotos, Musik und Videos von Handy, PC und Fernseher aus zugreifen. Der Großteil der geplanten Produkte ist implementiert. Der Einsatz des Center for Strategic Projects hat geholfen, die kurzfristige Umsetzung der ersten CLW-Produkte zu ermöglichen, das echte „time-to-market" zu realisieren.

Insgesamt bildet das Programm den Auftakt für tiefgreifende Veränderungen in der Produktentwicklung der Deutschen Telekom AG, angefangen bei den IT-Systemen bis zur integrierten Vermarktung. Die gewonnenen Kenntnisse über die Anforderungen an eine integrierte Wertschöpfungskette von der Produktidee bis zum Service kann das Center for Strategic Projects zukünftig in weiteren Projekten erfolgreich einbringen.

3.2   Fallbeispiel 2 - Effizientere Leistungserbringung im Festnetzgeschäft

1. Ausgangslage

Die Deutsche Telekom befindet sich im strategischen Geschäftsbereich Festnetz/Breitband in einem sehr wettbewerbsintensiven Umfeld (Kabelnetzbetreiber, Reseller, integrierte Anbieter) und muss sich kontinuierlich verbessern, um sich hier zu behaupten. Im Bereich der Bereitstellungs- und Entstörungsprozesse sind die Kosten im Branchenvergleich deutlich zu hoch und die Kundenzufriedenheit mit diesen Prozessen noch nicht auf Vergleichsniveau.

Deswegen wurde ein Programm zur drastischen und nachhaltigen Verbesserung dieser Prozesse initiiert. Ziele waren Einsparungen in dreistelliger Millionenhöhe bei gleichzeitiger Verbesserung der Kundenzufriedenheit.

2. Ziel & Projektinhalte

Knapp 80 Einzelmaßnahmen wurden in verschiedenen Maßnahmenpaketen zusammengeschnürt und den Kernprozessen entsprechend auf zwei Initiativen aufgeteilt: Bereitstellung und Entstörung.

Im Bereich der Bereitstellung liegt der Handlungsschwerpunkt in der Automatisierung der Einzelprozesse über alle Vertriebskanäle hinweg sowie der Verbesserung der Auskunftsfähigkeit vor Kunde. Das schließt auch spezielle Prozessvarianten wie Rückkehrer-, Storno- und Umzugsprozesse mit ein. Die Folge für Kunden und Telekom sind: Schnellere Bereitstellung, deutlich weniger Statusanfragen und Beschwerden sowie verkürzte Recherchezeiten bei Anfragen.

Im Bereich Entstörung liegt der größte Hebel darin, Probleme/Störungen gar nicht erst entstehen zu lassen, in der Vermeidung also. Wenn es dann doch zu einem Fehler kommt, sollte der Kunde möglichst in der Lage sein, sich selbst helfen zu können (Customer Self Service). Ist dies nicht möglich, so setzen wir alles daran, das Problem möglichst im Erstkontakt zu beheben. Ein Außendiensteinsatz soll aus Kostengesichtspunkten möglichst nicht erforderlich sein.

3. Vorgehensweise und Rolle des Center for Strategic Projects

Auch bei diesem Vorhaben stand am Anfang eine ca. 5-monatige sogenannte „Campus-Phase", in der ca. 40 Top Manager der Deutschen Telekom (1. und 2. Berichtsebene) sich 4 Tage pro Woche einschlossen, um an sehr unterschiedlichen Themen/Initiativen zur Verbesserung der Effizienz im deutschen Festnetzgeschäft zu arbeiten. Eine dieser Initiativen beschäftigte sich mit den Bereitstellungs- und Entstörungsprozessen der Festnetztochter T-Home. Über Funktions- und Bereichsgrenzen hinweg wurden gemeinsam Maßnahmen entwickelt, die signifikantes Verbesserungspotenzial aufweisen. Die Analyse- und Konzeptionsphase vollzog sich in folgenden fünf Schritten:

- Beschreibung von Soll-Zustand und Ziel KPIs (Key Performance Indicators)
- Entwicklung verschiedener Optionen und Abschätzung der monetären und nichtmonetären KPIs
- Bewertung der Optionen und Auswahl der Zieloption
- Detaillierung von Einsparpotenzial, Umsetzungskosten und nichtmonetären KPIs
- Entwicklung eines Umsetzungsplans und Change Management-Ansatzes

Anschließend begann die Phase der detaillierten Umsetzungsplanung in Vorbereitung der Implementierung. In dieser Phase ist das CSP eingestiegen mit dem Ziel, die nachhaltige Umsetzung der konzipierten Maßnahmen sicherzustellen. Um die Verbindlichkeit der Maßnahmen zu erhöhen, wurden detaillierte Maßnahmensteckbriefe erstellt, die eine Beschreibung der Maßnahme, Meilensteine, der finanziellen Auswirkungen sowie Ist- und

Soll-KPIs enthalten. Diese wurden von den verantwortlichen Managern und Umsetzungsverantwortlichen eigenhändig unterschrieben.

Im Anschluss daran wurde die Umsetzung gestartet. Das CSP begleitete diese Phase mit einem effizienten Projektmanagement. Hauptaufgaben in diesem Zusammenhang waren:

- Nachhaltiges Umsetzungs- und Wirkungscontrolling: Verfolgung von Meilensteinen, Einsparungen und nichtmonetären KPIs

- Proaktives Risikomanagement: Identifikation und Aufzeigen von Risiken sowie Entwicklung von Gegenmaßnahmen

- Enge Begleitung des Rollouts: Anstoßen von Reality Checks, Audits, Kommunikation etc.

- Stärkung der cross-funktionalen Zusammenarbeit und Moderation zwischen den unterschiedlichen Interessenvertretern

- „Feuerwehreinsätze" in kritischen Einzelthemen

4. Herausforderungen

Die größte Herausforderung in der Umsetzung der Maßnahmen ist die Komplexität der IT-Systeme und die Größe der Serviceorganisation in der Deutschen Telekom AG. Bis IT-Verbesserungen implementiert und eingeführt werden, vergehen mehrere Monate. Anschließend müssen bis zu mehrere zehntausend Mitarbeiter in den neuen Abläufen geschult werden. Vom Verkaufspersonal über Callcenter-Mitarbeiter bis hin zu Außendiensttechnikern - und dies über verschiedene organisatorische Rechtseinheiten hinweg.

Eine weitere Herausforderung besteht in der ständigen Weiterentwicklung der Technologien und Produkte. Dies macht eine kontinuierliche Erweiterung und Anpassung der Maßnahmen erforderlich, um die gewünschten Verbesserungen auch auf die neuen Technologien und Produkte anzuwenden. Beispielhaft sei hier der Umstieg der Telekom auf pure IP-basierte Produkte (IP: Internet Protocol) und Lösungen genannt, die andere Prozesse und Techniken (z.B. Mess- und Schaltvorgänge) erfordern als die klassische Festnetztechnologie. Auch die deutlich höhere Komplexität von Premiumprodukten wie IPTV machen umfangreichere Bereitstellungs- und Entstörungsprozesse erforderlich bei gleichzeitig gesunkener Fehlertoleranz des Kunden. Wenn das Telefon oder Internet mal eine Stunde nicht funktioniert, ist das in der Regel kein großes Problem, wenn das Fernsehen während eines Fußballländerspiels ausfällt, hingegen schon.

Das Center for Strategic Projects konnte in diesem Zusammenhang durch seine gute Vernetzung im Konzern, fundierte Kenntnisse über die internen Strukturen und Prozesse (Planungs- und Priorisierungsgremien etc.) sowie Kenntnisse der Kundenprozesse und – bedürfnisse die Umsetzung der Maßnahmen optimal flankieren. Sehr hilfreich war hier, dass das Projektteam auch immer wieder vor Ort in den Callcentern und im Außendienst war, um den Umsetzungsfortschritt der Maßnahmen mit den betroffenen Mitarbeitern zu diskutieren und ein Gespür für die tatsächlichen Hemmnisse zu entwickeln. Auf dieser Basis konnten immer wieder wichtige inhaltliche Impulse gegeben werden.

5. Ergebnisse & Ausblick

Das Projekt hat bereits nach knapp einem Jahr der Umsetzung signifikante Einsparungen in zweistelliger Millionenhöhe erzielen können und maßgebliche KPI signifikant verbessert. In einigen Bereichen ist der Projektfortschritt allerdings nicht wie gewünscht und es wird die nächsten Jahre weiter an Verbesserungen und Kompensationsmaßnahmen gearbeitet.

Zusammenfassend lässt sich feststellen, dass die Bereitstellungs- und Entstörungsprozesse der Deutschen Telekom durch dieses Projekt signifikant und nachhaltig verbessert werden. Das Center for Strategic Projects hat hierzu einen spürbaren Beitrag geleistet und kann die gewonnenen Kenntnisse über das Kerngeschäft der Deutschen Telekom in anderen Projekten und ggf. auch in ausländischen Einheiten zukünftig erfolgreich anbringen.

4   Zusammenfassung

Die Telekommunikationsbranche ist wie kaum eine andere Industrie einem starken Veränderungsdruck unterworfen. Auslöser für die notwendigen Anpassungen in der internen Leistungserbringung stellen gesättigte, schrumpfende Märkte mit starkem Wettbewerb dar. Der Einsatz neuer, innovativer Technologien erhöht zusätzlich die Veränderungsdynamik und sorgt für drastische Veränderungen im Unternehmensportfolio. Die dahinterliegenden Maßnahmen zur strategischen Neupositionierung und Restrukturierung müssen flexibel, kosteneffizient und antrittsschnell realisiert werden.

Das Center for Strategic Projects, die strategische Managementberatung des Konzerns Deutsche Telekom, wurde dazu eingerichtet mit seinen rund 65 Mitarbeitern missionskritische Umbaumaßnahmen aufzusetzen und auf Vorstandsebene zu steuern. Mit direkter Berichtslinie an den Vorstandvorsitzenden des Gesamtkonzerns werden jährlich rund ein Dutzend Transformationsprogramme ausschließlich für das Top-Management erarbeitet und umgesetzt. Der hohe finanzielle Wertbeitrag der Restrukturierungsmaßnahmen stellt neben der Veränderungswirkung ein entscheidendes Kriterium zur Fokussierung sowie für einen Projekteinstieg dar.

Der Geschäftsauftrag zum Kunden besteht nicht ausschließlich in einer Substitution oder Ergänzung externer Beratungsleistungen, sondern darin, durch qualitativ hochwertige Projektarbeit der bewährte und vertrauenswürdige Ansprechpartner für Transformationsaufgaben zu sein. Die Kunden des Centers for Strategic Projects nehmen den Mitarbeiter des Centers auf Augenhöhe wahr und schätzen neben dessen Lösungskompetenz auch seine Unabhängigkeit und Fähigkeit zur Kritik. Regelmäßige, positive Projektevaluierungen und die steigende Zahl von Projektanfragen sind Beleg für die hohe Zufriedenheit und das Vertrauen des Top-Managements.

Neben der Managementberatung ist die Förderung der Mitarbeiter das zweite Ziel des Center for Strategic Projects. Dies ist ausdrücklich im Geschäftsauftrag des Centers verankert: Managementkräfte für den Konzern zu entwickeln. Mitarbeiter des Center for Strategic Projects lernen die Deutsche Telekom in einer Breite kennen, die kaum ein anderer Bereich des Konzerns bieten kann. Die komplexen Aufgabenstellungen bieten viele individuelle Herausforderungen und sind wichtiger Bestandteil einer gezielten und gecoachten Mitarbeiterentwicklung. Das Entwicklungsziel der Mitarbeiter richtet sich auf Unternehmenssteuerung/-entwicklung, Seniorität und Erfahrungsaufbau in der Führung von Mitarbeitern. Die klassische Laufbahn eines Mitarbeiters im Center for Strategic Projects mündet in der erfolgreichen Übernahme einer Führungskräfteposition im Konzern.

Literatur

Bayer Business Services & European Business School (2009): Der Inhouse Consulting Markt in Deutschland, Bayer Business Services, Leverkusen, 2009.

BDU (1998): Jahrespressekonferenz des Bundesverbands Deutscher Unternehmensberater BDU e.V: am 03.12.1998 in Düsseldorf.

BDU (2009): „Facts & Figures zum Beratermarkt 2008/2009", Marktstudie zu Trends und Marktentwicklung im deutschen Beratermarkt.

Hofmann, M. (1991): Thoerie und Praxis der Unternehmensberatung, Physica Verlag, Heidelberg.

Mohe, M. (2002): Inhouse Consulting: Gestern, heute – und morgen? In: Mohe, M./Heinecke, H. J./Pfriem, R. (Hrsg.): Consulting – Problemlösung als Geschäftsmodell. Theorie, Praxis, Markt. Verlag Klett-Cotta 2002, S. 320-343.

Sandberg, R.; Werr, A. (2003) The Three Challenges of Corporate Consulting. In MIT Sloan Management Review, Jg. 45, Nr. 1, S. 59-63.

Walger, G. (1995): Formen der Unternehmensberatung – Systemische Unternehmensberatung, Organisationsentwicklung, Expertenberatung und gutachterliche Beratungstätigkeit in Theorie und Praxis, Verlag Dr. Otto Schmidt, Köln.

9

Shop Floor Empowerment – KVP-Implementierung in Schichtteams

Thomas Gaitzsch, Volkhard Ziegler

1   Mit Inhouse Consulting die Bedeutung des Human Factors in der chemischen Produktion treiben

Im Vergleich zu den Produktionsbetrieben anderer Branchen mit ähnlichem Umsatzvolumen ist die Produktion in der chemischen Industrie durch einen höheren Investitions- und einen geringeren Personalbedarf gekennzeichnet. Dies gilt heute mehr denn je. Die Entwicklung der Branche ist geprägt durch eine strategische Fokussierung auf höhermargige Nischenmärkte für Spezialprodukte. Für Sicherung und Ausbau der Profitabilität war dies allein aber nicht hinreichend. Von der internen Beratungsabteilung (Inhouse Consulting) wurde erwartet, klare Strategien unter Nutzung ihres Kontextwissens zu entwickeln und ein wirksames Kostenmanagement durch exzellente Geschäftsprozesse sowie durch eine schlanke und effiziente Aufbauorganisation zu ermöglichen.

In der Produktion wurde dieser Problemstellung durch die konsequente Implementierung einer modernen Verfahrens- und Informationstechnik begegnet. Automatisierungsgrad und Wertschöpfung der Chemiebetriebe sind auf diesem Weg erheblich gesteigert worden. So erhöhte sich der Umsatz pro Chemiebeschäftigtem zwischen 1991 und 2006 um 150 Prozent, während die Anzahl der Beschäftigten im gleichen Zeitraum um 39 Prozent gesunken ist (VCI, 2007, Tab. 20 und 21; S. 50f.). Diese Entwicklung wird sichtbar, wenn man in die Produktionsbetriebe geht. Durch die konsequente Nutzung aller technischen Möglichkeiten konnte die Größe der Schichtmannschaften erheblich reduziert werden. Mithilfe komplexer Prozessleitsysteme werden mittlerweile ganze Betriebe – abhängig vom produktionsspezifischen Wartungsaufwand – von vier- bis achtköpfigen Schichtteams gesteuert. Ein Fußballspiel ist personalintensiver als der 24 Stunden-Betrieb einer Chemieanlage.

Angesichts dieser zunehmenden Bedeutungslosigkeit des Humanfaktors in der Produktion erscheinen Anstrengungen, Schichtteams zum Motor von Produktionsoptimierungen zu machen, zunächst unverständlich; sind doch die letzten zwanzig Jahre Ausdruck für Effizienzsteigerungen, die eher auf verfahrens- und informationstechnischen Innovationen als auf neuen Formen der Mitarbeiterführung beruhen. Dennoch ist das Thema in der chemischen Produktion heute aktueller denn je. Gerade angesichts des hohen technischen Reifegrades in der chemischen Produktion fokussieren sich gegenwärtig die Bemühungen darauf, das betriebliche Humankapital für weitere, inkrementelle Optimierungen der Produktionsprozesse zu gewinnen. Häufig werden mit der Implementierung bevorzugt interne Beratungsabteilungen beauftragt.

Entsprechende Aktivitäten wurden in der Automobilbranche unter dem Begriff des Shop Floor Management[22] schon in den frühen neunziger Jahren entfaltet. Shop Floor Management ist ein Führungskonzept des Produktionsmanagements, in dessen Mittelpunkt die Überzeugung steht, dass die Befähigung der untersten Hierarchieebene zum Selbstmanagement eine entscheidende Voraussetzung für die nachhaltige Entwicklung des Unternehmenserfolges ist.

Zur Verbreitung dieser Überzeugung haben insbesondere die Arbeiten von Kiyoshi Suzaki beigetragen, der, obwohl er zu einem der profiliertesten Kritiker tayloristischer Produktionskonzepte gehört, als einer der Väter der in den Achtzigern eingeleuteten Effizienzrevolution gilt. Mit seinen Ausführungen zur Lean Production und zu dem maßgeblich von Taiichi Ohno und Shigeo Shingo entwickelten Toyota Produktionssystem hat Suzaki die Industriebetriebslehre revolutioniert und die tayloristischen Konzepte des Scientific Management um einen wesentlichen Aspekt ergänzt.

Suzaki stellt den Menschen in den Mittelpunkt seiner Managementkonzeption. „Empowering People for Continuous Improvement" lautet sein Credo eines modernen Produktionsmanagements. Der Begriff „Empowerment" stammt ursprünglich aus dem Bereich der Sozialpädagogik. Weil er mit „Selbstbemächtigung" oder "Selbstkompe-tenz" nur ungenau übersetzt werden kann, wird er in der soziologischen und betriebwirtschaftlichen Fachliteratur unübersetzt verwendet. Diesen Begriff stellt Suzaki in den Mittelpunkt des von ihm entwickelten Praxisprogramms zur Implementierung eines neuen Shop Floor Management. In seiner betriebswirtschaftlichen Aneignung des Begriffs meint Suzaki mit Empowerment die Befähigung aller Mitarbeiter, selbständig und im hierarchieübergreifenden, offenen Austausch mit Kollegen an der kontinuierlichen Verbesserung der Geschäftsprozesse zu arbeiten, und damit aktiv die Unternehmensentwicklung mitzugestalten und mitzuverantworten. Die Rolle des Change Agent hat in den Best Practise-Beispielen immer die Belegschaft selbst inne. Insofern stellt der Einsatz interner Beratungsabteilungen in diesem Aktionsfeld eine konsequente Weiterentwicklung des Suzaki-Ansatzes dar. Sein post-tayloristisches Führungskonzept bezweckt, die im Rahmen tayloristischer Ansätze des Produktionsmanagement ungenutzten Potenziale aller Produktionsmitarbeiter zu nutzen, statt sich auf die Kompetenzen des Leitungspersonals zu beschränken (Suzaki, 1994, S.170).

In der Automobilbranche ist mittlerweile eher wieder eine Tendenz zur Taylorisierung der Arbeitsbereiche zu beobachten. Dass die Führungskonzepte des Shop Floor Managements in der chemischen Produktion dennoch keine alten Hüte sind, dass es sich bei der Implementierung partizipativer Führungsstrukturen im Shop Floor vielmehr um eine notwendige Konsequenz bisheriger Optimierungsanstrengungen handelt, verdeutlicht ein Blick auf die Entwicklungsstufen, die die chemische Produktion in den letzten zwanzig Jahren durchlaufen hat:

---

[22] Mit „Shop Floor" ist der Ort der Gütererstellung gemeint. Bei Sachgüterunternehmen ist dies die betriebliche Produktion.

Abbildung 1.1   Entwicklungsstufen der chemischen Produktion

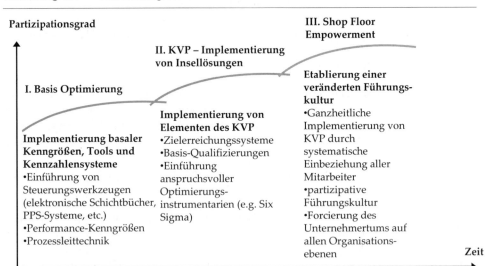

Anhand der in **Abbildung 1.1** skizzierten Entwicklung in der chemischen Produktion wird die Notwendigkeit eines am Humankapital ansetzenden Shop Floor Management deutlich. Kurzfristig sind keine verfahrens- und informationstechnischen Revolutionen zu erwarten. Gleichzeitig machen steigende Rohstoff- und Energiepreise sowie zunehmend restriktive umweltrechtliche Anforderungen (Stichwort „REACH"[23]) ein diszipliniertes Kostenmanagement auch weiterhin zwingend erforderlich. Damit wird die Belegschaft zum Aktionsparameter für die zukünftige Sicherung der erforderlichen Kosteneffizienz. An der Schnittstelle „Mensch-Maschine" ist der Mensch in der chemischen Fertigung wieder wichtig geworden.

Interessanterweise gewinnt mit dieser Betonung der sozialen Dimension weiterer produktionswirtschaftlicher Optimierungsschritte die interne Beratung als Veränderungsinstrument besondere Relevanz. Warum in der Chemiebranche produktionswirtschaftliche Exzellenz-Initiativen oft durch interne Beratungsabteilungen statt durch externe Beratungsunternehmen vorangetrieben werden, ist bisher kaum untersucht worden. Die folgenden Kapitel liefern eine Fülle von Anhaltspunkten zur Beantwortung dieser Frage. Damit treten auch die spezifischen Wettbewerbsvorteile interner Beratungen gegenüber externen Beratungen deutlich hervor.

---

[23] Verordnung (EG) Nr. 1907/2006 (REACH-Verordnung); EU-Chemikalienverord-nung, die am 1. Juni 2007 in Kraft getreten ist. REACH steht für **R**egistration, **E**valuation, **A**uthorisation and Restriction of **Ch**emicals.

2 Drei Erfolgskriterien für eine erfolgreiche KVP-Implementierung in Schichtteams der chemischen Industrie

In der chemischen Produktion ist die Mensch-Maschine-Schnittstelle weniger komplex, als zum Beispiel in der Automobilproduktion. Die Fertigung eines Autos ist über alle Fertigungsstufen durch eine hohe Interaktionsdichte zwischen Mensch und Betriebsmittel gekennzeichnet. In einem modernen Chemiebetrieb werden dagegen abgesehen vom Austrag als letztem Produktionsschritt sowie den Wartungs-/Instandhaltungsarbeiten alle Produktionsprozesse mithilfe der Prozessleittechnik von Mitarbeitern aus der Messwarte heraus gesteuert. Während viele operative Produktionsprozesse in der Automobilbranche als *direkte* Mensch-Maschine-Interaktion ausgelegt sind, werden in der chemischen Industrie die meisten Produktionsprozesse hauptsächlich als über Prozessleitsysteme vermittelte, *indirekte* Mensch-Maschine-Interaktion umgesetzt.

Diese im Vergleich mit der Automobil- oder auch Elektronikbranche größere Intransparenz des Zusammenwirkens von Belegschaft und Betriebsmitteln erschwert die Identifizierung von Optimierungsansätzen. Unabhängig von dieser mit dem Automatisierungsgrad zusammenhängenden Intransparenz bieten sich auch grundsätzlich weniger Ansatzpunkte für Verbesserungen, da die Produkte der chemischen Industrie auf chemischen Reaktionen basieren, die zu einem erheblichen Teil ohne aktive Beteiligung der Schichtmitarbeiter ablaufen. Die Produktsynthese vollzieht sich in sogenannten Kammern, wobei das Reaktionsverhalten von Chemikalien zum eigentlichen Produkt eben nur indirekt durch die aus der Messwarte von den Schichtteams gesteuerten Prozessleitsysteme beeinflusst werden kann. Das für Optimierungsprojekte notwendige Verständnis dieser Vorgänge erfordert von den Schichtmannschaften chemische und verfahrenstechnische Kenntnisse.

Diese durch die spezifischen Produktionsmodalitäten der chemischen Industrie vorgegebenen Rahmenbedingungen für die Umsetzung eines modernen Shop Floor Management bleiben oft unberücksichtigt. Das ist der Grund dafür, warum viele Versuche, einen teambasierten Verbesserungsprozess nachhaltig zu implementieren, erfolglos blieben. Der Ansatz, die in der Automobil- und Elektronikbranche entwickelte „reine Lehre" im Maßstab 1:1 auf die Chemiebranche anzuwenden, ist aufgrund der spezifischen Produktionsmodalitäten der chemischen Industrie zum Scheitern verurteilt.

Ein entscheidendes Erfolgskriterium ist die passgenaue Vermittlung der Konzepte des KVP/KAIZEN. Ihre lehrbuchgerechte Präsentation hat dagegen in der Regel eher Widerstand als Lernerfahrungen produziert. Nach solchen Workshop-Qualifizierungen sahen sich Schichtmeister plötzlich mit der Erwartung konfrontiert, unbegleitet anspruchsvollste Transferleistungen zu erbringen. Für die Umsetzung dieser Aufgabe standen ihnen nach Abschluss der Workshops zwar inhaltlich erschöpfende Präsentationen zur Verfügung. Aufgrund der beschriebenen Produktionsbedingungen waren die darin enthaltenen Methoden aber oft nicht sinnvoll einsetzbar.

Anhaltspunkte für ein erfolgversprechenderes Projektdesign ergeben sich mit der Einsicht, dass aus der weitläufigen KVP-KAIZEN-Methodenlandschaft zunächst die für einen spezifischen Chemiebetrieb sowie für den konkreten Verbesserungsvorschlag sinnvoll einsetzbaren Methoden zu wählen sind. Eine wichtige Selektionsleistung besteht also darin, passgenaue, betriebsgerechte Methoden einzusetzen. Die Erfahrung zeigt, dass externe Beratungen damit Probleme haben. Die für die Stimmigkeit des Methodeneinsatzes erforderlichen Detailkenntnisse der spezifischen Produktionsbedingungen im jeweiligen Betrieb bringen eben in der Regel nur interne Beratungsabteilungen mit. Das erste zentrale Erfolgskriterium für eine erfolgreiche KVP-Implementierung besteht in der Selektionsleistung, einen *passgerechten Methoden-Baukasten* für jeden einzelnen Betrieb zu entwickeln und seine praktische Anwendung langfristig zu begleiten.

Shop Floor Empowerment bedeutet Mitarbeiterbefähigung und Mitarbeiterermächtigung. *Mitarbeiterbefähigung* setzt im KVP-Kontext die Entwicklung der notwendigen Methoden- und Kommunikationskompetenzen voraus. Erfahrungsgemäß sind Workshops allein dafür nicht geeignet. Die vom Inhouse Consulting der Evonik Industries begleiteten Implementierungsprojekte sind deshalb als langfristige Personalentwicklungsprojekte angelegt. In der erfolgreichen Kompetenzentwicklung der Schichtmitarbeiter besteht das zweite zentrale Erfolgskriterium einer nachhaltigen KVP-Implementierung.

Mitarbeiterermächtigung heißt dann, diese Kompetenzen als zusätzliche Führungsressource am Betriebsmanagement teilhaben zu lassen. Dies wiederum bedarf der aktiven Unterstützung durch das Betriebsmanagement, das die Entwicklung von einer linienorientierten Führung zu einer Heterarchie von Verantwortlichkeiten und Kommunikationbeziehungen aktiv befördern muss. Die damit einhergehenden Anforderungen an die Sozialkompetenz des Betriebsmanagement, beginnend beim Schichtmeister über die Tagschichtmeister bis hin zum Betriebsleiter, sind ebenso erheblich, wie ihre Vorbehalte, Positionsmacht aufzugeben. Aber die Einbindung der Schichtteams in das Produktionsmanagement bedeutet eben Mitarbeiterpartizipation. Deshalb hat sich eine partizipative Führungskultur als drittes zentrales Erfolgskriterium für eine erfolgreiche KVP-Implementierung erwiesen (vgl. Abbildung 2.1).

Abbildung 2.1   Zentrale Erfolgkriterien der KVP-Implementierung

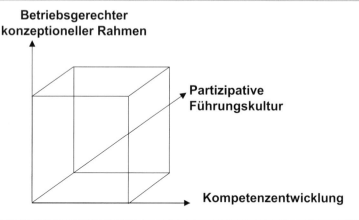

Ein nachhaltiges Design von Implementierungsprojekten macht es erforderlich, die Ausbildung einer neuen Organisationskultur in der Produktion als langfristig angelegtes Projekt zu operationalisieren. Die Verankerung eines inkrementellen, nachhaltigen Verbesserungsprozesses wird dabei als Problemstellung einer miteinander verschränkten Kompetenz- und Organisationsentwicklung umgesetzt. Dazu bedarf es

- der glaubhaften Partizipation an Entscheidungen,

- der verantwortlichen Öffnung von Gestaltungsräumen,

- einer positiven und anerkennenden Team- und Feedbackkultur sowie

- einer dabei realistisch bleibenden Selbstevaluation aller Beteiligten.

Für teambasierte KVP-Projekte setzt dies einen betriebsgerechten konzeptionellen Rahmen und einen darauf abgestimmten Methoden-Werkzeugkasten zur Gestaltung der Sacharbeit, seine durch einen KVP-Mediator begleitete, langfristig angelegte praktische Einübung sowie die Bereitschaft des Betriebsmanagement, eine partizipative Führungskultur aktiv zu befördern, voraus. Wie die folgenden Praxisbeispiele zeigen, sind in erfolgreichen Projekten zur Etablierung eines modernen Shop Floor Management diese drei Erfolgskriterien im Projektverlauf angemessen zu berücksichtigen und miteinander zu verzahnen.

3   Empowerment-Praxis in der Chemieproduktion

Das Inhouse Consulting der Evonik hat in zahlreichen Site-Projekten die nachhaltige Implementierung eines modernen Shop Floor Managements vorbereitet und umgesetzt. Den Projekten von Inhouse Consulting waren eine Fülle von Projekten zur Einführung von Gruppenarbeit vorausgegangen. Diese Projekte standen im Kontext der Exzellenzanstrengungen der operativen Bereiche und wurden unter dem Stichwort „Einführung von Gruppenarbeit" bzw. „Einführung von Teamarbeit" beauftragt. Die folgende Abbildung vermittelt einen Eindruck der Anstrengungen, die in der Chemiesparte der Evonik unternommen wurden:

Abbildung 3.1   Projekte zur Einführung von Gruppenarbeit in der Chemiesparte von Evonik Industries

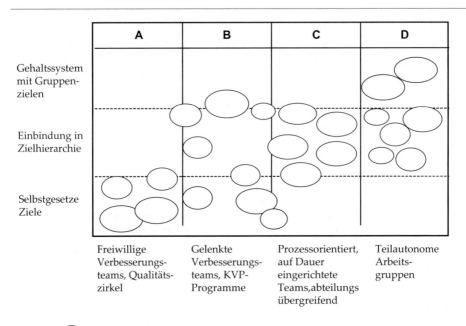

: Größe des Veränderungsprojekts (Dim.: Dauer x Anzahl beteiligter Mitarbeiter)

Ausgehend von der konventionellen Definition des Begriffs ‚Gruppenarbeit' geht es mit ihrer Einführung darum, „im Rahmen des betrieblichen Arbeitsablaufs eine Gruppe von Arbeitnehmern eine ihr übertragene Gesamtaufgabe im Wesentlichen eigenverantwortlich"[24] erledigen zu lassen. Dieses Begriffsverständnis hebt also auf eine Form der Arbeitsorganisation in der Produktion selbst ab, für die angesichts der im letzten Abschnitt geschilderten Produktionsbedingungen verhältnismäßig wenig Ansatzpunkte in der chemischen Fertigung bestehen. Als nachhaltig und effizient erwiesen sich stattdessen die Projekte, die auf regelmäßige Teamsitzungen der Schichtmannschaften und des Betriebsmanagements außerhalb der eigentlichen Produktion fokussierten.

Dennoch ist die nachhaltige Etablierung solcher Veranstaltungen ein schwieriger Balanceakt. Für die Schichtteams haben diese Teamsitzungen den Charakter eines Forums, in dem Verbesserungsansätze selbständig diskutiert, detailliert und projektiert werden können. Für den Implementierungserfolg geht es in den Schichtteam-Sitzungen entsprechend darum, den Schichtmannschaften glaubwürdig ein strukturiertes Problemlösungsvorgehen und einen betriebsgerechten Methoden-Werkzeugkasten zur sachlichen Bearbeitung von Verbesserungsvorschlägen zu vermitteln. Darüber hinaus ist die Entwicklung der Kommunikations- und Sozialkompetenzen aller Teammitglieder unverzichtbar, um den kommunikativen Anforderungen, die sich innerhalb der Teamsitzungen sowie im Rahmen der Abstimmung der Verbesserungsvorschläge mit dem Betriebsmangement ergeben, gewachsen zu sein. Auch das Betriebsmanagement hat in diesen Kompetenzfeldern Entwicklungsbedarf, der allerdings in eigenen Veranstaltungen für diese Zielgruppe handzuhaben ist.

Um die Arbeitsergebnisse der Schichtteams sachlich abzusichern und damit die Sachgerechtigkeit des gesamten KVP-Prozesses zu gewährleisten, haben sich über die Teamsitzungen hinaus flankierende Sitzungen des Betriebsmanagements als unverzichtbares, zusätzliches Element einer nachhaltigen KVP-Implementierung erwiesen. In diesem Zusammenhang erweist sich ein in den Prozessverlauf integriertes Feedback des Betriebsmanagement als ebenso unverzichtbares wie schwierig einzusetzendes KVP-Werkzeug (Herrmann et al., 2001). Um es zu verankern bedarf es neben den Managementsitzungen eines KVP-Paten aus dem Betriebsmanagement, der als Bindeglied fungiert.

Diese komplexen Anforderungen machen es notwendig, KVP-Projekte langfristig zu planen. Der zeitliche Rahmen, der für eine nachhaltige Implementierung notwendig ist, sollte erfahrungsgemäß ein Jahr nicht unterschreiten. In dieser Zeit besteht die Chance, die Team- und Managementsitzungen zu einem integralen Bestandteil des Arbeitsalltags zu machen. Zwar können Workshops als flankierende Sozialform hilfreich sein. Dennoch stellen sie nur ein ergänzendes Mittel dar. Entscheidend für den Implementierungserfolg ist eine langfristig angelegte Kompetenzentwicklung aller Prozessbeteiligten. Für diese sind externe Berater als KVP-Mediatoren zwar notwendig, aber nicht hinreichend. Insgesamt bedarf es der Übernahme weiterer unverzichtbarer KVP-Rollen, um durch Einbindung interner „Multplikatoren" für die Implementierung eine tragfähige Basis zu entwickeln. In den Best-Practise-Projekten des Inhouse Consulting der Evonik Industries

---

[24] Vgl. Betriebsverfassungsgesetz, § 87, Abs. I, Satz 13.

haben sich folgende Rollen als Voraussetzung einer nachhaltigen Implementierung erwiesen:

KVP-Mediator: Externer KVP-Spezialist / Berater mit umfassender Methoden-, Kommunikations- und Implementierungserfahrung, der im Gestaltungsfeld „Mitarbeiterbefähigung" die Teamsitzungen, im Gestaltungsfeld „Mitarbeiterermächtigung" auch die Managementsitzungen über das erste Jahr hinweg begleitet.

KVP-Moderator: Angehöriger der Schichtmannschaft, der als Multiplikator die Akzeptanz in der Schichtmannschaft sicherstellt, als primus inter pares die Teamsitzungen moderiert, den Mediator bei der erfolgreichen Sitzungsgestaltung unterstützt und schließlich ersetzt und damit besonderer Sach-, Methoden- und Sozialkompetenz bedarf.

KVP-Koordinator: Angehöriger des Betriebsmanagement, der als Multiplikator des KVP-Prozesses seine Akzeptanz im Führungskreis absichert, die KVP-Managementrunden moderiert, den feedbackbedürftigen Verbesserungsvorschlägen einen KVP-Paten zuordnet, die für die Umsetzung erforderlichen Mittel freigibt und alle darüber hinaus erforderlichen Abstimmungen mit dem Betriebsrat, der Personalabteilung und dem externen KVP-Mediator vornimmt.

KVP-Pate: Angehöriger des Betriebsmanagement, der als Sachkundiger bei den ihm zugeordneten Verbesserungsprojekten auf inhaltliche Inkonsistenzen hinweist und ihre Korrektur durch entsprechende Sachinformation unterstützt, ohne dem Team dabei die Gestaltungsinitiative zu entziehen.

Implementierung heißt Um- und Durchsetzung. Eine angemessene Zeitplanung und die verhaltensbezogene Einübung der beschriebenen KVP-Rollen sind unverzichtbar für die Erzielung nachhaltiger Verhaltensänderungen. Welche Widerstände sich auf diesem Weg ergeben und wie diese erfolgreich gehandhabt werden können, wird in der folgenden Fallstudie beschrieben.

3.1   Fallbeispiel zur KVP-Implementierung

Bei dem Referenzbetrieb unseres Fallbeispiels handelt es sich um einen Chemiebetrieb, der seit ca. 80 Jahren existiert. Breite und Tiefe des Produktionsprogramms sind minimal, da es sich um einen Ein-Produkt-Betrieb mit geringer Variantenbildung handelt, der rund um die Uhr ohne Wochenend- und Feiertagsunterbrechungen produziert. Technische Rationalisierungen, insbesondere die Integration einer dem aktuellen Stand der Informationstechnik angemessenen Fertigungssteuerung, sind in den Neunzigern durchgeführt worden. Im Zuge dieser Rationalisierungen konnten die vier Schichtmannschaften auf neun Personen pro Schicht reduziert werden. Fünf Personen steuern die Produktionsprozesse vollautomatisch in der Messwarte; zu ihnen gehört auch der Schichtmeister. Vier Personen sind damit beschäftigt, den nicht durch

Verbundleitungen geführten Betriebsstoff händisch in die Reaktionskammern einzubringen und nach erfolgter Reaktion in den Kammern das Fertigprodukt im Austrag zu kommisionieren. Die Wartung der gesamten Anlage ist eine weitere Aufgabe dieser Mitarbeiter. Das Betriebsmangement besteht aus zwei Ingenieuren als Betriebleiter, zwei Tagschichtmeistern sowie einer kaufmännischen und zwei technischen Fachkräfte.

Die Aufbauorganisation unseres Beispielbetriebs ist typisch für die Produktionsbetriebe der chemischen Fertigung:

Abbildung 3.2   Aufbauorganisation Referenzbetrieb

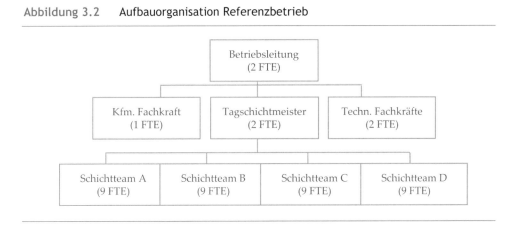

3.1.1   Der Auftakt: Setting the stage

Die Schichtmeister des Beispielbetriebs hatten schon an vielen verschiedenen Fortbildungen und Seminarveranstaltunge teilgenommen. Auf dem Werksgelände waren unter dem Stichwort „operational Excellence" viele Anstrengungen zur stetigen Optimierung der Produktionsbereiche unternommen worden. Diese Aktivitäten wurden von den Schichtmeistern und ihren Teams sehr kritisch gesehen. Dazu hatte insbesondere eine Seminarveranstaltung im Bereich des Qualitätsmanagements beigetragen, die die Schichtmannschaften eher als Aufforderung zur Selbstausbeutung, denn als Qualifizierungsangebot empfunden hatten. Die Ausgangsbedingungen für die Implementierung eines teambasierten KVP waren insofern denkbar ungünstig.

Gerade angesichts dieser Vorbehalte war eine gelungene Startphase für einen erfolgreichen Projektauftakt entscheidend. In der Startphase geht es nicht nur um Information. An diesem Punkt ist es zunächst wichtiger, Akzeptanz zu schaffen. Eine notwendige Bedingung dafür ist das unzweideutige, glaubhafte Commitment des Betriebsmanagement, das auf der Ebene der Tagschichtmeister von besonderer Bedeutung ist, weil diese unterste Ebene des Betriebmanagement als Bindeglied zwischen den Betriebsingenieuren und den Schichtmannschaften wichtige Meinungsführer sind.

Ein gelungener Auftakt des Implementierungsprozesses bedarf insgesamt folgender Inhalte:

■ Führungskräfte-Workshop zwecks Vermittlung der KVP-Philosophie, der daraus abgeleiteten Führungskultur sowie der damit einhergehenden Anforderungen an das Betriebsmanagement.

■ Bestimmung der Teamzusammensetzung und der Taktfrequenz der Teamsitzungen. Bereitstellung / Ausstattung des Gruppenraumes.

■ Kick-Off-Veranstaltung zwecks Information der Schichtteams unter Beteiligung des Betriebsmanagements, des Betriebsrates sowie ggf. weiterer Personalverantwortlicher.

■ Benennung von KVP-Koordinatoren, -Moderatoren, -Paten.

■ Methoden-/Moderatoren-Grundschulung für die KVP-Koordi-natoren und - Moderatoren.

Die Reihenfolge dieser Inhalte ist nicht beliebig. Motivation und Information muss immer beim Betriebsmanagement beginnen. Im Beispielbetrieb unserer Fallstudie handelte das Betriebsmanagement auf höhere Anweisung. In einer solchen Situation ist das vorbehaltliche Beobachten der Implementierungsanstrengungen Dritter wahrscheinlicher, als die aktive Unterstützung dieser Anstrengungen. Mit dem Führungskräfte-Workshop geht es also letztlich darum, mit dem Betriebsmanagement den aufgrund seiner Vorbildfunktion und Kompetenzausstattung wichtigsten Multiplikator für eine nachhaltigen Implementierung zu gewinnen.

In einem zweiten Schritt sind die zeitlichen und räumlichen Ressourcen zu disponieren, die für die Einführung eines kontinuierlichen Verbesserungsprozesses erforderlich sind. Hierzu gehört die Klärung der Teamstruktur sowie der Häufigkeit und zeitlichen Lage der Teamsitzungen. Ausdruck eines angemessenen Commitment des Leitungspersonals ist die Bereitschaft, alle für die Etablierung des KVP erforderlichen Aktivitäten als bezahlte Arbeitszeit zu behandeln und erfolgreiche Verbesserungsvorschläge zu prämieren. Das in diesem Zusammenhang zu etablierende Prämiensystem ist mit der Personalabteilung und dem Betriebsrat abzustimmen.

Schließlich ist bei der Teambildung die Wahl des KVP-Moderators, der die Teamsitzungen moderiert, ein wichtiger Entscheidungstatbestand. Hier stellt sich die Frage, wer aus der Schichtmannschaft diese Rolle übernimmt und damit als Gestalter der Teamsitzungen die Rolle eines Primus inter Paris ausübt. Im Sinne einer partizipativen Führungskultur wäre es angemessen, den Moderator von den Teams frei wählen zu lassen. Das aber hieße zu ignorieren, dass die hierarchische Linienführung trotz aller Versuche, partizipativere Führungsstrukturen zu etablieren, auch heute noch wesentlich die Verfasstheit der Köpfe prägt. Statt dies zu leugnen, hat es sich bewährt, zunächst von diesem Status Quo auszugehen und ihn schrittweise zu verändern. Entsprechend wurden im Referenzbetrieb erst einmal die Schichtmeister mit der Moderation der Teamsitzungen betraut.

Mit Abschluss der Führungskräfte-Workshops und der Disposition der räumlichen, zeitlichen und personellen Ressourcen bestehen alle Voraussetzungen dafür, in einer öffentlichen Kick Off-Veranstal-tung unter Beteiligung des Betriebsrats und ggf. weiterer Personalverantwortlicher vor die Schichtmannschaften zu treten. Diese Informationsaufgabe sollten Berater, Betriebsmanagement und Personalverantwortliche arbeitsteilig wahrnehmen. Auch hier gilt: Der erste Eindruck zählt. Eine gelungene Auftaktinszenierung ist deshalb von nicht zu unterschätzender Bedeutung und das öffentliche, überzeugende Commmitment des Betriebsmanagements unverzichtbare Voraussetzung für die Belegschaft, sich überhaupt auf einen teambasierten Verbesserungsprozess einzulassen.

3.1.2 Verbesserung im Team: Let the shop floor rock

Gegenstand der eigentlichen Implementierungsphase ist die Einübung des KVP und seine Integration in den betrieblichen Alltag. Hierzu gehören folgende Inhalte:

- Beginn mit den Teamsitzungen, zunächst mit permanenter Unterstützung durch einen betriebsunabhängigen KVP-Mediator sowie – falls erforderlich – der punktuellen Begleitung durch KVP-Paten.

- Einführung der KVP - Managementrunde zwecks sachgerechter Ausrichtung des KVP - Prozesses durch ein über die Paten in die Gruppensitzung vermitteltes Feedback.

- Priorisierung und Umsetzung reifer Verbesserungsvorschläge in enger Zusammenarbeit mit dem Betriebsmanagement.

- Kontrolle / Festhalten der neuen Soll-Situation.

- Ggf. flankierende Aufbau-Workshops für KVP-Moderatoren und -Koordinatoren zur Vertiefung der KVP-Toolbox.

Die Umsetzung dieser Inhalte stellt sich in jedem Betrieb anders dar, weil sowohl die produktionswirtschaftlichen Besonderheiten des jeweiligen Betriebs zu berücksichtigen sind, wie die Qualität der Interaktionsbeziehungen seiner Angehörigen und die daraus resultierende Betriebskultur. Eine erfolgreiche und nachhaltige Implementierung ist also immer eine Problemlösung auf der Sach- und der Beziehungsebene.

Auf der Sachebene geht es darum, KVP anhand konkreter betrieblicher Problemstellungen überzeugend zu vermitteln, den Teams zu helfen, mit den vorgestellten Konzepten und Methoden sinnvolle Verbesserungsvorschläge zu erarbeiten und letztlich tatsächlich zu betriebwirtschaftlichen Optimierungen zu kommen. Der Erfolg auf der Sachebene wird aber erheblich beeinflusst von Aspekten der Beziehungsebene. Erfahrungsgemäß ist die Handhabung dieser Problemdimension für nachhaltige Implementierungsergebnisse schwieriger, als die Herausforderungen, die sich auf der Sachebene stellen. Das folgende Beispiel macht deutlich, dass die interaktionellen Anforderungen einer nachhaltigen Implementierung erheblicher sind, als die sachlichen und betriebswirtschaflichen.

Die Schichtmannschaften des Betriebs unseres Fallbeispiels hatten schon Seminarveranstaltungen zum Thema KAIZEN oder KVP besucht. Die dort vermittelten Konzepte wurden aber nie in der betrieblichen Praxis eingesetzt, weil sie keinen Bezug zum betrieblichen Alltag hatten oder ihre Anwendungsmöglichkeiten nicht anhand konkreter Beispiele aus dem eigenen Betrieb vermittelt wurden.

In einem Industriebetrieb mit mehrstufiger Fertigung und einer entsprechenden Komplexität des Arbeitssystems mögen Konzepte wie Prozessmapping oder Spaghetti-Diagramme wertvolle Anhaltspunkte für Optimierungspotenziale liefern. In der Chargenfertigung eines Cyolbetriebs aber reduziert sich ihr Einsatz auf den Produktaustrag oder die Eingangs- und Ausgangslogisitik. Das Einsatzfeld für diese Methoden ist hier viel kleiner. In den Teamsitzungen kann es deshalb nicht um die möglichst vollständige Vermittlung der gesamten Methodenlandschaft gehen.

Um der Zielgruppe „Schichtmannschaft" gerecht zu werden, bedarf es vielmehr der Vermittlung eines handfesten, pragmatischen Vorgehens. Eine tragfähige Motivationsbasis entsteht, wenn der Methodeneinsatz überzeugende Problemlösungen liefert und die Teams die von ihnen geforderte Unternehmer-Initiative als wirksam empfinden. Dazu bedarf es eines Methodenansatzes, der sich auch im Kontext der Chemiebranche als wirkungsvoll erweist.

Im Referenzbetrieb dieses Beispiels wurde den Schichtteams entsprechend zunächst ein strukturiertes Problemlösungsvorgehen vermittelt, mit dem die betrieblichen Problemstellungen zielorientiert und unakademisch bearbeiten werden konnten. In diesem Zusammenhang bewähren sich Konzepte wie der PDCA-Zyklus von Denim oder die von Suzaki beschriebene, in Japan verbreitete Qualitätskosten-Geschichte:

Abbildung 3.3   Konzepte zur Strukturierung von Verbesserungsaktivitäten

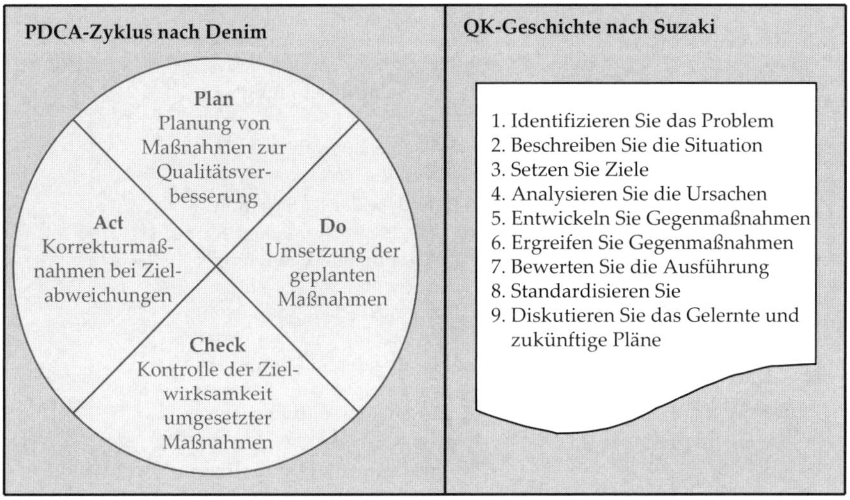

PDCA-Zyklus nach Denim

Plan
Planung von
Maßnahmen zur
Qualitätsver-
besserung

Act
Korrekturmaß-
nahmen bei Ziel-
abweichungen

Do
Umsetzung der
geplanten
Maßnahmen

Check
Kontrolle der Ziel-
wirksamkeit
umgesetzter
Maßnahmen

QK-Geschichte nach Suzaki

1. Identifizieren Sie das Problem
2. Beschreiben Sie die Situation
3. Setzen Sie Ziele
4. Analysieren Sie die Ursachen
5. Entwickeln Sie Gegenmaßnahmen
6. Ergreifen Sie Gegenmaßnahmen
7. Bewerten Sie die Ausführung
8. Standardisieren Sie
9. Diskutieren Sie das Gelernte und
   zukünftige Pläne

Diese Optimierungskonzepte orientieren sich am normalen menschlichen Problemlösungsvorgehen: Sich eines Problems und damit aller seiner Symptome bewusst zu werden, die symptombildenden Ursachen zu analysieren, daraus eine Problemlösung (neue Soll-Situation) abzuleiten, die für ihre Umsetzung erforderlichen Maßnahmen zu planen und diese schließlich zu realisieren. Entsprechend hat sich das folgende, an diese Konzepte angelehnte Phasenschema als sinnvolles Instrument der Sacharbeit in den Teamsitzungen bewährt:

Abbildung 3.4   Konzeptioneller Referenzrahmen der KVP-Implementierung

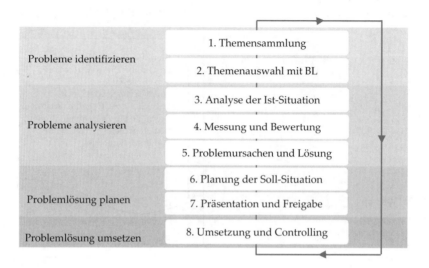

Dieses Phasenschema zur Entwicklung von Verbesserungsprojekten kommt der praktischen Orientierung von Schichtmannschaften entgegen und ermöglicht dennoch ein strukturiertes, zielorientiertes Problemlösungsvorgehen. Entscheidend ist, dieses Problemlösungsvorgehen anhand konkreter Beispiele zu vermitteln. Dazu bedarf es einer kritischen Masse sinnvoller Verbesserungsvorschläge. Diese wurden im Rahmen des ersten Schrittes, „Themensammlung" selbständig von den Schichtteams des Referenzbetriebes erarbeitet. Jedes Teammitglied hatte die Möglichkeit in der ersten Teamsitzung via Kartenabfrage Probleme / Verbesserungsmöglichkeiten einzubringen, die mithilfe der Punkteabfrage zu einem priorisierten Themenspeicher von durchschnittlich zehn Verbesserungsvorschlägen führten.

In vielen vergleichbaren KVP-Projekten werden die Teams nun ermuntert, für die gesammelten Probleme / Optimierungsansätze auch selbstständig Problemlösungen zu erarbeiten und das Betriebsmanagement erst nach Durchlaufen des gesamten Problemlösungszyklus einzubinden. Das wird in der Regel damit begründet, dass gerade die Förderung dieser Selbstständigkeit die neue Managementkultur eines modernen Produktionsmanagements, wie Suzaki es beschrieben hat, kennzeichnet. „Um daher den Lernprozeß zu erleichtern, müssen die Manager und leitenden Angestellten die Leute trainieren und sie experimentieren lassen – auch wenn sie ein paar Fehler machen." Suzaki verweist in diesem Zusammenhang auf die Notwendigkeit, Lernprozesse zuzulassen und „die Leute die Initiative ergreifen" zu lassen, „ihr Potenzial zu erforschen" (Suzuki, 1994, S.170).

Daraus nun die Schlussfolgerung zu ziehen, man müsse die Teams lediglich unterstützt durch den externen KVP-Mediator erst einmal „machen lassen", führt allerdings in die

Irre. Fehler zu akzeptieren, statt sie zu sanktionieren, darf nicht bedeuten, darauf zu verzichten, sie zu korrigieren. Nichts ist schädlicher für die Motivation der Mitarbeiter, als in vielen Teamsitzungen erarbeitete Verbesserungsvorschläge bei der späten Präsentation vor dem Betriebsmanagement scheitern zu sehen. Als konstruktiver im Sinne einer dialogorientierten Feedback-Kultur und dabei wesentlich zielführender, hat sich eine kurzschrittige Sachsteuerung des KVP erwiesen. Für ihre Umsetzung sind die Schichtteamsitzungen flankierende Sitzungen des Betriebsmanagement sowie die Rolle des KVP-Paten entscheidend. Auf Basis der von den Teams erarbeiteten Problembeschreibungen und Ursachenanalysen lassen sich sachliche Bearbeitungsdefizite der Verbesserungsvorschläge in einer frühen Bearbeitungsphase erkennen. Dies wiederum ist notwendig, um mit dem KVP zu sachgerechten Problemlösungen zu gelangen. Die Kunst einer konstruktiven Feedbackkultur besteht nun darin, über den KVP-Paten die Teams mit den erforderlichen Sachhinweisen zu versorgen, ohne ihnen dabei die Initiative zu nehmen. Dafür liefert der folgende Verbesserungsvorschlag eines Schichtteams des Beispielbetriebs ein interessantes Beispiel.

Das Team war bei seinem Verbesserungsvorschlag von dem Problem einer suboptimalen Produktausbeute ausgegangen, ohne dies natürlich so zu formulieren. Als Problemursache hatte sie den Rhythmus ausgemacht, mit dem die Kammern abgestoßen wurde. Dabei werden die Kammern in einem körperlich äußerst anstrengendem Wartungsvorgang von Produktanhaftungen befreit. Einige Kollegen meinten sich erinnern zu können, dass die Kammern sich früher, bei einer anderen Wartungsfrequenz „besser fahren ließen und mehr raushauten". Das klingt nicht wie eine stichhaltige Begründung der Problemursachen und die Diktion traf auch nicht gerade den Ton, der einen akademisch geschulten Ingenieur überzeugen könnte. Darüber hinaus birgt die Begründung eines gewisse Provokation, weil sie als Zweifel an der Dispositionskompetenz des Management gedeutet werden könnte.

In der alten hierarchischen Kultur der Linienführung entstehen in dieser Situation Widerstände, die jede sachorientierte Verständigung „auf Augenhöhe" ausschließen. Betriebsmanagement und Personal ziehen sich beleidigt zurück, verständigungsorientierte Interaktion jenseits hierarchischer Orientierung regrediert zur tradierten Linienkommunikation und der teambasierte KVP ist am Ende. Das Betriebsmanagement unseres Beispielbetriebs reagierte dagegen in dieser Situation erstaunlich souverän, obwohl es von der Problembeschreibung des Teams und dem darauf basierenden Verbesserungsvorschlag alles andere als überzeugt war. Statt den Verbesserungsvorschlag für unsinnig zu erklären, forderte es das Team auf, seine Ursachenbehauptung besser zu begründen. Um dies zu ermöglichen, versorgte das Betriebsmanagement das Team mit umfänglichem Datenmaterial zur Produktausbeute und den zeitlich korrespondierenden Wartungsrhythmen. Die Herausgabe dieser sogenannten Verfügbarkeitstabellen wiederum empfand das Team als konstruktive Herausforderung. Entsprechend emsig setzte es sich mit dem Datenmaterial auseinander. Für diesen konkreten Verbesserungsvorschlag waren die Verfügbarkeitstabellen des Betriebsmanagements neben dem Referenzrahmen unverzichtbare Datenbasis. Obwohl sie in keinem Methoden-Lehrbuch zu finden sind, gehörten sie neben dem konzeptionellen Referenzrahmen sowie kostenrechnerischen Methoden zur abschließenden Quantifizierung des Verbesserungspotenzials zu der für diesen konkreten Verbesserungsvorschlag erforderlichen Methodentoolbox.

Es gelang dem Team, ohne weitere Unterstützung den Wartungsrhythmus, der mit einer maximalen Produktausbeute korrelierte, aus dem umfangreichen Zahlenwerk herauszuarbeiten. Die Berechnung der so zusätzlich erzielbaren Outputmengen pro Jahr ergab, bewertet zu Marktpreisen, jährlich einen sechsstelligen Betrag. Mit solchen Effizienzreserven hatte im Betriebsmanagement niemand gerechnet. Sie entsprechen auch nicht der KVP-Kultur der kleinen Schritte. Aber dennoch zeigt das Beispiel, dass ein von Hierarchie- und Schuldaspekten entschlackter Dialog zwischen dem Produktions- und Führungspersonal zu erstaunlichen Ergebnissen führen kann.

Es gibt gute Gründe zu vermuten, dass die auf diesem Interaktionsweg erzielbaren Synergien auf einer gegenüber der linienorientierten Führung engeren Verschränkung des größeren Erfahrungsschatzes des Shop Floor Personals einerseits mit der akademisch geschulten Sach- und Methodenkompetenz des Führungspersonals andererseits basieren. Das Bundesinstitut für berufliche Bildung hat in einer bundesweit angelegten Studie die dabei erschlossenen Kompetenzen des Produktionspersonals mit dem Konzept der sogenannten *tacit skills*[25] umschrieben. Diese Studie bietet interessante Anhaltspunkte für eine wissenschaftliche Begründung der Optimierungspotenziale, die sich durch ein modernes, partizipatives Produktionsmanagement erschließen lassen. Ihre empirischen Befunde stützen das eingangs zitierte Credo eines modernen Produktionsmanagements, das Suzaki mit "Empowering People for Continuous Improvement" umschrieben hat.

Für die nachhaltige Implementierung eines teambasierten KVP in unserem Referenzbetrieb ist lediglich entscheidend, dass das Betriebsmanagement und das Schichtteam sich im Rahmen der konstruktiv verlaufenen Abstimmung des beschriebenen Verbesserungsvorschlags eine neue Interaktionsqualität erarbeitet haben.

Das Betriebsmanagement hat trotz aller Begründungs- und Bearbeitungsdefizite das Team im Sinne Suzakis weiter experimentieren lassen. Es hat dieses Experimentieren mit seinen Produktionsdaten sogar aktiv unterstützt und damit die Voraussetzung für eine erfolgreiche Ausarbeitung des Verbesserungsvorschlages geschaffen. Es hat mit seiner frühen Beteiligung am KVP seine Sachgerechtigkeit abgesichert. Das Team wiederum hat sich ermächtigt und befähigt gefühlt, seine unternehmerische Initiative zu einem erfolgreichen Ziel zu führen. Mit dem Erfolg hat es Selbstwirksamkeit erfahren und so seine Unternehmerkompetenz gestärkt. Alles perfekt im Sinne einer gelungenen Empowerment-Praxis.

Aber ebenso wie das Beispiel verdeutlicht, welche erstaunlichen Ergebnisse sich mit einem derart gelebten KVP auch in scheinbar ausgereiften Betrieben erzielen lassen, ist es auch

---

[25] Auch als implizites Wissen bezeichnet, vgl. hierzu BiBB-Forschung (Informationsdienst des Bundesinstituts für Berufsbildung, 2002).

Beleg für die hohen Interaktionskosten, ohne die ein modernes, partizipatives Produktionsmanagement nicht zu haben ist. Die Gewinne für die Interaktionskultur, die dem gegenüber stehen, stiften offensichtlich auch ökonomischen Nutzen. Beides sind gute Gründe für die Beherzigung des Leitaspekts dieses Kapitels: Let The Shop Floor Rock!

4 Die Rolle des Inhouse Consulting im Veränderungsprozess

Wie das Fallbeispiel des letzten Kapitels verdeutlicht hat, ist die nachhaltige Um- und Durchsetzung eines kontinuierlichen Verbesserungsprozesses nicht abhängig von einer möglichst vollständigen Methodenvermittlung. Hinsichtlich der sachlichen Ausgestaltung entsprechender Veränderungsprojekte hat sich vielmehr eine am konkreten Betrieb und dem jeweiligen Verbesserungsvorschlag orientierte Methodenauswahl als erster kritischer Erfolgsfaktor erwiesen. *In der Sachdimension des Veränderungsprozesses* verfügen unternehmensinterne Berater gegenüber externen Beratern über den großen Vorteil, mehr Kontextwissen mitzubringen. Sie haben intimere Kenntnisse der eingesetzten Produktionsverfahren und der organisatorischen Rahmenbedingungen der Betriebe. Damit steigt die Wahrscheinlichkeit, einen betriebs- und problemgerechten Methoden-Fit zu gewährleisten.

Unser Fallbeispiel hat darüber hinaus gezeigt, dass ein betriebs- und problemgerechter Methoden-Fit nur eine notwendige Bedingung für die erfolgreiche organisatorische Verankerung eines kontinuierlichen Verbesserungsprozesses ist. Die hinreichende Bedingung für seine nachhaltige organisatorische Verankerung ist das Management der *sozialen Dimension des Veränderungsprozesses*. In diesem Zusammenhang geht es um die gelungene Inszenierung der dafür erforderlichen Lern- und Motivationsprozesse sowie der damit verbundenen Kommunikation. Entsprechend besteht der zweite kritische Erfolgsfaktor einer gelungenen Implementierungsarbeit in der professionellen Handhabung von Lern- und Motivationsprozessen sowie der Entwicklung der für eine verständigungsorientierte Kommunikationskultur erforderlichen Kommunikationskompetenz. Für Lern- und Motivationsprozesse sind folgende Phasen typisch (vgl. Grochowiak, 1997):

Abbildung 4.1   Neugier-Erfolgs-Loop nach Grochowiak

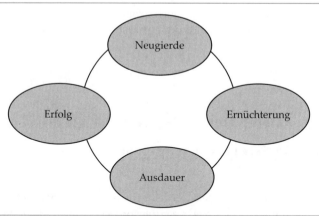

Im Fallbeispiel des letzten Kapitels wurden alle diese Phasen durchlaufen: Zu Beginn musste es dem Berater gelingen, die Neugier des Teams zu wecken. Dafür war eine intensive Vorbereitug der Teamsitzung mit dem Moderator, im Fallbeispiel der Schichtmeister, erforderlich. Dem Schichtmeister gelang es, die Diskussion anschließend so zu moderieren, dass im Team ein einheitliches Problemverständnis entstand. Auch die Tragweite des Problems wurde am Ende der Sitzung von allen einhellig beurteilt. So entstand die Neugierde, sich intensiv mit dem Problem auseinanderzusetzen. Ernüchterung drohte mit der Abstimmung der vom Schichtteam entwickelten Problembeschreibung mit der Betriebsführung. Hier war die enge Begleitung der KVP-Sitzungen des Betriebsmanagements durch das Inhouse Consulting unverzichtbar. Sie verfolgt das Ziel, mit dem Betriebsmanagement ein konstruktives Feedbackverhalten einzuüben. Im Rahmen der Sachdebatte zum Verbesserungsvorschlag wurde das Problem vom Betriebsmanagement zunächst negiert. In unserem Fallbeispiel machte der Berater den Vorschlag, dem Team Datenmaterial an die Hand zu geben, um sich selbst zu widerlegen. Statt einer frustrierenden Ablehnung ihres Verbesserungsvorschlages erhielt das Team also den Auftrag, die Richtigkeit ihrer Problembeschreibung zu beweisen; und es erhielt die Mittel, die für diese Beweisführung erforderlich waren. Dieses Feedback empfand das Team als Herausforderung. So entstand beim Team die nötige Ausdauer, den Verbesserungsvorschlag erneut zu reflektieren und zur Umsetzungsreife zu bringen. Es konnte beweisen, dass ein anderer Wartungsrhythmus unter sonst gleichen Bedingungen zu einer höheren Produktausbeute führt. Das verschaffte dem Team ein echtes Erfolgserlebnis und damit die wichtige Erfahrung von Selbstwirksamkeit. So entstanden die motivationalen Ressourcen, weitere Verbesserungsvorschläge zu entwickeln, was ein Indiz für die Nachhaltigkeit des KVP ist.

Dieser kurze Exkurs zum Neugier-Erfolgs-Loop verdeutlicht, dass das Problem einer nachhaltigen KVP-Implementierung nicht nur betriebswirtschaftlicher Natur ist. Nachhaltige Implementierungsarbeit muss an der Verfasstheit der Köpfe ansetzen. Damit werden soziologische, wissens- und lernbezogene Problemstellungen virulent. Entscheidend für den Erfolg ist damit die Handhabung der Beziehungsebene des Veränderungsprozesses. Hier wird der oft formulierte Nachteil interner Beratungen zum Vorteil: Was in Rationalisierungsprojekten zu Befangenheit führt – Bestandteil des Unternehmens und damit Kollege zu sein – wird in Implementierungsprojekten zum Vorteil.

Die verschiedenen Kompetenzfelder zusammenzuführen, das erfahrungsbasierte implizite Wissen der Schichtmannschaften mit den umfassenderen akademischen Kompetenzen des Betriebsmanagements zu verschränken, involviert erhebliche Interaktionsprobleme. Um mit diesen erfolgreich umzugehen bedarf es der Vermittlung durch Vertrauenspersonen. Externe Berater werden in der Regel nicht als solche wahrgenommen, die Kollegen aus der internen Beratung schon.

Aus diesen Überlegungen folgt die Hypothese, dass die Unique Selling Proposition des Inhouse Consulting gegenüber externen Beratungen in ihrer Implementierungskompetenz besteht. Damit bietet Inhouse Consulting sich gegenüber externen Beratungen als Instrument des Veränderungsmanagement an, das immer dann bevorzugt einzusetzen ist, wenn bereichsübergreifende und inhaltlich weitreichende Veränderungskonzepte in Hinsicht auf Strukturen, Systeme, Prozesse oder Verhaltensweisen in die organisatorische Realität zu überführen sind. Ebenso sind inkrementelle Verbesserungsprojekte zur Steigerung der Unternehmensperformance eine typische Domäne des Inhouse Consulting, weshalb die Prozessberatung oft als Stärke interner Beratungen genannt wird. Externe Beratungen haben einen Wettbewerbsvorteil, wenn der unvorbelastete Blick von außen wichtig wird, strategische Neusausrichtungen erforderlich werden oder drastische Reorganisationsprojekte zu planen sind. Letztendlich bedarf es vor diesem Hintergrund keiner strikten Parteinahme für die interne oder externe Beratung. Vielmehr läßt sich ein konstruktives Miteinander denken: Die externe Beratung als Architekt des unternehmerischen Wandels, deren Konzepte von der internen Beratung als Agenten des Wandels umgesetzt werden

.

Literatur

Herrmann, Th., Scheer, A.W., Weber, H. (2001): Verbesserung von Geschäftsprozessen mit flexiblem Workflow-Management-Systemen - Erfahrungen mit Implementierung, Probebetrieb und Nutzung von Workflow, Physica Verlag, Heidelberg, 2001.

Informationsdienst des Bundesinstituts für Berufsbildung (2002): Modellversuch in der chemischen Industrie zur Entwicklung und Förderung von Kompetenzen für erfahrungsgeleitetes Arbeiten, W. Bertelsmann Verlag, 2002.

Suzaki (1994): Die ungenutzten Potenziale – Neues Management im Produktionsbetrieb, Carl Hanser Verlag, 1994.

VCI (2007): Chemiewirtschaft in Zahlen 2007, VCI, 2007.

Grochowiak, Klaus (1997): Neugier-Erfolgs-Loop; Paderborn, Junferman, 1997.

Autorenverzeichnis

Dr. Lydia Bals ist Senior Consultant bei Bayer Business Consulting. Sie studierte Wirtschaftswissenschaften an der European Business School in Wiesbaden, der EGADE (Escuela de Graduados en Administration de Empresas; Monterrey, Mexiko) und der Helsinki University of Technology (Espoo, Finland). Sie promovierte zum Thema internationale Beschaffung von Dienstleistungen am Supply Chain Management Institute der EBS, parallel arbeitete sie dort auf Industrieprojekten. Forschungsaufenthalte brachten sie an die University of Pennsylvania/Wharton (Philadelphia, USA) und Columbia University/Columbia Business School (New York, USA). Parallel zu ihrer Tätigkeit bei Bayer ist sie Visiting Scholar an der Copenhagen Business School. Sie veröffentlichte zu den Themen Offshoring und Global Sourcing unter anderem in den Fachzeitschriften *Journal of International Management, Journal of Supply Chain Management*, sowie der *Zeitschrift für Betriebswirtschaft.*

Robert Dörzbach, Leiter des Geschäftsbereichs Beratung der EnBW Akademie GmbH, 100%ige Tochtergesellschaft des EnBW Konzerns. Er sammelte nach seinem Jura- und BWL Studium erste Erfahrungen mit Organisationsentwicklungsprozessen beim Automobilzulieferer Continental AG. In den folgenden Jahren war er als Berater und Trainer bei unterschiedlichen Unternehmensberatungen tätig und verantwortete ab 2001 die Personal- & Organisationsentwicklung der ABB Group Services Center GmbH mit bundesweit ca. 1300 Mitarbeitern. Nach zweijähriger Verantwortlichkeit bei IBM als HR Partner ist Herr Dörzbach seit 2005 Leiter des Geschäftsbereichs Beratung der EnBW Akademie GmbH.

Dr. Thomas Gaitzsch leitet die Abteilung Knowledge Services / Inhouse Consulting in der Eonik Services GmbH. Er studierte Chemie an der Universität Bonn, wo er mit einer Arbeit über Phosphororganische Verbindungen promovierte. 1985 trat er in die Degussa ein. Hier wirkte er zunächst als Betriebsleiter und später als Produktionsleiter anorganisch-chemischer Betriebe. 1993 wechselte er zur Degussa Corporation in die USA. Dort leitete er den Aufbau eines anwendungstechnischen Centers, das er auch führte. In 1995 wechselte er zurück in die damalige Degussa Zentrale nach Frankfurt als Referent für Produktivitätsanalytik des Bereiches Anorganische Chemikalien.

Im Rahmen von Managementseminaren u. a. in New York, Darden und Fontainebleau wurde er für die Übernahme von weiteren Managementaufgaben ausgebildet. 1997 übernahm er schließlich die Leitung des Arbeitsgebietes Zeolithe. Seit dem Jahr 2001 ist er im Bereich der Internen Unternehmensberatung als Seniorprojektleiter in unterschiedlichen Projekten unterwegs. Schwerpunkte seiner Beratung sind Sanierungs- und Restrukturierungsfälle und seit 2004 Wissensmanagement-Themen. 2007 erwarb er eine Kommunikations-trainerlizenz (DVNLP).

Kerim Galal MSc ist Doktorand am Lehrstuhl für Strategie und Organisation an der European Business School in Wiesbaden. Er studierte Wirtschaftswissenschaften an den Universitäten Münster und der School of Economics and Management in Lund, Schweden. Im Rahmen seiner Promotion zum Thema Strategische Positionierung von Beratungsfirmen absolvierte er einen Forschungsaufenthalt am Strategie-Department der Universitá Bocconi in Mailand. Während seiner Tätigkeit als Assistent am Lehrstuhl Strategie und Organisation hat er zahlreiche Studien für Beratungsfirmen wie McKinsey & Company und Bayer Business Consulting durchgeführt. Heute ist er als Assistent des Vorstandsvorsitzenden der DEKRA AG in Stuttgart tätig.

Dr. Klaus Grellmann ist Geschäftsführer der RWE Consulting GmbH, Essen. Er absolvierte eine Ausbildung zum Bankkaufmann, studierte Volkswirtschaft an der Universität Hamburg und promovierte am „Institut für Ausländisches und Internationales Finanz- und Steuerwesen Hamburg". Nach zwei Jahren Tätigkeit für die „Vereinigung Deutscher Elektrizitätswerke - VDEW e.V." war er einige Jahre im Energieberatungssektor in Deutschland und in den USA beschäftigt, bevor er im Jahr 2003 seine Tätigkeit im RWE-Konzern begann. Nachdem er zunächst als Leiter Strategische Planung 3 ½ Jahre für die Entwicklung der RWE-Strategie verantwortlich war, leitet er seit Anfang 2007 die Inhouse-Beratung des RWE-Konzerns.

Dirk-Christian Haas ist Senior Project Manager der Deutschen Bank AG. Er studierte Volkswirtschaftslehre an der Johannes Gutenberg-Universität in Mainz. Vor seinem Einstieg in die Deutsche Bank im Juli 2007 war er sieben Jahre bei einer externen Unternehmensberatung tätig.

Dr. Gerrit Heil ist seit Mai 2009 als Senior Consultant bei der RWE Consulting GmbH tätig. Nach dem Studium der Geologie an den Universitäten Münster, Clausthal-Zellerfeld und Saragossa promovierte er 2006 in Geochemie/ Klimatologie an der Universität Bremen. Als Stipendiat der Gary Comer Foundation hat er Forschungsaufenthalte am Lamont-Doherty Earth Observatory der Columbia University of New York und dem Geoforschungszentrum Potsdam durchgeführt. Von 2006 bis 2009 war er als Unternehmensberater für Roland Berger Strategy Consultants tätig und hat führende europäische Energieunternehmen beraten. Dr. Heil führt für RWE Consulting Projekte über die die gesamte Wertschöpfungskette der Energie- und Öl-/ Gaswirtschaft mit Fokus auf die Themen Energieerzeugung, Strategie sowie Prozessoptimierung durch.

Andreas Herbst ist seit 2008 Berater der Commerz Business Consulting und mit Beginn der Integration der Dresdner Bank in „Zusammen Wachsen" Projekten tätig. Er studierte Volkswirtschaftslehre an der Ludwig-Maximilians-Universität München. Neben der Bearbeitung von Kundenprojekten übernahm er die Projektleitung der CBC-Kundenbefragung zu Anforderungen an ein Inhouse Consulting in der neuen Commerzbank.

Dr. Nikolai Iliev arbeitet im Center for Strategic Projects der Deutschen Telekom AG als Manager im Bereich „Corporate Programs". Einen Schwerpunkt seiner Tätigkeit bildet das Management cross-funktionaler Unternehmensprogramme zur Effizienzsteigerung. Er studierte Maschinenbau und Betriebswirtschaftslehre an der RWTH Aachen. Vor seiner aktuellen Tätigkeit promovierte er an der ETH Zürich im Bereich Logistik, Operations und Supply Chain Management. Im Rahmen seiner angewandten Forschungsarbeit sammelte er branchenübergreifend und international Projekterfahrungen im Bereich Logistik & Operations von der Strategieformulierung bis zur prozess- und IT-orientierten Umsetzung.

Matthias Kämper leitet die Abteilung Marketing & Sales sowie die Post Merger Integration Practice bei Bayer Business Consulting. Nach einer Banklehre bei der Commerzbank AG studierte er Betriebswirtschaftslehre an der Universität zu Köln. Parallel zum Studium arbeitete er als Projektleiter beim Marktforschungsinstitut IFEP GmbH. Von 1992 bis 1995 betreute er im Marketingbereich für Konsumgüter von Bayer u.a. die Marken Natreen und Satina. Anschließend wechselte Matthias Kämper in den Bereich für verschreibungfreie Arzneimittel (OTC) bei Bayer. Neben Tätigkeiten im Vertrieb betreute er u.a. die Marke Aspirin und war anschließend als Marketing-Manager für verschiedene OTC Kategorien zuständig. Von 2002 bis 2005 war er als Regionaler Brand Manager für das Analgetikageschäft von Bayer Healthcare in der Region Europa/Mittlerer Osten/Afrika zuständig. Vor seinem Wechsel zu Bayer Business Consulting war er Projektmanager für die Integration des Roche OTC Geschäfts für die Region Europa bei Bayer Healthcare. Matthias Kämper veröffentlicht auch aus der Unternehmenspraxis heraus immer wieder Zeitschriften- und Buchbeiträge.

Dr. Ralf C. Klinge ist Geschäftsführer der Commerz Business Consulting GmbH, das Inhouse Consulting des Commerzbank Konzerns. Nach dem Studim der Betriebswirtschaftslehre und Wirtschaftsinformatik und kurzer Zeit in der Beratung kam er im Rahmen eines Promotionsstipendiums zur Commerzbank und war dort in verschiedenen Funktionen tätig. Nach seiner Zeit als Assistent des Vorstandssprechers baute er in der eCommerce-Hochphase als Bereichsleiter Strategieentwicklung und später Vorstand die Commerz NetBusiness AG auf und entwickelte daraus die heutige Commerz Business Consulting GmbH.

Martin Max leitet das Inhouse Consulting der Deutsche Bank AG. Nach Abschluss seines Wirtschaftsingenieurstudiums an der Hochschule für Wirtschaft und Technik in Saarbrücken trat er als Management Trainee in die Deutsche Bank ein. Nach ersten Erfahrungen in Organisationsprojekten der Bank wurde er zu Roland Berger und Partner delegiert und hat den anschließenden Aufbau des Inhouse Consultings in der Bank unterstützt. 1998 wurde Martin Max als verantwortlicher Leiter des Inhouse Consultings in Asia/Pacific nach Singapur delegiert. Nach dem erfolgreichen Aufbau der Consulting-Einheit in Asien kehrte er 2000 nach Deutschland zurück und übernahm das Ressort „Migration" für das Securities Processing in der european transaction bank. In Verbindung mit einer Neuausrichtung der Consulting Division in 2002 wurde Martin Max die globale Verantwortung für den internen Beratungsbereich in der Bank übertragen.

Dr. Alexander Moscho leitet das Geschäftsfeld Business Consulting der Bayer Business Services GmbH, die interne Unternehmensberatung der Bayer AG. Er studierte Biotechnologie an der Technischen Universität Braunschweig und promovierte an der Technischen Universität München. Alexander Moscho war Gastwissenschaftler an der Stanford University (Kalifornien, USA) und ist Gastprofessor für Bioentrepreneurship an der Donau-Universität Krems (Österreich). Vor seinem Wechsel zu Bayer im Jahr 2006 war er mehrere Jahre als Berater bei McKinsey & Company tätig, zuletzt als Mitglied des internationalen Pharma/Healthcare-Leadership-Teams. Zu seinen Klienten gehörten führende internationale Konzerne der Pharma-, Biotech- und Chemieindustrie sowie Einrichtungen des Gesundheitswesens. Dr. Moscho bekleidete verschiedene Positionen innerhalb der Life-Science- sowie Venture-Capital-Branche. Für seine wissenschaftlichen Arbeiten wurde er mehrfach ausgezeichnet, von ihm unterstützte wirtschaftliche Konzepte gewannen verschiedene Preise. Dr. Moscho publiziert in renommierten nationalen und internationalen Fachzeitschriften, ist regelmäßiger Sprecher bei Veranstaltungen und Mitglied verschiedener Fachgesellschaften.

Dr. Stefan Neuwirth leitet die Funktion „Human Resource Strategy" in der Bayer AG. Bis vor kurzem war er Leiter der Abteilung „Shared Services" und stellvertretender Leiter bei Bayer Business Consulting. Nach der Ausbildung zum Industriekaufmann studierte er Betriebswirtschaftslehre an der TU Berlin und promovierte dort auf dem Feld der Organisationstheorie; damit verband er einen Aufenthalt als Visiting Scholar an der Duke University, USA. Danach trat er 1998 in den Bayer-Konzern ein, wo er seither vielfältige Aufgaben in den Bereichen Organisation, Human Resource Management und Inhouse Consulting innehatte. Stefan Neuwirth veröffentlicht auch aus der Unternehmenspraxis heraus immer wieder Zeitschriften- und Buchbeiträge.

Prof. Ansgar Richter PhD leitet den Lehrstuhl für Strategie und Organisation sowie das Institut für Industrielles Dienstleistungsmanagement an der European Business School in Wiesbaden. Er studierte Philosophie und Wirtschaftswissenschaften an den Universitäten Frankfurt und Bochum sowie an der London School of Economics (LSE), wo er mit einer Arbeit zum Thema Corporate Restructuring promovierte. Forschungsaufenthalte brachten ihn an die Universitäten Berkeley, Stanford und INSEAD. Von 1999 bis 2002 war er bei McKinsey & Company als Unternehmensberater tätig. Im Rahmen seiner wissenschaftlichen Arbeit setzt sich Ansgar Richter u.a. mit der Struktur und Strategie von Beratungsorganisationen auseinander. Zu diesem Thema hat er eine Vielzahl von Artikeln in renommierten Zeitschriften sowie Buchbeiträge verfasst. Er ist Mitglied in den Herausgeberbeiräten von Zeitschriften wie *Long Range Planning*, *Journal of Management* und *Academy of Management Learning and Education* und im Board der *Management Consulting Division* der *Academy of Management*. Für seine Arbeit in Lehre und Forschung wurde er mit vielen Preisen ausgezeichnet.

Jan Rodig ist Senior Consultant im Inhouse Consulting der Deutschen Bank AG. Er studierte Betriebswirtschaftslehre an der Katholischen Universität Eichstätt-Ingolstadt, der Sogang University in Seoul/Südkorea sowie der University of Otago in Dunedin/Neuseeland. Seit seinem Einstieg im November 2006 war er schwerpunktmäßig vor allem in Projekten in den Bereichen Firmenkunden und Investmentbanking tätig. Gegenwärtig bildet er sich berufsbegleitend im Rahmen des Chartered Financial Analyst (CFA)-Programms weiter, zuletzt als Level III-Kandidat.

Olaf Salm ist Mitglied der Geschäftsleitung des Center for Strategic Projects der Deutschen Telekom AG. Er entwickelte und führt das Center als konzerninterne Beratungs- und Restrukturierungsfunktion, die sich auf die Umsetzung strategischer Projekte zur Restrukturierung und Umbau der Deutschen Telekom konzentriert. Der Diplom-Kaufmann hat einen Abschluss als Master of Business Administrations der WHU – Otto Beisheim School of Management/Northwestern University – Kellogg School of Management, Chicago, und ist seit 1994 bei der Deutschen Telekom AG beschäftigt. Im Rahmen seiner Arbeiten hat sich Olaf Salm vorrangig mit Unternehmensentwicklung, Strategie und Internationalisierung befasst. Ein weiterer Schwerpunkt seiner Arbeiten ist nachhaltige Personalgewinnung und -entwicklung. Olaf Salm ist aktiv in der Hochschularbeit engagiert und Mitglied des Kuratoriums des Bundesverbands Deutscher Studentischer Unternehmensberatungen e. V. (BDSU).

Pierre Samaties ist Senior Consultant bei der RWE Consulting GmbH. Vor seinem Eintritt in die RWE Consulting war Herr Samaties bereits von 2005-2007 in verschiedenen internationalen Projekten des RWE-Konzerns tätig. Er hat einen MBA in General Management der University of Stellenbosch Business School (Südafrika) und der International School of Management Dortmund sowie einen Bachelor of Information Technology des ITC Dortmunds. Im Rahmen seiner wissenschaftlichen Arbeit hat er sich mit Internationalisierungsstrategien von globalen Energiekonzernen auseinandergesetzt. Herr Samaties leitet das interne Kompetenzteam „Strategie / M&A / Restrukturierung" der Inhouse-Beratung des RWE Konzerns.

Kai Steinbock ist externer Doktorand am Lehrstuhl für Strategie und Organisation der European Business School in Wiesbaden. Er studierte Physik an der Friedrich-Alexander Universität Erlangen-Nürnberg und am Imperial College London und erstellte seine Diplomarbeit im Bereich 3d-Messtechnik in der Max-Planck-Forschungsgruppe in Erlangen. Danach war er zwei Jahre als Berater bei McKinsey & Company tätig, wo er vor allem an Strategieprojekten in der High-Tech-Industrie arbeitete. In seiner Promotion beschäftigt er sich mit Strategieprozessforschung.

Daniel Teckentrup ist im Center for Strategic Projects der Deutschen Telekom AG als Manager im Bereich „Technologie und Produkte" tätig. Er schloss sein Studium der Informatik mit Schwerpunkt Psychologie an der Technischen Universität Berlin sowie Western Michigan University ab. Ferner erwarb er einen MBA der IE Business School in Madrid. Er verfügt über langjährige Berufserfahrung in der IT/TK-Branche, insbesondere in der Strategieimplementierung und Organisations- sowie Geschäftsentwicklung.

Dr. Isabel Tobies ist Consultant bei Bayer Business Consulting. Sie studierte Wirtschaftswissenschaften an der Universität Dortmund und der Universität Hohenheim. Anschließend promovierte sie zum Thema Akzeptanz von Preismodellen im Systemgeschäft am Lehrstuhl für Marketing der Universität Hohenheim, parallel war sie als Consultant bei der Unternehmensberatung Prof. Voeth & Partner tätig. Sie veröffentlichte zu verschiedenen Themen schwerpunktmäßig aus den Bereichen Marktforschung und Industriegütermarketing.

Dr. Verena Vogel ist seit 2007 Senior Consultant bei Bayer Business Consulting. Sie studierte Betriebswirtschaftslehre an der Westfälischen Wilhelms-Universität in Münster. Anschließend war sie als wissenschaftliche Mitarbeiterin im Marketing Centrum Münster (MCM) tätig, wo sie neben der Durchführung zahlreicher Praxisprojekte zu dem Thema „Kundenbindung und Kundenwert: Der Einfluss von Einstellungen auf das Kaufverhalten" promovierte. Daraufhin arbeitete Verena Vogel als Lecturer an der Curtin University of Technology, School of Marketing in Perth, Australien. Sie veröffentlichte u.a. in den Zeitschriften *Journal of Marketing, Advances in Consumer Research, Journal of Product and Brand Management, International Journal of Retail and Distribution Management* und *International Review of Retail, Distribution and Consumer Research*.

Dagmar Woyde-Köhler gehört zu den Mitbegründern der EnBW Akademie und leitet diese als Geschäftsführerin seit ihrer Gründung im Jahr 2000. Sie ist seit 1997 für die EnBW AG tätig. Von 1997 bis 1999 leitete sie den Personalbereich – zunächst in der Badenwerk AG. Nach der Fusion des Badenwerks mit der Energieversorgung Schwaben leitete sie den fusionierten Personalbereich der neu entstandenen EnBW AG. 1999 übernahm sie die Leitung des Bereichs „Einkauf und Logistik" und richtete ihn auf die veränderten Anforderungen des liberalisierten Energiemarktes aus. Für die Konzeption der EnBW Akademie und die Einführung der Wissensbilanz in der EnBW wurde Dagmar Woyde-Köhler von der Zeitschrift *Wirtschaft und Weiterbildung* mit dem Award des „Chief Learning Officer des Jahres 2008" ausgezeichnet.

Volkhard Ziegler, Berater des Inhouse Consulting der Evonik Industries. Herr Ziegler studierte Wirtschaftswissenschaften an der Universität Dortmund, wo er im Fach Unternehmensführung mit einer systemtheoretischen Management-Konzeption auf Basis des radikalen Konstruktivismus als Diplom-Kaufmann absolvierte. Von 1999 bis 2007 war Herr Ziegler Assistent der Geschäftsführung, dann Marketingreferent und schließlich Produktmanager bei der Ruhrkohle AG. Seit 2007 ist er im Inhouse Consulting der Evonik Industries für die Beratungsfelder Produktionsmanagement, Beschaffung und Marketing verantwortlich. Im Bereich des Produktionsmanagement hat er die Exzellenz-Initiativen der Produktionsbetriebe der Evonik Industries maßgeblich beraten.

Management / Unternehmensführung / Organisation

↗

Harald Hungenberg
**Strategisches Management
in Unternehmen**
Ziele - Prozesse - Verfahren
5., überarb. u. erw. Aufl. 2008.
XXVI, 622 S., Br. EUR 44,90
ISBN 978-3-8349-1260-2

Hartmut Kreikebaum / Dirk Ulrich Gilbert /
Glenn O. Reinhardt
**Organisationsmanagement
internationaler Unternehmen**
Grundlagen und moderne
Netzwerkstrukturen
2., vollst. überarb. u. erw. Aufl. 2002.
XVI, 243 S., Br. EUR 32,90
ISBN 978-3-409-23147-3

Klaus Macharzina / Joachim Wolf
Unternehmensführung
Das internationale Managementwissen
Konzepte – Methoden – Praxis
6., vollst. überarb. u. erw. Aufl. 2008.
XL, 1.173 S., Geb. EUR 58,00
ISBN 978-3-8349-1119-3

Klaus North
**Wissensorientierte
Unternehmensführung**
Wertschöpfung durch Wissen
4., akt. u. erw. Aufl. 2005.
XII, 353 S., Br. EUR 38,90
ISBN 978-3-8349-0082-1

Joachim Zentes / Bernhard Swoboda /
Dirk Morschett (Hrsg.)
**Fallstudien zum Internationalen
Management**
Grundlagen - Praxiserfahrungen - Perspektiven
3., überarb. u. erw. Aufl. 2008. XVI, 853 S.
Mit 151 Abb. u. 77 Tab.
Br. EUR 79,90   ISBN 978-3-8349-0707-3

Georg Schreyögg
Organisation
Grundlagen moderner
Organisationsgestaltung
Mit Fallstudien
5., vollst. überarb. u. erw. Aufl. 2008.
XII, 516 S., Br. EUR 36,90
ISBN 978-3-8349-0703-5

Horst Steinmann / Georg Schreyögg
Management
Grundlagen der Unternehmensführung
Konzepte – Funktionen – Fallstudien
6., vollst. überarb. Aufl. 2005.
XX, 952 S., Geb. EUR 44,90
ISBN 978-3-409-63312-3

Elke Weik / Rainhart Lang (Hrsg.)
Moderne Organisationstheorien 1
Handlungsorientierte Ansätze
2., überarb. Aufl. 2005.
XII, 359 S., Br. EUR 38,90
ISBN 978-3-409-21874-0

Elke Weik / Rainhart Lang (Hrsg.)
Moderne Organisationstheorien 2
Strukturorientierte Ansätze
2003. VIII, 364 S., Br. EUR 36,90
ISBN 978-3-409-12390-7

Martin K. Welge / Andreas Al-Laham
Strategisches Management
Grundlagen – Prozess –
Implementierung
5., vollst. überarb. Aufl. 2008.
XXVIII, 1025 S. Geb. EUR 56,90
ISBN 978-3-8349-0313-6

Joachim Wolf
**Organisation, Management,
Unternehmensführung**
Theorien und Kritik
3., vollst. überarb. u. erw. Aufl. 2008.
XXX, 683 S., Br. EUR 44,90
ISBN 978-3–8349-1011-0

Änderungen vorbehalten. Stand: Juli 2009.
Erhältlich im Buchhandel oder beim Verlag

Gabler Verlag . Abraham-Lincoln-Str. 46 . 65189 Wiesbaden . www.gabler.de

GABLER